教育の死滅と民主化

教育〈ゲン〉論序説

向井豊昭

れんが書房新社

教育の死滅と民主化＊目次

教育の死滅と民主化

――教育〈ゲン〉論序説――

はじめに

教育的な営みは世界の至るところに存在し、当該社会を支える不可欠の役割を担っている。現代日本の社会においても、一日本人として教育を受ける期間の長さや教育の生活に占める割合を考えると、その果たす役割の大きさを思い知らされる。制度化された学校教育に限定したとしても、基本的には幼稚園から大学・大学院まで官製のレールが敷かれ、その間長い人では二五年近く、人によっては半生にも及ぶ長い年月、学校教育を中心とした生活を営むことになる。ましてや遊びや仕事を含め、生活のあらゆる場面で、多くの人や物から様々なことを教えられ学んでいることを考慮するならば、広い意味で教育が我々の社会生活に及ぼす影響ははかり知れない。それだけにとりわけ影響力の大きい意図的で組織的な集団教育や学校教育が、果たして教育の名に値しているのかどうか、また当該社会はもとより、何よりも我々一人ひとりにとって、果たして薬（益）になっているのかそれとも毒（害）になっているのかという判断は重要となる。

教育は薬になっても毒にはならないのでは……。確かに本来そのような教育であるべきであろう。しかし例えば戦前・戦中の「軍国主義教育」やオウム真理教などの「宗教教育」が、むしろそのように善意に思っている人達を麻痺的かつ強烈な「毒」によって他者殺傷の「病」に陥らせたように、毒をもったあるいは毒をはらんでしまう教育ならぬ「教育」も存在しうるのだということを熟知しておかなければならない。とはいえ、当該社会や集団によってすでに教育的に「配慮」され誘導された人達には適切に判断しうる「外部」や規範がないに等しく、結局おおむね事後的な対応に依存せざるをえないのが実情である。集団メンバーや被教育者達の自由を拘束しかれらを殺戮マシーン化する危険な「教育」に対しては、予断・予防的な対処が重要ではあるが、現実には権力的、法的あるいは思想的な問題も絡み対処困難なケースが多い。それでも民衆自身による歴史社会に対する深い反省と洞察に基づいた覚醒的な営為が、事前（死滅）の喚起や牽制に一定の効力を発揮しうるであろう。もちろんそこには抵抗の及ばぬ不可逆な事態をも想定せざるをえないかもしれない。かつての軍国主義教育をもたらした国家主義的な気運が再び現代社会を席捲し、今まさに我々は「教育の死滅」の状態へと追い込まれ、その効力を発揮しうるぎりぎりの局面に立たされている。

本書は、以上の危機的な認識と自覚に基づき、教育全般をラジカルに問い直し、今日の日本の学校教育の「形骸化（死滅）」しつつある実状を明らかにし、残された対抗策や克服の可能性を「教育の民主化」に託し、模索したものである。なお本論の形成に当たって、類似のテーマを取り上げた書籍、とりわけ優れた古典や諸テクストは大きな支援となった。とはいえ著者の指向する根本的かつ総体的な洞察や論考の類のものが意外に少なく、また教育関連の図書はどちらかと言えば既成のアカデミックな専門書やジャーナリスティクな論考のスタンスのものによって占められている。本書はあくまでも総括と展望に基づく教育総体の問い直しを目的にしており、したがって諸他のテクストとの類似性や重複があっても、優に異なった広角の視点や意義を提供するものと思われる。

ところで以上のような著者の論考のスタンスは、本書の「教育〈ゲン〉論」という副題に込められている。音読みの〈ゲン〉に相当する漢字は、いくつかの論の特性を表現しており、すなわちそれは〈原（元）〉であり、〈言〉であり、〈玄〉であり、また究極においては〈幻〉でもある。当テクストは、それぞれの漢字が処々に代置あるいは重複可能であるように構成されており、したがって〈ゲン〉とはいずれの意味合いをも同等に含んでいる包括的な、掛詞ともなりうる多義語である。たとえば最初の漢字〈原〉を当てはめると、「教育原論」となり、そこでは、アカデミックな学校教育の教科目となっている「教育原理」と類似の観点からのアプローチ、すなわち教育の根本となる前提や原則の論述とその理論の独自の展開が中心となる。また〈言〉とした場合、「教育言論」となり、文字通り言語によって思想を発表して論ずることを意味し、批判的かつ創造的な議論や言説が中心となる。さらに「教育〈玄〉論」すなわち「教育〈玄理〉論」となれば、論考の対象や現象である教育自体の有する微妙で深遠な部分に関する論考が主となる。そして最後の「教育〈幻〉論」では、教育の幻想面が問われることになる。本論の内容は、以上の各〈ゲン〉論の特性を踏まえ順次構成されている。それぞれの論考スタイルが重なることもあるが、全体的には、現代教育の成り立ちから危機的状況までその実態を反省的かつ総括的に明らかにし、なおも「教育の民主化」の可能性を模索する、というシナリオで一貫させている。そこでは日本の戦後教育が言論の最大の焦点となり、繰り返し論議の対象となる。以下目次と関連づけながら、本論の内容・構成について素描しておく。

先ず第1章から第2章にかけて、序論の役割を果たすように教育についての原理的な事柄を確認するため、基本的、予備的な知識の陳述と論考に重点を置いた。なおその際に議論の的となるような事象などについてはその都度問題提起を行い、以降の議論の課題とするよう努めた。具体的には、第1

章では、既成の教育観念や概念にとらわれない現象学的かつ歴史的な観点から、教育の語源や意味、またその役割、社会的機能や諸相さらには由来や目的などについて洞察し論考した。後者については、とりわけ現代の学校教育を中心に、教育の「何か」に応えての本質的・目的論的な洞察を行うとともに、それが施行される場である装置としての「学校」、および学校教育自体の成り立ちについて、さらには教育の内容や方法に関わる教育課程について、近代教育史的観点を踏まえ、哲学的、社会的、歴史的および心理学的な、多様な観点から陳述し論考した。また第2章では、主として教育の民主化に関わる、現代教育の制度的および精神的「支柱」ともなっている民主主義教育について、思想的および系譜学的なアプローチを行った。

「民主主義教育」については、実際には本音と建前が融通無碍であるため、とりわけ教育の形骸化が問われている現代の学校教育にあっては、原理的な問い直しと同時に、批判的かつラジカルな言論は不可欠となる。第3章から第5章にかけては、以上の了解に基づき、「教育の死滅」の危機をはらむ現代教育をめぐる多様な批判的言説を紹介し、独自の言論を展開した。先ず第3章では、近年かしましい「戦後民主主義教育」悪玉論に対する批判的検討を行い、欧米の主要な教育思想および言説をも踏まえ、「教育の民主化」という観点から、学校教育の今後の課題と展望について語った。第4章と第5章については、第3章での考察や成果を踏まえ、さらに現代の日本の学校教育における教育内容および制度について批判的に論考し、問題の所在と「対応」について明らかにするよう努めた。

最後の第6章では主として「教育〈玄〉論」を展開し、微妙な問題や課題の考察に及んだ。具体的には、制度的、社会実存的観点から、学校における教員の職務や実存、および教員と生徒（学生）との関係性や制度的・倫理的問題および課題について、さらには構造やシステムの民主化について、課程論を含めラジカルに洞察し、展望し、構想した。

最後の教育〈幻〉論については、著者の論考の根底をなしており、したがって章節全般に及んでいる。なお〈幻〉すなわち「幻想性」は、ここでは教育に対する二重の意味をもつ言葉として使用されている。一つは、たとえば教育の現象や事象自体の幻想性という意味をもつ、すなわち一切の価値判断はいうまでもなく、そのような判断を素地に認識し成立しているいかなる言説や教育内容や制度をも〈否‐定〉する言葉として。もう一つは、「幻想の教育」とも言うべき、とりわけ制度化された教育に伴うような、根拠なき空虚な負性をはらむ教育という意味をもつ、すなわち既成の価値に対する反省的、批判的判断が重要な鍵となる言葉として。教育に関する幻想性の指摘はすでにいくらかの人達によって言及されているが、意外にもそのように両義的に了解している者は少ない。強調して語りたいのは後者についてだが、しかし究極には前者の意味での幻想性が、論考や判断の裏側に絶えず張りついていることを断っておきたい。

いずれにせよ本論が〈幻〉論に支えられているゆえに、対象や論考が無限定でラジカルであり、したがって教育論の射程が歴史、経済、政治、制度、システム、構造、哲学、思想、イデオロギー、運動などあらゆる事象や言説に及び、他方その解釈においては、たとえば「歴史とはある者にあり、なき者にはない。それは間主観的な身体的記憶（刻印）であり陳述であるとしても、個々人においてはひっきょうその人の脳髄の状態、生き方、考え方、あるいは感じ方に依存する」という主観性をも否定しない。すべての事象が究極には「仮説」および「幻想」と見限っている著者の思想や論考は、ある既存の専門家やイデオロギスト達からするならば、ときに常軌を逸していると思われるかもしれない。異質性ゆえに、「論述の方法が学術的ではない」「ジャンルが不明瞭」「主観に過ぎない」などといった批判を受けるであろうことも予想される。しかしそのことに関しては、すなわちそれぞれの個別的全般的な評価については、それぞれの立場にある読者諸氏のそれぞれの判断に一任するほかない、と思っている。

本論を進めるに当たり、特に論理の明晰性に気を配ったが、それでも読者からすれば他者でもある著者の意思を充分にくみ取ることは容易でないかもしれない。そこで蛇足かも知れないが、読みの垣根を少しでも取り払うために、本論の形成に及んだ著者の具体的な動機と意図について触れておきたい。

先ず直接的な動機は、かつての東京都や大阪府など大都市行政の学校教育への強制的な介入と、その後の学校のゆゆしきファシズム的態様と疲弊的な事態に対する、反撥と危惧の想いにあった。本書は、したがって明確に批判と抵抗のテクストであり、巷のあるいはアカデミックな諸々の教育言論や言説に対するここでの批判や検証あるいは現代教育の「深層（真相）」の思想的かつ内在的な解明や論考は、主としてそのためのものである。とはいえ、あくまでも教育〈ゲン〉論であり、そこでの教育への総括的な意思や営為のすべてが、批判と抵抗の言説に集約されるわけではない。未来への危機意識や、抜き差しならない不条理性に対する不寛容の想いや意識があるが、同時に歴史上のこれまでの教育思想や理論に対する反省、洞察、検証は欠かせない。また私的には、自身の年齢的な要素にも関わる、教員としてかつ被教育者としての体験、すなわちその関わった期間の長さや対象と内容の多岐性および多様性が、現在の自己史的段階における、ある意味「俯瞰的」かつ反省的な総括と提言を要請している、という自覚もある。なべてこのような漠然とした著者の心性をも踏まるならば、動機としては、たんに現代の教育に対し総体的かつ批判的洞察および論考の必要性を痛感した、とだけ大まかに述べた方が正確かもしれない。

ただし意図するところは明確であり、それは何よりも前述の社会歴史的な観点に基づき戦後日本の教育の総体を問い、現代日本の教育言説に硬質の一石を投じ、微力ながら今日の危機的状況をいくばくなりとも打開することにある。なお硬質の一石とは、この場合「現代」の、あるいは「現在性」「現象性」「現場性」の「現」に依拠した、表題の〈ゲン〉が「現」ともなる、唯物的かつ身体的な論考を意味する。繰り返すが、それは、これまでの著者の自己史上における思索および著述とともに、ステレオタイプの大学の教科書や巷の煽動的な書物とは異なった、想像（創造）と開放（解放）のテクストとなるであろう。良くも悪くもグローバル化した現代社会において、完全なる「外部」も絶対的「他者」も、信仰の世界以外ではもはや存在しえない。したがっていかなる論考も、これまでの「テクスト」群の領域から完全に飛翔することも、十全なテクストを形成することも不可能であろう。だとしても、強靭にして柔軟かつラジカルな言論は、「私」や「現」なる覚醒主体を媒介に、外部や他者に対し根源的引力や演繹的波及力となりうるのではないか。もちろんそれは、個的「体-験」が被規定的身体的覚醒において昇華され、「他性」あるいは「他者」との共-存在的な交流の民主的な誠実さにおいてのみ、意味や意義を持つと思われる。

ところでこの種の堅い論文は、読み手からするならば分かりづらくなることは避けられない。今回の多義語の活用が文体の軟化にいくらかは貢献するかもしれない。しかし最も効果的で重要なことは、何よりも臨場感を以て「語るように書く」ということにあるであろう。ただ、当論考のほとんどが書き下ろしではあるが、一部十年余りの歳月にわたりそのつど断片的にしたためたものを最近書き足し改めて整理したものもある。そのため話題やテーマが時宜を逸しやや古臭くなり、臨場感の乏しく思われるところもあるかもしれない。その点については否めない事実として予め断っておきたい。

第1章　教育の「原理」

1　教育とは

今日、教育や教育するという言葉は、日常生活の多くの場面でまた広範囲な事象に対して、頻繁にこだわりなく使用されている。しかしこの言葉が日本社会に誕生した当初はかなり限定的な意味で使用され、今日のようにたんに「教え育てる」といった、漠然とした意味でとらえられていたわけではなかった。「教育とは何か」に応えその意味を明らかにするためにも、先ずは「教育」という日本語の成り立ちについて考えてみたい。

語源史によれば、教育という日本語は、明治期に西洋教育制度とともに導入されたラテン語の educere（ひきだす、育てる）を語源にもつ英語の education に、中国語の「教育（教：学舎に入れたる子に礼儀を叩き込む＋育：幼児を育み育てる）」（出典：孟子）という言葉が訳語として当てられたものである。[(1)] したがってそれは当初限定的な意味をもっていた。問題は、その訳語が原語の意味に忠実に対応していたかどうかであるが、その点に関しては、「ひきだし育てる」という意味を由来にもつ英語の education に、むしろ「叩き込み育む」といった強制的な意味をもつ中国語の「教育」という言葉を当てたことは、かなりの「無理」あるいは「恣意」があった、と判断せざるをえない。いずれにせよ、訳語以前のエデュケーションeducationの語源からすれば、教育とは少なくとも本来は「ひきだし、育てる」ための教育であったと言えるであろう。

なお「教育」という訳語使用の経緯については、何よりも当の言語が採用された明治維新当時の社会思想的かつ歴史社会的背景、すなわち「開明と復古」をめぐる体制的・文化的な実情と諸力を把握しておく必要がある。筆者の推察によれば、当時明治政府にそのような選択を促した主要な力として、本論の最大のテーマともなる後述の、いわゆる「教養豊かな人格の形成」というヨーロッパ自由教育(Liberal Education)的な学風と、「統一国家を支える」国家主義的な「縦の威風」とのダブル・ウィンドの力があった。もちろん両者が同等というわけではなく、後者のいわゆる近代国家に刷り込まれた天皇制国家という教育する側の「威風」が、前者の「育成と学習」を軸とした「自由」な学風を圧倒していた。それゆえ英語の本義通りの翻訳ではなく、上からの半強制的な中国的意味で「教育」という言葉が当てられることになったのではないかと思われる。この「教育」という言語にはらまれた二律背反的両義性は、それ自体西欧の国家学校教育制度の属性でもあったが、とりわけ日本の天皇制国家社会では、「軽なり自由、重なり強制」の傾向が強く、その比重は社会的な動向に合わせいくらか硬軟変化しつつも、明治以降今日まで日本の教育問題の核心をなしてきた。

ところで言語とは社会的にはコミュニケーションの「道具」であり、ゆえにそれにはコミュニケーションを必要とする集団の、その独自の機制や習俗が反映し刻印されている。なお最大の機制として統一言語を課す集団は現代社会では国民国家であり、日本国家は日本語という統一された「国語」を全国民に課す。そもそも「国語」とは、その国の文化、政治、歴史などを反映して存立しており、したがって超国家的な言語と指示対象との無色の対関係などは存在せず、異なった国の言語との間に、意味や概念において一対一の対応関係が成立しないことが多いのも当然である。訳語として日本語化された「教育」という言葉も、当時の日本社会の機構や習俗にしたがい、そこに前述したような暗黙の支配権力者側の了解事項（意味、意義、理念、価値など）が絡み、恣意的に適用されたにすぎない。とはいえ、国民国家の政体の変遷により、いくらかは言語や言葉の意味合いも変わっていく。事実、日本でも「教育」は流布とともに広範囲な意味やニュアンスをもつようになり、戦後は翻訳以前の英語の本義に最も近づき、表面的にはおおむね自由教育的意味合いを以て多様な場面やケースで語られあるいは用いられるようになった。英訳語としてもそれは、やや強制的な意味合いをも含む instruction や teaching とともに、何よりも education の本義に即した訳語として用いられている。言語のグローバル化により、国家間の語法上の差異やズレもかつてほど顕著ではなくなりつつあるが、しかしかえって語自体の解釈適用のすそ野が広がり、意味や概念の類似性および親和性を有する言葉との間でしばしば誤用、転用、代用が行われ、前述の「教育」という言語にはらまれた二律背反的な解釈を軸に、語彙のレベルにかぎらず思想的な領域に多くの混乱および議論を持ち込むことにもなった。

問題は、「教育」という言葉が元来の意味の検証もないままに、普遍的に妥当する用語であるかのように使われている点にある。もちろん同じ土俵での言論や議論は不可避であり、その点では本論でも、教育という言葉を一般化された語法に基づき語りあるいは使用することになるが、そうであったとしてもいやそれだからこそその翻訳前の語の本義に沿うことに自覚的であるべきと思われる。とりわけ今日、この自覚は重要である。最近のネオ国家主義化が強まるなかで、当時の訳語の強制的な意味をはらむ「教育」の観点から議論を進める者達が優勢を占めるようになってきているからである。

また、同じ土俵の上で議論することにつきまとうパースペクティブの狭窄、その下での常識形成に鈍感であってはならない、と思うからでもある。……とはいえ、たとえそこに自覚や了解があったとしても、教育がたんなる「発育」でないかぎり、そのための「外」からの強制的な要素をあながち全面的に否定はできない。それゆえ教育を一方的に育て導く訓育や教導など、恣意的な外延の一部を以て内包に摩り替え解釈するような風潮に容易には抗しきれず、そこにつけ込まれる困難な面がある。

教育とは何かに応えるためには、そして教育に関する皮相的な理論の展開や我田引水的な言論を回避するためにも、語の成り立ちと同時に、社会的現象としての教育の目的や役割・機能、またその成立条件や内容・方法などが明らかにされなければならない。ただその場合、教育の、特に学校教育の「社会の要請に応える」面と「社会の創造に賭ける」面の二局面からの考察が必要となり、どちらの局面を重視するかでそれぞれが異なって現れる。ちなみにヨーロッパ伝統の「自由教育」においては後者の局面が重視されるが、この二局面および両義性は、自由教育論の重要な観点ともなっている。

いずれにせよ教育には当該社会の命運がかかっている。したがって素朴に社会にとってよりよい教育が求められる。「教育」をあえて「育てるために教えること」という、目的と手段のレトリックで解釈するならば、前述の中国語としての「叩き込み教え育てる」のか、それとも翻訳以前の英語の本義「ひきだし教え育てる」のかいずれが適切であるかは、どちらが「よりよく育てる」かによって決まることになる。その判断は時代や社会および個々の社会的立場や信念によって異なり、それゆえ言論や議論の的にもなってきたが、すでに明らかにしたように教育がエデュケーションであるかぎり、さらにまた現代の「自由教育」を標榜する学校教育においては、少なくとも後者の本義に沿った教育でなければならない。それはまさしく現代教育の成り立ちうる必須条件とも言えるであろう。教育の「主体」（教育者－被教育者）間関係で言えば、以上の条件は、必然的に教育する側とそれを受ける側との人格的に対等な関係を要請する。現実的にはしかし、現代教育といえども、「社会的要請」という局面からは自由は制約されざるをえず、とりわけ集団内教育においては、原初的かつ動物的ないわゆる家族や種族および所属する社会の維持のための伝統やルールの、あるいは既成の知や観念の伝達や継承は不可欠となり、「教育」する側優位の一方向的な鍛錬や訓練および教授は避けられず、対関係は非対称的となる。集団が閉鎖的になればなるほど、この一方向的で非対称的な関係が増強され、「主体」間の関係はますます対等であることの条件を充たさなくなり、本義たる自由教育が形骸化していく。だからこそなおさら「主体」間関係の対等性が強調され要請される、とも言えるであろう。

現代世界は、しかしすでに組織機構や情報技術の高度化・複雑化・グローバル化により、親からあるいは大人から子どもへといった一方向的な「教育」を稀薄化させ、自由教育での「主体」間の関係は「対等」というだけでなく、多様でフレキシブルなものになりつつある。したがって今日、「主体」間の関係は一方向的な解釈はもとより、たんなる家族主義的な解釈にもよらない別の概念づけが必要となり、「全のための個」から「個のための全」への、被教育者中心の「自由教育」への転回（展開）に相応しい新たな関係の構築が求められている。学校教育への「社会的要請」という面では、特に普通義務教育や専門教育において、社会を支えるメンバーになるためのそれぞれのレベルに相応しい知識や専門技術の一方向的な伝授が避けられないが、しかしそこでもあくまでも相互の対等関係が担保され、自由な質疑や議論が避けられなくなっているという点に、また教育の内容や方法にしても、近代ヨーロッパ科学技術と資本主義産業の高度な発達に伴い、今や世界情報の増大や認識可能な宇宙空間の拡大、また地球上の交通手段の高速化やとりわけインターネットを媒介にした世界の緊密化が、良くも悪くも教育の「社会的要請」面自体の変貌をも余儀なくしているという点も留意されねばならない。

人類はその祖先を「類人猿」にもつという近代以来の生物学的概念に依拠して言えば、人類内部の国家や民族あるいは個人間につきまとう争闘は、たんに動物世界の「縄張り」争いのレベルの「出来事」にすぎない。がしかし人類は同時に動物世界を次元的に超える特有の文化をも創出し、「人間」になることもできた。現代教育の目的は、したがって事の是非はともかくも、そんな人間の人間性を育てるための文化や知を創出する能力の開発にこそある。このようなヨーロッパ「自由教育」の理念に対する信念は、今や人類共有のものとなりつつあり、そこではおおむね「人間の人間による人間の教育」としての、個の「人格の形成」や「知・徳・情の発達」などの目的に従い、人間教育ならではの独自の果たすべき役割と意義が重視されている。「自由教育」はまさにそのような人間教育をベースに、人類が「人間」となる歩みのなかで、とりもなおさず種族保存に根差した本能的で自然発生的かつ無意図的な「教育」から形式的かつ意図的な教育へと発展していく歴史的過程のなかで形成されてきた。教育の機能化やシステム化、さらには前述の「主体」間関係の転換や教育内容の高度化は、その「成果」でもあった。

「自由教育」のグローバル化した現代国家社会において、「社会的要請」としての教育の最大審級は、国家教育を軸にした国際教育の「取り込み」にある。事実それは現代国民国家の学校教育のパブリックな方針となり、国家の性向や時代の状況により比重が異なれども、基本的にはたとえば言語教育では自国語に対する外国語、また歴史教育では自国史に対する世界史というかたちで教科に反映される。とはいえ国民国家内教育であることには変わりなく、国際的な教科は国家的要請に沿うかぎり限定的（変質的および差別的）に採用されるにすぎない。それゆえ教育論の主要なテーマは、「本来の国際教育とはいかなるものか」「本来自由教育とはいかにあるべきか」というラジカルな問い、究極にはヨーロッパ出自の国家的制約をはらむ「自由教育」自体をも問いに付すものとなる。そこではしたがって、たとえば自由教育の本質が人間教育にあるとすれば、我々は「国民」や「集団員」である前に先ずは「わたし」という「人間」として、体制内的な諸制約をも超え共生社会を目指す教育を選択すべきではないか、またそのような開放的かつ解放的な教育において、「創造に賭ける自由」の保障はもとより、「社会的要請」面においてさえ、当該集団や社会の存続や発展の「在り様」自体を問う自由は担保されるべきではないか、などといった問いが投げかけられるであろう。

教育とは何かに応答していくためには、「教育とは何であったか」および「教育とは何であるか」と同時に、「教育とはいかにあるべきか」の問いに応えていかなければならない。もちろんその応答には終点はなく、未完のままの近接的なプロセスを予測させる。それでも本論全編にわたる各々の問いに対するさらなる探究や検証さらには論考や議論により、かなり確かで明瞭な道筋が示されるものと思われる。

2　現代社会と学校

「帝国」を枢軸として諸国民国家群と諸国際機構の交錯する、資本主義のグローバル化し高度化した現代文明。その文明を享受する各国民国家内部において、「自由教育」をベースとする教育現象は、多様で複雑な相貌を呈している。たとえば現代日本の国家社会において、制度化された学校教育を柱に、教授中心の教育から学習中心の教育まで、消極的な教育から積極的な教育まで、義務的（統制的）な教育から自由な教育まで、「公」的な教育から「私」的な教育まで、また初等教育から高等教育まで、普通教育から職能および専門教育まで、さらにまた制度化された教育から塾や家庭教育および社員教育を含む広範囲な社会教育まで、そして意図的教育から無意図的教育（主に書物やメディアによる）まで、各々の折衷的な教育を含め複層的な機能や特性をもった多様なレベルの教育形態が観察される。それはまさに錯綜し矛盾をはらむ国家内および国家間資本主義を、また高度に科学化され情報化され専門分化された現代社会を反映するものである。

高度に機能分化された現代組織社会は、専門の技術者・知識人・研究者を必要とし、その育成のための学校設立への「投資」が奨励される。確かに学校教育による各職種や資格に照準を合わせ体系化された専門的な知識や技術の教授や訓練は、現代社会に有能な人材を提供する有効な方法ではある。そこで望まれるのは、現代社会と学校とのスムーズな需給の循環系の生成ではあるが、しかし現実はつねにそう上手くはいかない。現代社会の機能分化による職種や資格の増加あるいは分散化は、横の連関をますます稀薄化し社会の至る所で機能マヒが発生し、同様に多種化・細分化された専門の学校教育もまた、教育や社会の全体像を見えなくし「専門バカ」を増産してやまない。その上、同種の専門の学校においても、たとえば経営母体が私立か公立か、同じ私立でも法人であるかないか、また大学であるかいわゆる専門（専修・各種含む）学校であるか、あるいは教育の仕方が統制的か自由かなどといった、各々の学校間の経営や方法上の差異や格差は、たんなる多様な特性として還元・歓迎できない多くの矛盾をはらみ噴出している。

そもそも現代の自由教育を柱とする学校教育が、社会の職業的要請に応えるだけの存在であってはならないことはすでに前節で述べたが、同時にまた当該社会を支えるそれぞれの専門的な職業分野により要請された学校教育が、多様な差異や格差のあるなかで、なおかつ目の前の「共生社会」を担うにふさわしい一定レベル以上の知識や技術を社会に供給しうるかどうかについても充分に考慮されねばならない。さしずめ今日では資格と試験の制度がそのための役割を果たしているが、しかしそれはたんなる篩の制度でしかない。「最低限」のラインの設定と維持が可能であったとしても、もとよりそれは所与の領域の、しかも予期的かついくぶん恣意的なものにならざるをえない。一体、たとえば学卒資格試験により得た、研修や経験に先んずる公的な「資格」は許容されうるであろうか。ここで問題となるのは、「資格」がたんなる「お飾り」になってしまうような、またその他の経験的な知や技術や人物を排除してしまうような、そのような学校の権威と結びついた資格および試験制度は、実は専門的な知的技術的レベルをむしろ下げているのではないだろうか、という点にある。

いずれにしても、多種多様な専門的な特性を有する学校教育が、現代社会を支える専門家達や職業人を育成していることを踏まえるならば、教育論を語る上で、あらゆる層の教育問題にアプローチすることは必要である。しかし専門のあるいは職能的な学校教育は「社会的要請」に直接結びついていることもあり、学校教育論は、大学教育を除けば、主として知や教育一般に重心の置かれる普通学校教育を中心としており、これまでそのほとんどが、初等・中等教育を中心とした義務制普通教育に関する言論や議論に集中されてきた。それは、「自由教育」としての「社会的人間の育成」が第一義と了解されてきたからでもあるが、しかし初等・中等の普通教育といえども、高等専門教育の咀嚼的および予備的教育としての「役割」や制約は免れえない。とすれば何よりも現代社会と学校の関係は、社会的要請と学校教育の専門性および専門学校との関係性を踏まえ、制度、内容、システムの全般にわたって明らかにされなければならないであろう。

ただその場合、特に注意すべきは現代社会の学校は専門的職業教育を担わざるをえないとしても、専門性をたんに職業に結びつけてはならない、ということである。自由教育を担う学校は、自由に社会や人生の有り様自体を探求し問うための場でもあり、たんなる「訓練」所であってはならないからである。現実はしかし、「社会的要請」のみが強調されるなか、学校の評価には偏差値、資格取得および試験合格の数や比率のみが基準となり、ひっきょう「訓練」や「訓育」が教育の代名詞となり、本義としての教育が見失われる。そこでは、社会的なそうぞう（想像／創造）に関わる面が軽視され、教育は形骸化する。学校教育において、「学問の自由」は教育が教育であるための絶対条件としてある。「集（全）」を形成する「個」が責任ある成人かつ有能な「社会的な職業人」となるための訓練や心構えの養成は避けられないが、それだけに当該社会自体を批判的に問う精神が尊重されなければならない。自由教育における主体としての人格的・内的な自由には、対外的な創造（想像）の自由が含まれているのである。しかし制度化された学校は、おおむねそのような自由を許容しない。

一般的に学校の設立は、「自由教育」のためというよりはむしろ「社会的要請」に応えるものであり、合目的的・能率的に教育を組織化、継続化させる利点に基づいている。しかし現代日本社会では「学校」という呼称は、一定の建物と土地すなわち校舎と校地を備えた、名目上「自由教育」のための「公」的な空間や機関というイメージに結びついている。具体的には、それは校舎内部の教室、職員室、体育館、保健室、音楽室、あるいは各クラブ活動の部室などの構造物、他方鉄棒やトラック、さらにはテニスコートやプールなどのある校地や運動場、そしてそこで活動し関わり合う人物像（校長、教員、事務員、生徒達）といった、外観や職能性に対する漠然としたイメージであるが、そこにはすでにある特定の、意図的、計画的、そして恒常的に教育を行う、たとえば教室では知識を、音楽室では音楽を、また体育館や運動場では体育の技術を教え学ぶ、というような合理的な装置としての常識的な了解がある。

国家の、法律の定める法的な「学校」[2]とは、以上の機能的な装置としての了解を前提とした、内部（校舎）と外部（校地）の一定の組織化が最低条件とみなされる。それは、明治政権によって実行された西洋風の「学校」[3]の基準に沿ったものでもあり、日本の学校は近代西洋由来のエデュケーションを日本版国家教育体制の下で施行する場としてとらえられる。それは、教育者と被教育者が一定の場所（教室）で、恒常的かつ継続的に教え学ぶ場というだけではなく、あくまでも国家的に規定され組織された「集」としての教権的機関でなければならない。それゆえそこでは「場」と「機能」[4]の規定はもとより、象徴的「権威」を示すための「儀式」および「儀礼」が重要な意味を持ってくる。

「学校」の歴史上の起源として、原始社会の種族内に見られる家族の一員から種族の一員すなわち一成人になるための、過酷な「入社式の形態およびそのための準備期間」[5]がしばしば挙げられる。子どもや若者達に種族の一成員になる資格を与えるために、そのような「式」という象徴を通して、種族内の生活の技能技術の伝達・習得、およびルールや掟伝授の拷問的徹底が行われた。なおこのような統制的な「教育」が、国家(ポリス)的規模でより計画的、組織的に施行されたのが、古代ギリシャの「スパルタ教育」であった。そこでは、残酷で過酷な成年式(6)を通して、さらにエイレン制度(7)のような全市民(奴隷を除く)による青年の教育的実習制度が計画的に行われるなど、戦士になるための訓練や集団と一体化させるためのルールや掟の叩き込みが行われた。あらゆる国家や時代の「軍事教練」もまさにこのような教育的伝統の下にあり、またいかなる国家における学校教育においても格に施行される入学式や卒業式はその証左である。「人間教育」の重視される現代社会の学校にあってもなお厳この面での影響は避けられない。事実、「共存」の集団が種族から国家へと姿を変えても、各々の集団の維持発展のための一体化精神の高揚は不可避ということだろうか。

「入退式」の儀式は、集団的かつ意図的な教育的機関の宿命性を示唆するが、しかし「学校」の本質は、むしろ別の次元にあり、その次元を開拓したのが古代ギリシャのもう一つの国家(ポリス)アテナイの、いわゆる「自由教育」の源泉としての「人間教育」であった。それは「スパルタ教育」の戦士的性格とは対照的に「文民」的性格が強く、スポーツとしての体育、詩などの読み書きや歌および高等教育としては哲学などの文育、さらには音楽や演劇などの芸育が、私人の経営する通学制の「学校(スコーレー)」を中心に、幅広く自由にかつ自己教育的に行われた。それは、人間としての全人的な発達を促す、現在の普通教育の原型をなすパイディア(8)(paideia)の精神に基づいており、「学校」はまさしく本義たるエデュケーションのために存在していた。しかし、そこで学ぶ「自由」とは、あくまでも奴隷の排除および奴隷生産を基盤に成立しており、そのため「余暇」が「自由教育」よりもむしろ「道楽」に費やされることになり、国家衰退の原因ともなり、アテナイにおいても後に「スパルタ教育」の支持さえ唱えられるようにもなった。

ところで「人間教育」への契機となったのは、何よりも文字の誕生であり、その伝達のために読み書きの学習が奨励されるようになった。ただし、その担い手たち（主体）は、たとえば原始社会においては、文字の神秘を司るシャマニズム的な権力者達であり、また後の階級社会にあっても、宗教的な特権階級（僧侶や王侯貴族）に限られていた。大陸の文字や文化の伝来とともに始まった日本の「学校教育」もまた、大化の改新（六四五年）を経て統一国家を成立させた当時の支配者達によって始められた。それは、天智天皇から天武天皇の支配する時代にかけての、六七一年から六七六年の間とみなされているが、当初は大学寮[9]を中心に貴族の教養（儒教の経学に始まり、詩学、文章道へと変遷）を高めるために「教育」が行われた。「学校」の成立は、社会体制の危機により新しい価値体系を求める社会に呼応する場合もあるが、アテナイ同様人間教育的な文育はむしろ安定した社会において認められるものであり、したがって次代の戦乱の世では「軍事（戦闘）教育」に勝る「学校教育」は成立しなかった。

日本の「学校教育」が飛躍的に発展したのは、徳川幕府の全国統一によって戦乱の世に終止符が打たれ、幕藩体制の確立したいわゆる近世封建社会においてである。当時の「教育」ならぬ「手習い」は、おおむね士農工商という身分制度に基づく「社会的要請」に対応していて、町人の子には、寺子屋[10]などで商い取引のための読み書きと算術が、武士には、藩学[11]や郷学（小藩学）などで支配のための儒学を中心とした学問が行われた。ただし、郷学や教諭所においては、「公（共）立学校」さながら、農民の子どもなどを含め、身分に関わらず一般庶民を対象に多様な学問が伝授されるところもあった。

とはいえ当初は、学問の内容が素朴な商学や農学あるいは儒学や神道学などに依存しており、当該人物の意識はともかく、いずれも封建的支配の強化策の一環として行われたにすぎなかった。それでも、幕藩体制自体のかかえるそもそもの矛盾と近世ヨーロッパ社会の知識や技術の到来により、しだいに変化の兆しが見られるようになった。とりわけ藩学は、時世の推移とともに儒教一辺倒の学習に国学が加わり、さらに洋学（主に兵学、語学、医学、天文、地理）が導入されることにより、復古と革新の混在する変革的な性格が鮮明なものとなり、学校の「社会的創造」という局面をも強めていった。そのようななか総合教育の前身となるような学校施設[12]も設立されていった。

国家学校教育体制は、明治政府の「国家的要請」により、以上の江戸期に芽生えた諸「学校」を統廃合し、新たに一八七二年に発布された「学制」を以て始まった。そのスタイルは、前節でも述べたように、近代ヨーロッパの帝国主義的学校制度に基づき、国学の復古的教育と洋学の「開明」的な「自由教育」が、および式典重視の天皇主義道徳と欧米の近代科学とを合体させた学校教育が、全国に張り巡らされた学校区の、各々の近代西洋風の学舎において伝授される、というものであった。現代日本社会の制度化された学校教育は、基本的にはこの継承の下にある。

おおむね国家体制の下で制度化され権威ある教権を付与された学校は教育の「自由」を制御し、知や人材の選別、序列化および排除による自律的統合化をはかる。そこでは、必然的に教育の社会的要請面のみが強調され、社会的創造面は抑圧されるか「骨抜き」にされる。制度化された学校教育の役割機能について考察する上で、したがって自由教育をめぐるこれまで述べてきた二面（両義性）とともに、その両面を統制し、学校の自律的統合化をはかる局面もまた重要となってくる。事実日本の制度化された学校教育は、この統合的な面が「社会的要請」面と強力に結びつき「社会的創造」面を抑制することによって、歪《いびつ》で多義的な運命的共同体として存続してきたのである。

3　ヨーロッパ自由教育の継承

ヨーロッパ自由教育の源泉は、前節で述べたようにアテナイでの全人的な教育にあり、それは「パイディア」の精神に根差した哲学者を中心に始められた。古代ギリシャ最古の教育学者としてピタゴラス（Pythagoras）の名前が挙げられるが、彼は宗教者であると同時に哲学者であり、さらには数学者でもあった。それゆえにその教育内容は、道徳や宗教、また哲学、数学さらには音楽など、広範多岐にわたるものであった。当時「最大」の哲学者プラトン（Platon）もまた、ピタゴラスと同様に、文育（弁証法や数学など）と体育および情操（詩や音楽）の全人的な人間教育をめざした。ただし、彼の活躍がアテナイの衰退期にあたり、それゆえそれは自らが描いた「理想国家」の成員たるに適した人物を育てるためのものとなり[13]、たんなる個人教育ではない、国家（ポリス）防衛のための体制内的な自由教育であった。アテナイ独自の人間教育を尊重しつつも、国家内教育であるかぎり、国家の存続・発展のための「愛国教育」の要請は、絶対であったのである。

アテナイの人間教育に基づいた知や教科内容が、愛国教育に極まったとしても、またたとえ奴隷抜きおよび奴隷・労働蔑視の閑暇教育であったとしても、後世の自由教育としての汎世界的学問形成および学校教育の土台となり礎石となったという諸事実は、重要である。ちなみに現代の学校教育の教科内容および方式の源泉・原型は、定説では六世紀ローマ時代の自由七科（文法、修辞、弁証法の三科と、数学、幾何、音楽、天文の四科）にあるとみなされているが、それはアテナイの知・情・意にわたる全人的な教育を実現したものであり、神中心の当時においてさえも、神学の土台となって継承され、後のヨーロッパにおける学校教育の伝統的な層的教科構成の基になっていったのである。もちろんそこには紆余曲折があった。

ローマ時代以降の中世ヨーロッパ社会においては、キリスト教のドミナント化するなか、学校よりも教会、知識や知育よりも心情や信仰が重視され、しだいにかつてのアテナイでの自由な学校教育の実現は見られなくなった。それでもギリシャ・ローマの文化の継承と、数学や自然科学および医学などのアラビア回教圏からの逆輸入とによって、一一世紀頃からしだいに学問復興の兆しが見え始め、ついにはヨーロッパ各地に大学（universitas）が設立されるまでになった。大学は当初より医学を中心とした自然科学的探究と、宗教（キリスト教）を哲学によって体系化するなどの人文学的な探究の両翼によって担われていた。後者においては、スコラ哲学(14)をめぐる宗教上の論争も加わり、人間の精神や自由までもが問いに付されるようになり、大学は、現世的な勢力に保護されてはいたが、そのような勢力からも自由であることが主張され、純粋な知的探求を目的に自治活動を行うようになっていった。

このような自立した研究体制は、いうまでもなく学問の自由と知への純粋な取り組みを可能にした。がしかし、同時に人文学的にはスコラ哲学的な知や教育内容の観念性および抽象性は避けがたく、知の尊厳というよりも専ら権威を高めるだけの閑暇教育さながら、結局は現実的な観点から疎遠な、形式的な論議に終始するといった限界をも露呈することとなった。自由七科を越え、学問および教育内容を実質的に発展させたのは、近代になってからのことである。

西洋近代思想の画期性は、これまでのスコラ哲学などとは異なり外部の宗教的権威の一切を否定し、経験と自己に内在する理性にのみ忠実に、新たないわゆる実証的かつ科学的な知を開発した点にあった。そこでは啓蒙こそが「人類の神聖な権利」であり、ゆえにそのための理性的な教育が重視されることになる。一四から一六世紀にかけてのルネッサンスを契機に、神に代って万物を支配するように告げられた近世の啓蒙思想家達が、汎知主義（Pansophia）の下新たな知識の増加と全知識の総合をめざすなか、とりわけコメニウス（J.A.Comenius）は百科事典の編纂および学校知の汎知的網羅化に基づき、学校全体を知の殿堂と化した。[15]こうして現代の学校教育で見られるあらゆる学問形態や教科内容の基本構図が形成されたのである。

アテナイ由来の全人的自由教育という観点からいえばしかし、以上の汎知主義的動向よりもむしろ、一八、九世紀近代後期のとりわけ初等・中等教育に関わる、ルソー（J.J.Rousseau）による汎知主義批判と自然や感性重視の教育観の及ぼした影響が大きい。彼は、大人から子どもに既成の体系的な知を植えつける汎知主義的な教育に反対し、子どもの自然な成長や発達に見合った、また観察と推理を重視した子ども自らが知を紡ぎだしていくような教育を重視した。それは、従来の体系的教授中心の教育を自由で自立的な教育へとコペルニクス的転回を促す契機ともなった。とりわけ初等教育においてその影響力は大きく、彼の教育理論を実践化したペスタロッチ（J.H.Pestalozzi）の貧民および民衆の教育、[16]および観念的で抽象的ではあったが、フレーベル（F.W.A.Froebel）の「人間教育」[17]は、後の近代民主主義教育確立に大きく貢献することになった。なかでもペスタロッチの平等で共通の人間性を前提にした民主的な教育法は、手・頭・心の三位一体の全身体的直観主義的方法に基づき子どもの技能・知能・徳性のホリスティックな人間育成をめざすものであり、まさに近代自由教育の礎となった。

ホーム・エデュケーション的なこのような「自由教育」には、しかし近代教育自体に巣くう能力主義的で女性蔑視、あるいは家父長的、さらにはナショナリスティックな負性がはらまれており、その継承ゆえの限界は明らかであった。フィヒテ（J.G.Ficte）による教育の国家化すなわち普通義務教育制度への取り込みは、それゆえ必然的な成り行きでもあった。彼の自由教育的要素の純化・画一化された「国家民主主義教育」とは、それ自体が矛盾に満ちており、「自由」に大きくブレーキをかけることになった。事実そのような教育の国家化は、たとえフィヒテ自身の思惑はどうあれ、いずれヨーロッパ帝国主義への布石となり、大いなる動力となる運命とともにあった。「自由教育」をも統制し民族主義国家への献身を以て教育の理想を説いたクリーク（E.krieck）によるナチズム御用教育観[18]は、まさにその発展的帰結でもあったのである。

なおヨーロッパ自由教育史におけるエポックとして、以上のような近代の民主主義教育の芽生えとともに、スペンサー（H.Spencer）による科学教育の先駆性を挙げないわけにはいかない。彼は人間の社会的活動を功利主義的な比較的価値に基づき順序だて、それぞれに関わる知識を提供する諸科学を汎知的に網羅し、教育や学習の対象とした。重要な点は、彼はこのような科学的な知識獲得の教育的有用性を説いただけではなく、科学的思考の態度や精神養成の必要性をも説いた点にある。その意味ではスペンサーの科学教育思想[19]は、現代の科学教育の礎となり源泉となった、と言えるであろう。

今日に至る「日本」における「自由教育」は、明治維新以後以上のフィヒテの国家民主主義的な教育に根差した近代ヨーロッパの教育思想および制度と、スペンサーによる進歩主義的科学教育が複合し、さらに後にその創造的な面をも喚起させるアメリカのプラグマティックな民主主義教育の影響を受け、成立している。そこでは国家的な教育のはらむ限界や制約および変質が明らかであるけれどもこの点については後章で詳論）、科学性と民主性の保持という点では、それはヨーロッパ自由教育の伝統を受け継ぐものと言えよう。

では、以上の欧米の「自由教育」を継承する現代日本の学校教育の内実、主としてカリキュラム構成と教育（学習）方法はいかなるものであるか、一瞥しておこう。先ずは教育内容の編成や計画に関わる教育課程すなわちカリキュラム構成についてだが、これまで教科カリキュラムと経験カリキュラムの並列化あるいは相克性が重要視されてきた。それは近代教育における前述の汎知主義と自然発達主義、あるいは近代哲学における合理主義と経験主義の、もっといえば演繹と帰納のような二大観点や方法論の直接的な反映でもあったが、現在では近代の哲学や思潮の変遷とも相まって、教科カリキュラムに関して、網羅された教科をいかに相互に関連づけるかに焦点が向けられ、相関か広域か、また経験カリキュラムが絡んでのコアかなどといった、カリキュラム構成の在り様が問われることとなり、教科中心か経験中心かの二者択一の議論は過去のものとなりつつある。また単元Unit[20]についても同様に教材単元と経験単元が問題となってきたが、今日では生活のなかで発生する問題に対する問題単元やその補填としての作業単位[21]を含め、トータルでどのように単元を設定するかが大きな課題となってきている。要はかかる単元がカリキュラム構成のスコープ（Scope：範囲）とシークェンス（Sequence：系列）にどのように選定され反映されるかではあるが、この点に関しては一定の尺度を設定してそこから単元を導き出すようなバージニア案[22]やサンタバーバラ案[23]が日本の教育界の大きな参照枠となってきた。とはいえ、いまだ明確な基準がないというのが実情である。

以上の教科の内容やカリキュラムの企画と設定は現学校教育を支える重大事項となっているが、しかし教育を十全かつ効果的に機能させることができるかどうかは、それらをどのように教育および学習に活かしていくかにかかってくる。その点では、同時に教育の方法や技術の在り方が問われる。円滑な遂行のためには、ひとえに教育の「専門家」であるはずの教育者自身の力量や能力が問われることになるが、「教育技術」とは、機械的な技術とは異なり、あくまでも人間対人間の直接的体面的な営みが中心となる。教育者といえども「さまよう人間」であることには変わりがない。それゆえにおうおう教育上の難局に対さざるをえない。

もちろん教育者と被教育者および学習者の、両者には予め「教師」と「生徒」としての役割や能力の差異が前提されている。たとえそれが幻想でしかなかったとしても、少なくとも形式上そのような共通認識がなければ学校教育は成立しない。専門家としての教員になるための資格制度や研修、またいわゆる義務教育を別にするならば被教育者になるための受験制度などは、まさにこのような前提や共通認識を担保するためにある。とはいえ、それはおおむね形式的で表面的な技術や査定に依存しているにすぎない。そもそも教育の主体である両者とも、個々の身体的かつ社会的諸条件を異にするために、実際の教育活動において多くの軋轢や矛盾および問題が発生するのは自然当然である。仮にそのような問題や事態が発生しないように、予め一方的に「抑圧」「統制」をかけたとしても、というよりもむしろそうすることによって事態はむしろ一層悪化するか深刻なものとなるであろう。

民主的な自由教育の主人公は、あくまでも教育者ではなく学習者であった。したがって少なくとも建前としては、教育や教授はつねに「被教育者」の立場に立って遂行されなければならない。そのためには、とりわけ義務的普通教育においては、被教育者および学習者として子どもの発達段階的な心身の、身体的、生理的、心理的、知的さらには社会的な諸条件を把握しておく必要があり、そのようなホリスティックな観点に根差した学習指導が重要課題となってくる。その結果、カリキュラム編成との関係でいえば「系列」にあたるこの辺りの詳細な研究が、いわゆる教育心理学[24]という「専門科学」に委ねられることになった。なおその分野において、とりわけ教育や学習に直接関係すると思われる知能や思考の発達に関しては、ピアジェ(J.Piaget)の学説[25]は、相応の問題(後述)をはらみつつも、今なお有力である。また発達の段階に即したソーンダイク(E.L.Thorndike)の試行錯誤説[26]、ワトソン(J.B.Watson)の行動主義に基づいた条件反射説、スキナー(B.F.Skinner)の道具的条件づけ説やハル(C.L.Hull)の欲求低減説[27]、記号学習説や洞察説[28]などに基づく動物学的な学習理論なども、今なお学習-教育方法上の有効な言説として流布され、さらにまた映像・音響を利用しての視聴覚教育法およびティーチングマシーンやパーソナルコンピューターを利用しての教授および学習法は、いずれも現代の教育において不可避の方法となっている。

このような学習効果を求める心理学的な方法は、教育学的には無視できるものではない。しかし何よりも学校教育の基本は人間教育であるかぎり、あくまでも教育の主体、すなわち教育者と被教育者間における教授-学習法にある。その意味では、西洋近代教育伝統の直観教授法[29]や、被教育者および学習者を中心とした民主的な討論法やグループ学習、さらには問題法やプロジェクト法[30]などは、現代自由教育の不可欠の方法となっている。いずれの方法も、ヘルバルト(J.F.Herbart)の段階教授法[31]のような教育者中心の注入法などと対置されるが、たんなる被教育者中心の消極法[32]とも一線を画すものでもある。おおよそ今日、以上の経緯を踏まえ、自由教育とは、教育者が被教育者に対して、さまざまな情報や問題を提供・提起し、個々の社会的、家庭的条件を踏まえながら、その都度適正と思われる教育法を通して教授し、学習し、コミュニケートしていく、そのなかで被教育者のみならず教育者をも含めてトータルで能力や人間性を高めていくべきという了解が、暗黙の良識的な事項あるいは建前となっている。

なお現代学校教育における方法論上の人間性重視の傾向は、学習評価上の客観性を重視する「教育測定」から人間全体を対象とする「教育評価」への移行[33]にも観察される。当然の成り行きであるが、それでも「さまよう人間」が、国家のお墨付きの教育のなかで、正しく評価することなど可能だろうか、またそこにいかなる教育的意義があるのだろうか、結局、時代の既成の権威ある知的集団や国家権力者達の意図が基準とならざるをえないのではないか。少なくとも以上の懐疑に対する応答や言論を抜きにして、教育評価はもとよりいかなるカリキュラムも教育方法も語ることができないであろう。

4　教育の目的と国家

子どもや青年達をどのようにしたら国家に奉仕し貢献できる成員に育成できるか。このような支配者達の課題意思は、「自由教育」における隠されたカリキュラム[34](hidden Curriculum)となって学校教育を裏面から支え、ときに強権的な教育行政のドミナント化とともに顕在化してくる。国家権力のマックスの状態にある国家主義教育にあっては、そのような課題意思が教育の目的にストレートに反映し、そこでは教育内容もカリキュラムも画一的に再編され、自由教育の形骸化すなわち教育の死滅は必須となる。

したがってそのような事態を事前に回避するためには、日頃の潜在的な国家意思に対する絶えざる注意と当該学校教育の目的についての明確な自覚が必要となる。とりわけ今日の日本の学校教育において、このことの喚起は重要である。というのも今日政治性の絡む議論や言論にたいする躊躇や回避が支配的で、学校の方針や目的の無批判的受容、さらには国家権力介入に無批判的なムードが醸成されつつあるからである。国家教育であれ自由教育を是とし指向（嗜好／施行）するかぎり、「人間教育」を阻害する国家権力の受容はありえない。ただ「人間教育」といっても余りにも抽象的であり、その解釈が時代や社会のパラダイムやエピステーメによって変移し制約されざるをえないのも事実である。その相対性ゆえに、プラトンの教育論がそうであったように、国家社会に従順な人間の育成こそが「人間教育」であるといった詭弁も成立する。現代の民主教育を基盤に有する「人間教育」は容易にはそうはならないはず、と高をくくってはならない。その危険性はつねに現前しており、それゆえにつねに学校教育の目的と国家の意思に関わる社会的・政治的な自覚が重要となる。

　教育の目的が「社会的な人間」の育成にあるとしても、国家意思からすれば、それは「社会的要請」に沿った従順な人間性の育成やそのための伝統的知・技術の伝授・修得となる。だが本来自由教育とは「社会的創造」を含め人間や知の多様な可能性に信を置くものであり、したがってその目的はけっして型通りの人格育成には還元されない。問題はしかし、現実の学校教育において、「社会的人間」の育成に関わる「要請」と「創造」という両義性は避けられない、という点にある。今学校教育を社会学的に、機械的かつ目的的諸機能を備えた一大構造（装置）ととらえるならば、以上の両義性は、構造から諸機能へ向かう前者に対応する「機械論的性格」と、反対に諸機能から構造に向かう後者に匹敵する「目的論的性格」としてとらえられる。[35]「自由教育」のコアとなる「教養」を以て説明するならば、教育者を主体にすれば、機械論的性格すなわち既成の教養文化の一方向的伝達が重視され、学習者を主体とするならば、機械論を踏破する目的論的性格すなわち新教養文化の創造能力の開発が主となる。教育者側はこの両者のバランスを機械論的な性格を主に構成しようとするが、しかし自由教育の「主人公」は、あくまでも学習者にある。ゆえに主体の自由を前提とした学校教育の自治的観点からは、未知の可能性に対する、目的論的性格を主とした均衡こそが重視されなければならない。

とりわけ伝統的な「自由教育」を越える理解には、機械論超出の指向性が含まれている。もちろんそこでは、ヨーロッパ人文主義的な「共通教養」の、また教育的にはリテラシー(36)(literacy)の機械的な一方向的な教授・修得は避けられない。共通教養やリテラシーといえども、国家社会文化の要請や制約のなかにある。しかしそれ自体時代とともに変移する相対的な側面を有しており、機械論一辺倒に陥らないためにも、学校教育の抽象的な目的を問うよりも何よりも、現行の具体的な目標を含めそこに潜む国家的な意思を明確に読みとり批判していくことが求められる。なお現代の、基本的なリテラシーの習得を目的とする普通制の学校教育において、個々の目的は一般的には上位の目的に準じて掲げられるが、そもそも両者の境界が判然とせずそれほど単純に分立できるものではなく、おおむね階層的かつ入れ子の関係になる。さらにまた類似した普遍的な目的を掲げていても、その抽象的観念性ゆえに個々の目的（目標）に対しては恣意的解釈が可能となり、そこに国家意思が介入する余地が生ずる。事実、現代日本の、機械論的性格を主とした縦割りの学年別の教育制度において、明治維新以来の国家意思は、平時においては学校教育の具体的目的（目標）を密かに操作しその成果の集積を以て普遍的な教育目的をも変えてきたのである。

以上の教育の目的と国家についての基本的な認識を踏まえ、次に戦後日本の学校教育の目的規定と国家意思について考えて見ることにしたい。

周知のように日本の戦後教育は、ＧＨＱ主導政治に基づく教育の民主化政策によって始まった。それは、教育勅語(37)を軸とした軍国主義教育からの「転換」と西洋近代啓蒙理念の普遍性に対する再確認を意味した。「教育基本法」もその範疇にある。当初その第一条で、戦後日本の学校教育の目的が次のように規定されていた。

教育は、人格の完成をめざし、平和的国家及び社会の形成者として、真理と正義を愛し、個人の価値をたっとび、勤労と責任を重んじ、自主的精神に充ちた心身ともに健康な国民の育成を期して行われなければならない。

まさに人間主義教育にふさわしい、西洋近代以来の理想的人間像の形成が、普遍的な自由教育の目的として掲げられたのである。なお第二条では、以上の目的を実現するための方針として、学問の自由を尊重し、自発的精神を養い、自他の敬愛と協力によって、文化の創造と発展への貢献が促されており、共通教養の必要性を踏まえた本義としての教育の在り様が示された。

憲法一九条（思想・良心の自由）・二〇条（信教の自由・政教分離）から言えば、このような近代主義的（国家民主主義と能力主義の）イデオロギーの介在する下位法の内容規定は違法ではあるが、しかし、そもそも憲法自体が近代主義の産物でもあることを踏まえるならば、そこに当時の米国政府による、日本の軍国主義教育を清算する「教育の民主化」への意思（意志）がいくばくか反映されているかぎり、たとえ功利的かつ時代的（とりわけ冷戦構造による）限界や制約が認められるにせよ、戦後教育の全否定はありえない。教育の目的と内容の民主化・目的論化という、戦前・戦中教育の反省を踏まえての「転換」に対し、せめて心新たに、規定された条文を媒介にしてさらなる自由教育の発展（徹底）に意を尽くすべきであった。その意味でもリテラシーは、先ず何よりも民主主義教育のための政治的リテラシー(38)（political literacy）であるべきであったのである。しかし、遺憾ながらそのような「教育の民主化」の契機や気運は、発展（徹底）どころか、戦前・戦中の軍国主義政権を引きずる保守勢力によって損なわれ、しだいに退行を余儀なくされるに至った。改憲（軍国主義的・国家主義的修正）を目論んでの近年（二〇〇六年）の基本法の改訂は、まさにその息の根を止めるための大きな役割を担った。かれらは、基本法第一条の〈教育の目的〉に、さらに「道徳心」や「我が国と郷土を愛する」態度など、数多くの個人に対する国家主義的な徳目を盛り込み、本来国家が守るべき、すなわち国家権力に規制をかけて、個人の価値を守るという立憲主義の原則に沿った「教育の方針」を、国家の強制を可能にする機械論的な、個人が守るべき「教育の目標」へと、再び教育勅語的内向きの発想へのギアチェンジを促したのである。

いうまでもなくこのような旋回は、たんなる反動勢力の外圧の強さによるだけではなく、抵抗する側の、当初より基本法に内在し底流する「限界」に対する無自覚性、およびそれゆえの外圧受容の閾値の低さによるものでもあった。基本法に内在する「限界」とは、実は「転換（断絶）」の装いの内部において、意外にも西洋近代主義の精神と教育勅語的精神とに密通する思想的・宗教的連続性が存在しており、それゆえに教育の民主化は当初より挫折せざるをえなかった、という点にある。この点については次章で詳論するが、ここではその例証として基本法目的条項の内容に関してだけ取り上げておく。

目的条項で何よりも問題となる箇所は、「人格の完成をめざし」にある。このような西洋近代由来の完成態をめざす人格像とは、実はキリスト教的神人像を反映しており、その点では日本伝統の神聖天皇に忠誠を誓う道徳的な人格像と重なる。もとより現実の被教育者にそのような「人格の完成」などという教育目的を立てること自体、それほど意味も意義もない。確かに、ヒトは、学校教育のみならず、積極的なものから消極的なものの一切を含めた生涯教育によって、大なり小なり社会的人間として「成長」していくことは、認めるに吝かではない。そうであったとしても、すなわち百歩譲って仮に「人格の完成」とか、「完全な人間」といった文言や概念が倫理的に要請されるとしても、果たしてそのような抽象的な「神性的人間」になった人物像を、この矛盾渦巻く、また何よりも価値の多様化を求める現実社会において想像できるであろうか。閉じられ限定された学校社会においてはなおさらである。そこは、せめて「人格の完成」でなく「人間性の開発」(務台理作)程度にとどめておくべきではなかったか。

先に、個々の目的・目標は階層的で入れ子の関係にあると指摘したが、実際には普遍的な目的などそもそもありえず、すべてが相対的かつ相関的であり、階層性は一定の制約や条件の下でのみ成立するにすぎない。たとえば、基本法の文言の中の「国民の育成を期して」は国家の制約を、さらにその国民を修飾する「心身ともに健康な」は西洋医学の枷を課すことになり、そのような在日外国人や「非健康人」を排除するような目的は、普遍性を喪失せざるをえない。とすればこのような目的条項は本来不要となってしまうのであろうか。そうではない。この条文が第二次世界大戦の深い反省を刻印する「平和」憲法に基づき作成されたという事情を勘案するならば、またそこに刻印された民主的条項が存するかぎり、一層の「改悪」をめざしてやまない勢力に抵抗し闘うための、民衆の「拠り所」ともなりうるのである。

現代日本の学校教育は、「日本国憲法」の精神に基づき、改訂「教育基本法」の目的条項を以て、「学校教育法」の上位の普遍的最高の教育目的とし、戦後日本の自由教育法制度をかろうじて繫留している。だがその普遍性とは、国家的制約の下での「普遍」性でしかなく、「国民教育」を前提にしている。本来普遍性とは制約を超える概念を有することから、基本法の目的条項は、自らを超えるより上位のいわゆる学校教育に限定されない普遍的な教育目的、すなわち国際的な法体系としてくしくも基本法制定一年後に出された「世界人権宣言」(国連)の二六条「教育は、人格の完全な発展並びに人権及び基本的自由の尊重の強化を目的にしなければならない」というグローバルな普遍的規定に従うことが要請される。この上下の規定関係を踏まえての目的条項の解釈に従うならば、当然国際性を軽視した基本法の改訂や、国家や民族中心の教育法は明らかに違法となる。

もちろん上下いずれの教育の目的規定とも、近代西洋啓蒙思想出自である点では変わりがなく、いかに国連による究極の普遍的規定であるとはいえ、その点では、とりわけ「人格の完全な発展」という文言の示すごとく、同様の限界を併せ持つ。しかし肝心なことは、このような規定や文言は、国連憲章の序文[39]にも見られるように、あくまでも先の残酷で悲惨な世界大戦を深く反省して作成されたものであり、宣言であるという点にある。したがってこの点を不問にした些末な評価や批判は、意義も効力も失うであろう。平和を希求し、人権や基本的自由の尊重を掲げたのは、たんなる西洋啓蒙精神の踏襲によるのではなく、繰り返し、世界大戦を誘発した帝国主義やファシズムおよび軍国主義に対する深い反省によるものであることを忘れてはならない。

その点では軍国主義の当事国であった日本においては当然のこと、この深い反省の下に、国連憲章の教育目的の国際規定を法的に最高の普遍的規定として受容し、自由教育のさらなる発展のためにも、天皇制神道と近代国家に支えられた現学校教育の統合化に対抗する民主主義教育の在り様について問うていかなければならない。同時にそこでは、課題としての「人格の完成」さらには「人権」に纏わる近代主義的自由教育のはらむ限界をもクリアしていくことが求められるであろう。ただその場合、人権とは近代の「国家」が身分制社会秩序を解体して自由な個としての人間を創出することによって成立した概念であり、また後に非戦平和を指向（志向／施行）する越境的な「国際的人権」として語られるようになったということ、この歴史的経緯と「超出」の営為を踏まえなければならない。

〈注〉

（1）『シップリー英語語源辞典』（ジョーゼフ・T・シップリー著、梅田・眞・穴吹訳、大修館書店、二〇〇九）によれば、education は e-（ex: 外へ）と ducere, duct（導く）とからなるラテン語 educare, educat-（引き出す、育てる）から派生した名詞 educatio, education-〈養育、教育〉を語源にもつ。それは、instruction の原義「内に積むこと」「内に情報を詰め込むこと」とは反対に、「才能を外へ導き出す」という意味を有しており、したがって、「むちを使うこと」あるいは中国語の原義「教育」の「礼儀を叩き込むこと」はその否定（destroy）を意味することになる。なお「教育」の語源については、『日本語語源広辞典』（増井金典著、ミネルヴァ書房、二〇一〇）を参考。

（2）『学校教育法』で定められた〔学校の設置基準〕第三条に基づいている。

（3）「行政と学校」森重雄、（『〈近代教育〉の社会理論』二〇〇三）二〇九頁参照。

（4）バーンスティン（B.Bernstein.F.）は、儀礼について、それは社会的秩序を内面化し活性化させ、連帯感、秩序、他の集団との境界、および自集団に対する二重の忠誠心とアンビバレンスのコントロールを維持し、とりわけ学校の「統合的儀礼」によっては、特定の時間的・空間的連続性、すなわち学校を一つの道徳的共同体としてアイデンティティを与える機能を有する、とみなしている（『教育伝達の社会学』（六六〜七頁参照）。
（5）ドイツの人類学者シュルツ（H.Schultz）の見解に基づく。
（6）フランスの社会学者レヴィ・ブルュル（Levy-Bruhl）によれば、このような儀式において、実際に失神する者さえ出すほどの激しい拷問の形式がとられるのは、若者が一度死んで再び蘇ることを肉体に明確に刻印させるためであった。
（7）若者（Eiren）のための特別な制度を意味していた。
（8）著者はかつて'THE FOURMULATION OF A NEW IDEA FOR BETTER EDUCATION'(pp.9-16)の中で、「パイディア」をホリスティックな人間教育のオリジナルな観点として紹介し論考した。その意味するところは、「パイディア」は子どもを意味するparisを語源にもち、オールラウンドの理想的な若者を育てるために、心身両面の能力の自然的かつ調和ある発達を促すという、古代アテネにおける人間教育としての基本的な観方および考え方を表す言葉であった。ただし、この概念が「教育的な努力の成果」として明確化されたのは、むしろヘレニズムの時代においてであった（Lucas, Christopher J. Our Western Educational Heritage. P95参照）。なお今日においても、このような「パイディア」の考えを公的な学校教育に復活させようとする動きが見られるが、その多くは、民主主義的な観点からというよりも国家権力の要請にふさわしい人間の育成を目的とする保守層からのアプローチによるものである。それゆえパースペクティブの同質化と狭小化に伴うマイノリティや個性などの封殺は避けられず、民主主義教育を否定する危険性をはらんでいることに、あえて注意を促したい（なおこの点については、Mulcahy, D. G：Review Article: Is the nation at risk from the Paideia Proposal？, pp.209-21においても言及されているので参照）。
（9）律令制時代における大宝令の学令によると、都に五位以上の者の子弟を対象とする支配者養成のための大学寮が置かれ、地方に国学が設けられるという、全国規模の学校制度が成立していた。
（10）当初寺院で僧侶になるための仏教教育が行われていたが、後にそれとは別に世俗的な教育も行われるようになり、町人達はそこで「寺子」となり学ぶようになった。しかるに町人達は自らの経済的実力が充実するに及び独自の教育的な施設を設けるようになり、そしてそこがかつての「寺子」が集まる寺子屋と呼ばれるようになったという。

(11) 藩学とは、各藩における藩政改革の一環として、封建社会の指導者武家養成のための、同時に封建社会の時世を打破、打開しようとするための、まさに両義的かつ矛盾した「学校」として成立した。

(12) たとえば、幕府が江戸に設けた昌平坂学問所を中心に、和学講談所、開成所、医学所・医学館で、国学、洋学、和漢洋の医学など幅広い知識や技術の伝授が施行された。

(13) プラトンは、彼の描く理想とする国家(ポリス)に対する、とりわけ国防を中心的に担う守備者の階級の奉仕精神を培うことに重きを置き、当初は文育も体育も管理的、禁欲的で、その内容は単純なものでしかなかった。

(14) スコラ哲学とは、「学校(スコラ)の哲学」の意味であり、中世ヨーロッパ当時の大学などで、キリスト教を、主としてアリストテレスの論理学によって哲学的に論じ、体系化し、その権威を追認したものである。

(15) 神によって万物を支配するという発想から博学であることが求められ、宗教や道徳とは別に、形而上学、歴史学、文法、音楽、詩、政治学、工学、経済学、工学、幾何学、論理学、数学、地理学、物理学、修辞学、光学、天文学など、膨大にして広範囲な知識が、難易に対する配慮の下で、初等教育から大学教育までの教育および学習の対象とされた。

(16) 彼は、ルソーの自然主義的で子どもの自由を重んじた教育思想に感銘し、その民衆化および社会化に尽力した。特に学校教育に縁の遠かった下層の貧者に対して、「作業教育」を含め、読み書き算術の初等教育に身を賭した。

(17) ただ、彼の「人間教育」は、ルソーやペスタロッチの理解とはやや異なり、神秘的で形而上学的かつ象徴主義的なものであった。

(18) 彼は教育を成員が共同体に同化する根本的機能と考え、現象学的かつ類型的方法でとらえた。彼の、教育事象から客観的にその本質をとりだし考察の対象とし記述するというフッサール由来の現象学的な方法は、後の教育学や教育論の新展開に貢献したが、しかし歴史性を踏まえた類型的方法は、教育を民族ごとにグループ別化し、ナチス的世界観をとり入れた「民族教育学」へと落ち込んでいった。

(19) 西洋哲学思想の系譜におけるスペンサーの科学主義的進化思想のエトスについては、すでに拙書『空的還元』において論考した(同書九八～九頁)ので参照の由。要約すれば、カント哲学以降に生成したロマン派観念論はヘーゲルにおいてその頂点を極めたと同じく、カントの直観形式に基づく時空論を越える科学的進化の思想はスペンサーをもって極まる。すなわち、ヘーゲルが自我の進化の世界史を完成したように、スペンサーは、科学的・自然主義的な壮大なる進化の世界史を構築した。両者の歴史観の根本的な相異は、歴史の原動力をヘーゲルが「矛盾」や倫理に置いたのに対して、スペンサーはあくまでも物理的な〈力の関係の固在性〉においてとらえた点にある。系譜的には、このようなスペンサーの科学主義的進化思想は、アリストテレスによる運動の原因論的図式とニュートン的絶対空間・時間に基づく運動法則やダーウィンの進化論に、ベンサムの功利主義が加わり生成した、と言えよう。結局は「科学」と「宗教」の二元論に基づいたいわゆる自然主義的形而上学に帰するが、産業革命を背景とした彼の科学主義的・功利主義的な多様な観点は、とりわけ教育に関しては徹底していた。事実彼の教育論は、数学、地質学、生物学、生理学、心理学、医学、社会学、美学など、汎知主義的にして広範囲に及ぶものであり、同時にまた科学の訓育的な価値を認めるなど、まさしく科学万能主義とその実用的解釈をベースにしていた。

(20) カリキュラムを構成する分節、すなわち知識や経験の一まとまりの単位をいう。

(21) 学習者が生活上の問題をとりあげて解決していくための単元が問題単元であるのに対して、問題単元が結局大人主導になりやすいという弱点を補うために、直接学習者に作業を行わせるのが作業単元である。

(22) カリキュラム編成の縦軸(系列)に児童の心理的発達段階を、同時に横軸(範囲)に社会機能を置き、両者の交錯点に問題単元を設定するという案であり、それは児童中心主義および教師中心主義を乗り越える革新的なものであった。なお、横軸としての範囲については、社会生活の重要な分野ということで、人格の尊重や芸術的・宗教的欲求の表現から人的および物質的生産、分配、消費、通信、輸送、さらには財産や天然資源の保護保全に至るまで、物心両面に及ぶ広範囲な社会機能が相当していた。一九三四年に誕生した当案は、戦後の日本に導入され、サンタバーバラ案とともに日本最初の社会科の学習指導要領のベースとなった。

(23) サンタバーバラ案は、一九三四年に発表されたカリフォルニア案の生活経験を中心としたプロジェクト法が具体的にコア・カリキュラムとして作成されたものである。そこでは、制作活動、見学調査、表現や構成活動などの体験学習が中心となり、シークェンスが近位から遠位へ、具体から抽象へと、同心円的に拡大され、段階ごとにコアが設定されていた。

(24) 教育心理学とは、教育および教育現象に心理学を応用あるいは適用させた、教育現象において観察される被教育者の心理的な現象や事実に対する科学的な学問である。戦後新教育において、学習者中心の民主主義教育を支える学問として大きな役割を担った。しかしそれは同時に、ルソーの消極的教育を反映した、発育や発達、成長という生命現象の陳述中心のテクストとなり、また学習理論も動物的な観点に基づいた解釈に終始しており、被教育者の実存的な心理現象や事実に対しては、いかなるアプローチも見られなかった。そのため、「いじめ」などのような現代学校教育のかかえる問題に対しては、無力であった。そもそも生命の発達や成長という現象は、心理的というよりも生理的あるいは身体的な現象であり、そのまま教育現象とはなりえないのである。ここにこの学問の限界があり、また問題視される所以がある。

(25) J・ピアジェの発達段階論については、R.Murray Thomas, Comparing Theories of Child Development, Chapter 13 を参照。

(26) 失敗の反復経験が偶発的な行動の変容を形成し、「反応の効果」により学習能力が高められていく、という説。

(27) ワトソンの行動主義は、行動を主要な研究対象とし、あらゆる行動を刺激と反応の関係に還元、説明づけていくものであり、パブロフの条件反射説を人間における行動の変容に応用した考えである。スキナーは、パブロフの条件づけに基づいた単純な行動学習にとどまらず、より多様な道具や方法を用い複雑な行動の学習の開発に貢献した。またハルは、刺激と反応の間にある生活体の欲求の閾値や状態に注目し、学習効果を高めるためにはたとえば「空腹」なる欲求の低減状態が必要と考えた。

(28) いずれも行動主義のような刺激と反応の結合理論ではなく、学習の場を重視する理論である。なおその場合、目標到達のために学習者の記号の認知を中心とするのが記号学習説であり、場面の見通しを中心とするのが洞察説である。

(29) 注入式や暗記式によらず、実物の直接的観察などを通して学習させる方法のことをいう。

(30)プロジェクト法はキルパトリック(W.H.Kilpatrick)の考案によるが、いずれも、問題の発見、解決、さらには新しい問題を提起するなど、まさに学習者がそのために主体的に実践、収集、分析、評価検討、発表および討論などを行う、合目的的で民主的な教育法と言えるであろう。
(31)彼は、哲学者カントに影響を受け、道徳的な人格形成を教育の最大の目的とし、観念の注入や連合を行う四段階教授法を提唱した。なお、この教授法が彼の学派の人達を介して再編成され、五段教授法として明治二〇年代に日本に導入され、流行した。流行した理由は、その方法が、「教育勅語」に基づく修身科を最高の教科としていた当時の日本の学校教育の方針と合致し、しかも従来の問答法中心の教授法を整然化させ、論理的で分かり易いものにしたからである。
(32)ここでは、ルソー教育思想由来の、いわゆる児童中心主義に見られる消極的な教育法のことを指している。
(33)一九三〇~四〇年代のアメリカの新教育運動において、ソーンダイク達の推進する学力の客観化のための一面的かつ要素的な「教育測定法」が批判され、人間や学力さらには教育環境(行政や教員、学校の運営や設備など)全体が対象となるホリスティックな「教育評価」が重視されるようになった。前者は、主知主義的な面を主要な測定対象とし、主観性を排し、個人の相対的位置の発見のために客観的・数量的測定法すなわちテストを重視したのに対し、後者は、被教育者に限定するならば、個々の性格、態度、興味などを含む人間的な面を評価の対象とし、したがって主観的な面をも排せず、個人間差異よりもむしろ個人内差異に注視し、テストのみならず論文や行動観察記録などを重視した。しかしそこでは、環境の評価は別として、人間の評価自体の限界性や問題性については、ほとんど問われていない。
(34)隠されたカリキュラム(hidden curriculum)については、マーティン(J.R.Martin)が、「ジェンダー・ブラインド」を中心に理論化しているが、一般的には、「教育の目的や内容として意識的に明示されないが、意識されないままに人間形成に大きな影響を与えるもの」(『脱学校の社会』東京創元社、一五頁)と了解される。
(35)カッシーラー(E.Cassirer)の説でもある。
(36)Literacyとは、英和辞典(TAISHUKAN'S GENIUS :second edition)によれば、読み書きの能力;教養

(教育)があること、となっている。したがってリテラシーとは、書字文化における基礎的な知的能力から高度な教養に及ぶ、人間共通の知性および智慧と解釈できよう。

(37) 明治二三年(一八九〇年)第一回帝国議会開会直前に降下された、帝国憲法と不即不離の関係において国民の思想を統一し、絶対天皇制国家を確立するための臣民の道徳律。

(38) Political literacy とは、'Political Education and Democracy' (Tom Brennan) によれば、政治的自覚や理解を高めるにふさわしい、政治の事柄に関わる知識や技術および態度の複合的なものとみなされ、教育的には、とりわけ民主主義社会の発展のために、理性、真理、自由、責任、寛容などを含め、その理念と一致する手続き上の価値の実践的修得が重視される (p.7,pp.54-5)。

(39) 序文では、「われら連合国の人民は、われらの一生のうちに二度まで言語に絶する悲哀を人類に与えた戦争の惨禍から将来の世代を救い、……」から始まっていることに留意。

第2章　民主主義教育の系譜

1　デューイの教育思想

戦後日本に導入されたGHQ主導の民主主義教育とは、一体どのような思想に基づいていたか。それは果たして、自由教育の継承・発展を促すに足るものであっただろうか。この問いに答えるためには、何よりも一九世紀後半から二〇世紀にかけての当時アメリカの教育界を席捲していた、功利と実験重視のプラグマティクな哲学的思潮の、その中心にあったジョン・デューイ（J.Dewey）の思想および教育理論について知る必要がある。デューイのなした「功績」の遠大さは、彼の言動や思想はもとより、論評の膨大な数量にも見受けられる。なかでも教育学的な観点から「民主主義」を総体的にとらえ思想化したことは、画期的なことであった。改めてこの点について、著者独自の「解釈」を交え、主として系譜的な観点から考えてみる。

デューイの民主主義教育論も西洋近代教育思想の系譜の下にあり、前章で述べたルソーやペスタロッチの民衆的な自由教育思想の、また形而上学的・科学主義的にはヘーゲル（G.W.F.Hegel）やスペンサーの思想の影響を受けて存在している。ただし、直接的な影響すなわち前駆的な思想としては、何よりも同国のパース（C.S.Peirce）とジェイムズ（W.James）によるプラグマティズムが重要であり、両者の方法論的および形而上学的な、あるいは論理主義的および道徳主義的なプラグマティズムが止揚されて、デューイの教育論的なプラグマティズムが生成したと言えるであろう。

　プラグマティズムの思想を支えていたのは経験主義であったが、前二者の間では、要の「経験（experience）」のとらえ方に明らかな差異があった。パースは、デカルト（R.Descartes）やカント（I.Kant）の内観主義や直観主義を批判して、推論や記号、観念の相互依存性、議論の多元性や多様性、さらには事象の感知しうる効果を重視する経験主義を主張し、その上で可謬主義と実在主義に基づき実験主義的に信念を固める探究方法を創出した。他方ジェイムズは、そんなポスト・モダン的な観点と方法論を有するパースの主知主義的な経験主義に、主観的な知覚、感情、意志および決意などの主意主義的な経験を加え、形而上学的な道徳の真理を追究した。ジェイムズの説く「根本的経験論」とは、まさに合理主義（宗教なるもの）と経験主義（事実と接触）、感情的・実際的結果と客観的・概念的結果の両者の結合により形成されたものである。(1)

　デューイの経験主義は、両者の了解の間に跨りつつ、そのパースペクティブは、社会的、政治的な領域にも及び広汎かつ実践的な意味をはらみ、その内在する民主主義的な態様（多元性、多様性、可謬性など）を全面的に「開花」させた。もちろんそこには、思想的な紆余曲折があった。なおその変遷を辿るには、デューイ思想の一般的時期区分が参考になる。(2) それは、形而上学と生理心理学的知見に基づいた前期（一八八二〜九八年）、実験主義と道具主義に基づいた中期（一八九九〜九二四年）、再び形而上学と自然主義と形而上学に基づき独自の思想を構築した後期（一九二五〜五三年）の三期に区分するものであるが、デューイの教育思想の影響が戦後日本にもたらされたのは、彼が主著『民主主義と教育』（一九一六年）を著した、一九二〇年から四〇年の中期から後期にかけてであった、と思われる。

「紆余曲折」とはいえ、根本的・思想的にはそれほど大きな変化や転換があったわけではない。事実、彼の経験主義を支える思想の主要なモチーフやエトス、すなわち二元論の克服、人間精神と組織社会の関連性、有機体と環境との相互作用や連続性、民主主義市民社会の実現などが、全期にわたり観察される。しかし内容面での段階的および経時的な変化や発展もまた確かに認められる。その契機や要因として、当時アメリカ国内の政治的・経済的変動が大きいが、何よりも諸テクストとの出会いが重要である。

先ず前期において、当初デューイは、ヘーゲル主義的な絶対的観念論を軸に、個の精神と社会との有機的、動的な相互作用の原理を生理心理学的に、また道徳や理想など観念的な事象を内省的方法と超越的な自我によって哲学的に説明し、「教育」を土台に個と普遍の調和や個の普遍への架橋の思想的実現に努めた。そうして、後期の自然主義的な存在論や形而上学をベースとした教育思想の輪郭が形成された。……だが、観念性と実在性の対極結合という矛盾は心中払拭されないままだった。しかしこの矛盾は、ジェイムズの一元的・実存主義的な「根本的経験論」との「出会い」によって克服された。以後デューイ思想はしだいに観念優位から実在優位の理論へと転換し、意識と経験の一元的解釈により、二元論的限界を越えていった。感覚、衝動、想像、観念のすべてが「意識の流れ」となり、人間の思考や行動が有機的全体として一元的に解釈された。またそこでは、観念は「作業仮説」や「計画」となり、「知性」は環境を理解し問題解決するための道具となった。さらに仮説を立て実験し推理し検証し改良していく実験主義は、教育学を再構築し、たんなる予備的職業目的的ではない、経験を絶えず再構築する教育が目指された。このような後のデューイの実験的教育論は、当時の児童中心の教育思想を批判的に継承したものであり(3)、科学的方法論と社会学的観点の融合は、自己実現を通して「偶然の成長」から「必然の成長」を促す、いわゆる進歩主義教育を産み出すこととなった。重要なことは、以上のデューイの進歩主義的な教育思想が、ルソーやペスタロッチさらには初期ヘーゲル思想の影響を受け、民主主義社会や教育の実現に向けられた点にある。実際に彼は、身を以て当時アメリカ社会に支配的であった、画一的、機械的、受動的、あるいは閉鎖的で統制的な、教科書および教師中心の伝統的な学校教育を、個性的、構成的、芸術的、能動的かつ開放的で自由な、いわゆる家庭教育の拡大・延長としての子ども中心の学校教育へと、「コペルニクス的転回」を促すことに努めた。(4) 民主主義とは、デューイにとっては、たんなる「政治的機構の一つ」ではなく、何よりも「精神的事実」であり、一つの生き方の総称および知的、政治的かつ経済的自由などを含め社会総体に関わる包括的な概念であった。ゆえに教会や国家および企業から独立した、すなわち学問や教育の自由および学校教育の「中立性」の保証されるべき民主的な自由教育制度の確立が目指されたのである。

中期に至り、恐慌の時代状況を背景にデューイはパースの思想と出会い、論理主義的・実在論の側面を強め、道具主義的かつ主知主義的な教育すなわち反省的思考と科学的態度に基づいた問題解決学習などを全面的に押し出すようになった。そこでは、前期においてなおも残存したヘーゲル主義的観念的「母斑」やジェイムズに見られた主意主義的な内省法さえも捨象され、客観的実験主義教育が徹底されるとともに未来志向型の民主主義教育が唱道された。すなわち彼は、知的・倫理的かつ社会的・政治的および産業・商業的な多様な要素を教材として広範な問題解決学習を行い、将来子どもや被教育者が自由なコミュニケーションを通して民主主義社会に自由に参加し、さらなる社会変革に貢献できるような、現行の習慣の再生産ではない、より良い習慣の形成のための民主主義教育を目指したのである。
以上のようなデューイの改良主義的リベラリズム様の思想的スタンスは、社会再構築主義[5](social reconstructionism)と呼ばれた。それは前期から見られたが、パース思想との出会いがヘーゲルの神聖観を払拭させ、構築主義の内実を実践的な社会的信条とさせたのである。なおデューイは、主知主義的で実験主義的な経験を重視し、教育の目的を繰り返し手段との相即と連続性の概念の下に「子どもの成長」自体に求めたが、しかし彼の再構築主義的スタンスからすれば、より良い民主主義社会の実現こそが究極の目的ではなかったか、と思われる。

実験主義教育を軸にしたデューイの教育思想も後期に及び、生物学的・心理学的相互作用の統一的な活動の科学主義的観点とは別に、自己と社会的・文化的環境とが質的に統一された「状況」において知性と感性が融合し、自己と宇宙が交流し調和的に統合されるといった、形而上学的解釈が復活することになる。前期に見られた絶対観念的な要素を払拭しつつも、彼は、再びジェイムズの「根本的経験論」を基調に自然主義的形而上学[6]を構築し、一層広大で精緻な教育理論を展開した。そこでは「経験」は、古代ギリシャ思想由来の形而上学的二元論を越えた、有機物(生体)と環境の一元的な「相互交流・取引(transaction)」なる自然主義的な概念として、同時に日常の自然現象のなかで素朴に感知する理論化以前のすなわち自然の「光」やリズムを感知する「芸術(宗教的)的経験」にも及ぶ、次元を跨る連続性においてとらえられた[7]。素朴で日常的ないわゆる一次的な経験を通して、「美的なるもの(the esthetic)」さらには「宗教的なるもの[8](the religious)」を感知しあるいは想像し、感情と知性の融合により、二次的な経験の中でフォルムを構成しアートを産出し、さらに世界の特性を解明し、宇宙との調和をはかる。二次的な経験の中では、宗教、美学、文学のみならず、反省や抽象化による道徳や倫理さらには理論構成としての科学や哲学もまた営まれる。諸学問の間には境界線はなく、たとえば哲学的探究に「科学的態度」や「実験態度」が取り入れられるなど哲学と科学の両者の経験の統合が営まれ、事実と価値の境界線さえもなくなり連続する一つの文化活動があるだけとなる。いうまでもなく教育学もその範疇においてあり、そのような壮大な自然主義的形而上学の下で、全面的な人間の発達を促す総合的な教育と、同時に個人の自己実現と理想社会の建設を調和的に統合するための民主主義教育の確立が目指された。

改めて、デューイの教育思想を特徴づけるならば、啓発的、開放的、次元的、総合的で、経験主義的、進歩主義的、科学主義的、形而上学的といった、まさに史的近代教育思想にふさわしいエトスを以て表現できるだろう。それは、アリストテレスからヘーゲルに至る形而上学的伝統を踏襲しつつも、可謬主義や相対主義を基調に自らの形而上学的な限界の乗り越えの間に醸成した、リベラルな民主主義教育思想とも言えるであろうか。蓄積された協働的な経験の力に対する信仰と個々人が民主的に合意形成を行う「民主主義の精神」。教育は、したがって問題解決学習や実験主義を通してその精神を培うことが柱となり、「科学的な態度」で異なる多様な価値観を認め合い、学問の自由、教育者の自由と権利の擁護の下、教育者と被教育者の両者の協働性により教育の民主化を推進していくこと、まさにそのことが学校教育の目的となり責務となる。戦後日本に導入された教育とは、まさにこのような自由教育の本義に根差したデューイの卓越した民主主義教育思想をベースにしたものであり、いうまでもなく当時日本の全体主義的な軍国主義教育とは明らかに正反対のものであった。

戦後のアメリカ教育は、デューイの死後米ソの冷戦時代が始まり、さらに一九五七年のスプートニク・ショックを経て進歩主義的な面が抑制されるようになり、しだいに科学主義的かつ本質主義的な保守教育がドミナント化していった。しかし後に再び進歩主義的な教育も復活し、二一世紀の今日に至るまで政治的な保革のブレに合わせ、両者の勢力がアメリカの学校を舞台に覇権を争い、お互い競合してきた。近年このような学校現場での「相克」や「修羅」を回避するために、保革両翼に配慮した新しいプラグマティズム教育が提唱され、注目され始めた。同国のリチャード・ローティ（R.Rorty）によるプラグマティズムを脱構築した教育思想は、まさにその代表例である。

ローティは、デューイとともにリベラルな民主主義社会を目指し、デューイの教育の目的を成長自体においてとらえた経験・実験主義的な教育論に対し支持を表明した。がしかし、彼の形而上学的存在論には反対した。ローティは、「人間」の概念から超越的な形而上学（本質主義）や還元主義による基礎づけを根本的に除去するために、言語論的転回によって言語の分析に焦点を当て、デューイ由来の「保証された言明可能性」を追求し、他方解釈学的転回によって、認識論的・存在論的探究から倫理的・政治的探究へ、合理的再構成から歴史的再構成へ、そして「主観主義的認識論」から「歴史主義的解釈学」へ、すなわち共同体の目標達成のために絶対的結論を求める学問から、偶然性の人々によるアイロニカルな「会話」を中心とした公民性の結合（連帯 solidarity）を重視し、相対的で寛容な合意を目指す学問への転換を促した。このようなローティの思想的提起は、伝統のプラグマティズムの進歩史観さながらの「大きな物語」を脱構築し、デューイの民主主義教育論を再構築するネオ・プラグマティズムを立ち上げることになった。

ローティの脱構築は全面的であった。先ず彼は、自己の内外に隠れた実在の再現を求めるギリシャ・ヨーロッパ形而上学を脱構築し、脱－宗教化（脱－聖性化・神話化）、道徳感覚の脱－普遍化、啓蒙の合理主義の脱‐哲学・科学化を推し進め、自己やあらゆる社会や共同体をも含め、すべて偶然性および相対性の位相でとらえた。だが、そんな彼のラジカルでアイロニカルな脱構築論もまた未だ不徹底である。というのも、皮肉なことに還元主義を批判するローティもまた認識や現象を偶然の「言語や歴史」に還元しているからである。しかもそこでは、自らの内的営みに無自覚であるだけでなく、還元不可能な還元をめざす「空的還元[9] (the reduction by/to Śunyatā)」のようなさらなる還元が遂行される気配もない、ということ。問題とすべきは、還元‐基礎づけの営為にあるのではなく、還元の方法および還元された当体の実体性や実在性を絶対視し言い募るところにある[10]。ただしそのつどの還元の「成果」は、「基礎づけ」ならぬ「覚醒」として「再記述」および享受可能である。この点の自覚と絶えざる登記を忘れてはならない。彼のリベラル・アイロニストとしての「共感」や間‐主観性さらには身体性における想像（創造）の重視はまさに自身の被規定的な覚醒によるものと思われる[11]。「デモクラシーは自然化されたキリスト教」と言って嘲笑するニーチェの言葉を、「嘲笑」ではなく「覚醒」として享受するのも、まさにローティ自身のその顕われではなかったか[12]。

ローティは、確かにデューイのプラグマティズムを脱構築した。しかし残念ながら、とりわけ教育の分野において、脱構築の不徹底のままに、同時にデューイの「民主化」思想の萌芽を摘んでしまい、民主主義教育を閉じる方向に誘導してしまった。問題は、彼流の私的領域と公的領域の区分を主張する発想にある。個人の私権を擁護するという法社会的な原則から言えば、確かに公私の区別は不可欠である。しかし資本主義化と管理主義化の高度に進んだ現代社会においては、両領域間の境界は存在しないも同然。実際そのような区分も、おおむね支配権力の恣意と便宜に基づいており、個人の自由の擁護よりも、むしろ権力者側の弁解や口実に利用されるのが関の山である。何よりも「公」＝

「国家」という解釈がまかり通るほどに、「公」の厳密な意味や定義が曖昧な現状のままで、公私の区分を言い募るほどの「効果」も意義も見出せない。ましてや哲学的な領域において、たとえばデューイの自立の「公共」的な思想に対し、「公共的なものと私的なものを融合しようとする試み」すなわち「完成に向けての努力と共同体の意識とを統合しようとする、この形而上学的もしくは神学的な試み」[13]と批判するローティの感覚は、まるで適正とは思えない。その点では、哲学的にはむしろ、「調和的」な限界性や「内的な強制」というアイロニカルな危険性を踏まえてもなおかつ、公私の理解を活動的・弁証法的にとらえたデューイの理解・了解のほうが創造的かつ現実的であり、「民主主義精神」の育成においても妥当と思える。

デューイの形而上学的存在論に対する脱構築によって、総合人間的な自由教育思想の残余の可能性、たとえばそこでの彼の無宗教の宗教性なる「目覚め」さえも宙づりにされてしまっては、民主主義教育の存立自体が危うくなる。事実ローティ自身結局は、自らの見解を脱構築しないままに「進歩の物語」を信仰し、自文化・自国家中心主義へと向かい、デューイのさらなる開放系への契機をはらむ「民主化」思想をむしろ閉鎖系へ誘導していく役割を演じることになった。国家権力代理人のような鳥瞰的立場から、左右折衷の「社会化（socialization）」と「個性化（individuation）」というカテゴリー[14]をあえて学校の教育課程および制度に導入・適用するという「言明」や「解釈」は、現今の学校問題に応えるとはいえ、彼のリベラリズムおよび脱構築の限界と不徹底性を物語るものである。

デューイ教育理論の問題点は、彼の形而上学的存在論にあるというよりは、近代主義的発達論全般に通底する実存的な情動論（苦悩、孤独、相克など）の稀薄性にある。[15]すなわちそれは近代西欧の進歩史観的科学主義が、実存的および社会的覚醒の深化を妨げた結果ではなかったか。自由権に対する思想的「弱さ」というデューイのもう一つの問題点も、前述の公私の区別の不鮮明性よりもそんな自覚の浅薄性に由来しているように思える。彼の民主主義精神における不徹底な了解や、教育における「成長」という曖昧な目的論もまたその反映ではなかったか。民主主義思想の核ともいえる「自由」は、デューイにとっては束縛のない自由(freedom)であり、束縛や圧制からの抵抗および解放を意味する自由(liberty)、すなわち政治的権利としての自由という発想が弱く、それゆえ彼の教育における民主主義精神は自らの個人主義とも矛盾することになったのではないか(16)。

デューイの民主主義思想自体のはらむ弱さや限界は否定できない。がしかし、教育の目的を発達論さながら偶然ならぬ必然の成長に置いたこと、また民主主義精神の越境的グローバル化という究極の目的を遠景化したことの彼の自覚のレベルや意図はおおむね不明のままである。現在のわれわれにとって、彼の思想を評価する以上に何よりも重要なことは、彼が戦後アメリカの対日政策や天皇制の存続が日本の自由主義の足枷となることを指摘し、帝国主義戦争の反省の下、国家権力や全体主義思想に抗し、絶対平和主義に基づく世界連邦政府の樹立を提唱し、まさに解放(開放)のための自由教育および教育の民主化を指向(志向)した、そのような彼の実践的営為を称揚することにある。

2 日本の民主教育論I

ローティの学校教育に向けての提言すなわち初等・中等教育での保守的な適応教育(「社会化」)を推奨するにしても、そこに高等教育での保守的、帝国主義的政治に対する批判精神の醸成という課題(「個性化」)が担保されているかぎり、「格差・暴力」という負の面をも抱えつつなおかつ、トクヴィル（A.Tocqueville）も指摘するような「人民主権」に根差し「平等即自由」を指向する自治の精神の、その開花せるある意味高度な民主主義社会を実現しているアメリカ合衆国という連邦制共和国においては、必ずしも全体主義的な深刻な事態を招くことはないかもしれない。しかし、そのような提言を未だ復古主義者達の闊歩する、民主主義社会とは程遠いこの日本に無批判的に導入するならば、ネオ・ファシズムへの形勢をより一層強め危機を煽ることになろう。

今我々がなすべきは、デューイ教育思想の影響を濃厚に宿す戦後民主主義教育を回復しつつその限界を克服していくこと、すなわち絶対天皇制下の大正期の民主的な自由教育がウルトラ国家主義者や軍国主義者の擡頭により死滅に及び、今再び戦後の象徴天皇制下の民主主義教育がネオ国家主義者の擡頭によりその死滅の危機に瀕しているという、この負の反復の命運・連鎖を根本的に断っていくことにある。そのためにも先ずは戦後民主主義教育の受容と歪曲の歴史を明らかにしなければならない。

戦後民主主義教育の変質および後退について言及する上で、ネオ国家主義的煽動とともに、経済効率的発想を基軸とした新自由主義思想の連動にも注意を喚起しなければならない。たとえば二〇〇二年の、子どもの総合的で多様な能力や生き方を育てるという名目を掲げた文部科学省主導の「ゆとり教育」（終章で詳論）でさえも、学校のスリム化すなわち「公教育」の縮小や積極的な格差容認(17)といった新自由主義的発想に基づき実施されたにすぎなかった。経済的「自由」があたかも政治的・精神的自由をも代償するかのごとく幻惑させる策動が、国家主義の煽情的なイデオロギーと結びつき戦後民主主義教育を貶めてきたという実態と経緯を、世界史的観点から明らかにしなければならない。

なおこの点については、戦後民主主義教育の理念を継承し歴史的・構造的な観点から教育の民主化の発展に寄与し、戦後日本の教育界に大きな影響をもたらした堀尾輝久の民主主義教育思想を通して、批判的に考察していくことにする。

堀尾教育思想の基本的なエトスを端的に表現する言葉として、次の一節がある。

成長神話、軍拡による戦争抑制神話と訣別し、自然と人間の関係をとらえ直した新しい価値観と、平和・人権・共生の新しい秩序原理が求められ、それにふさわしい文化と教養の質が問われている。(18)

資本主義的および科学主義的な進歩史観に対する信仰、さらにはネオ国家主義的な発想や勢力に対峙する、地球規模での、自然と人間、人と人、国家と国家、あるいは民族間の平和で相互に尊重し合うことの可能な共生をめざす、「教養」を軸とした地球規模での民主主義教育が、そしてその質が問われているのだ、と堀尾は訴える。

このような堀尾のスタンスは、基本的にはデューイの民主主義精神と共鳴し合う。思想的には、デューイの進歩主義的で「自由（freedom）」優位の民主主義的観点とは少し異なる（後述するが、堀尾は、国家主義と資本主義的自由主義に明確に対峙し、実質的な平等〈機会均等と経済的平等〉をも踏まえた自由に力点を置く）が、堀尾が「平和・人権・共生」を尊ぶだけでなく「寛容の精神」を重視する点でも、デューイと共通する。

人は社会的人間であり、いかなる集団や組織からも無縁でいることはできず、観念的、イデオロギー的および宗教的な影響を「すでに受けて」存在している。この自覚や反省のみが思想の開放性とリアリティを保証する。デューイの思想的スタンスとも通底する、堀尾思想の基本的特性として、「自らをつねに開いておく」という柔軟かつ寛容な態度と、非現実的な極論や既成のイデオロギーおよび観念に対し、絶えず疑問を提示する批判的な精神[19]が挙げられる。たとえば、民主主義の理念に関わる平等と自由に関する巷の議論、すなわち平等を画一主義や平準化と曲解し、戦後民主主義を「悪平等」の温床とみなし、教育者の「権威の回復」を唱える人達の貧困な理解に対して、また自由を経済的場面に限定して捉え、恣意性や利己主義などと混同した上で、資本主義的な「自由」を主張する新自由主義者達[20]の前提の欺瞞性に対して、堀尾はいずれの解釈の「不可避性」を踏まえつつも、なおその浅薄性を指摘する。また、次章で詳論するが、たとえば「脱学校論」[21]などに見られる極端な抑圧解放論に対しても、一定の共感を示しつつも、その非現実的な提唱に対しては距離を保ち、アイロニカルな結果を招くことへの警鐘を鳴らす。

そもそも自由と平等は、両者不可分の覚醒的な自覚[22]を彼岸的な理念目標として、その近接化への過程においてのみリアリティを確保しうる。ただし、この過程の確かさは、前述のような曲解や誤解を招くような現実の動向を、主体がどのような社会的地位から、あるいはどのような社会的視点から捉えるかによって大きく左右される。現実の社会の動向や歴史的事象に対する客観的・実証的な観察や記述といえども、主体の視座に規定および制約されざるをえないからである。「民衆的公共性」[23]という堀尾の視点は、抽象的ではあるが、それゆえに少なくとも譲ることのできないぎりぎりの形式であり理念でもあった、と思われる。堀尾は、学術的な、緻密で実証的な記述や引用の中に、あるいは「国民の学習権」や「教師の教育権」をめぐる法廷闘争[24]の中でさえ、民衆的な視点を貫こうとしていることが窺える。一貫して、差別や自由に対する抑圧があることの究極の証人でもある「底辺の人々」に照準を合わせ、そこでの共生を志向する人々の営みに、彼は「民衆的公共性」という思想的拠点を見出した、と思われる。

ところで堀尾の自由と平等に基づく民主主義思想や民衆的な視点は、歴史上の思想や思想家との交流を通して育まれてきたものであり、その点では前述したように、アメリカ民主主義の理念と類似の系譜においてである。自由と平等に価値を置く、ホッブス（T.Hobbes）、ロック（J.Locke）、ルソー、ミル（J.S.Mill）、およびコンドルセ（M.de.Condorcet）達による一連の近代西欧（古典近代）の啓蒙思想を基点として、堀尾の民主主義思想もまた成立しているのである。

「古典近代」のエトスは、人権宣言に結晶している。それは、人間の名における、人間の権利の宣言であり、人権は、自然法にもとづく人類普遍の原理に高められた。人民主権の原則も、ここに、歴史的展開を示している。(25)

自由と平等の保障されるべき人権の享有意識は、革命の精神に宿り、「自然法にもとづく人類普遍の原理」として高められた、とも言えようか。それは、したがって平等・自由・平和への覚醒的自覚の社会化、蘇ればそこに原・キリスト教の社会的刻印を、また世界宗教的な覚醒（目覚め）という観点からは、あえてそこに同根の原・仏教思想の「即の論理」に基づいた平等思想の反映を、さらには東洋思想全般に見られる自然共生観に基づく近代西洋思想を補う契機や意義をも読みとることができるであろう。素朴ではあるが、自然の支配を前提としたヨーロッパの文明や思惟の限界については、堀尾においても自覚されており、深く追究されることはなかったが全面的に西欧啓蒙主義を享受するものではなかった。[26] ただ彼の場合、西洋近代の革新性を批判的に継承していくことに最大のテーマがあり、その批判あるいは超克は、東西思想の止揚というよりはむしろ、近代西洋のブルジョア民主主義に纏わりつく資本の論理と国家（特に日本の天皇制国家）の論理を越えていくことが優先課題としてあった、[27] と思われる。それは、一九六〇〜七〇年代に支配的であったマルクス（K.Marx）・エンゲルス（F.Engels）の共産主義思想に基づき資本主義の克服により、実質的平等と自由の実現をめざすという思想的路線を踏襲するものでもある。

思想的普遍性とその自覚に支えられたヨーロッパ近代法や政治綱領といえども、それはそもそも新旧ブルジョワジーの手によるものであるため、ネガティブな前近代的なパターナリズム的要素やゲゼルシャフト的および資本主義的な要素を含んでおり、必然的にその克服が要請される。とりわけ近代資本主義社会では、自由とは、ブルジョワからするならば競争と資本蓄積、労働者を「搾取する自由」であり、労働者からすれば、まさに「搾取される自由」であった。したがって、平等はそこではそのための機会均等という形式的な原則なようなものとなる。古典近代思想からマルクス・エンゲルス思想への展開（転回）はそれゆえ必然であり、資本主義的矛盾の暴露（過剰生産や剰余価値など）と人間疎外（物神崇拝、労働者〔力〕の商品化、人間の差別化などに伴う）の言説化に基づき、その克服・撤廃のための労働者階級の主体性が問われることになった。こうして「平等即自由」の実現は労働者階級の主体的な運動に託され、近代教育思想もまた、労働者階級による自己教育思想[28]において継承発展すべきものととらえられた。前時代的でオーソドックスな了解ではあるが、そこには自由教育のラジカルな展開をも読みとることができよう。

西洋近代の克服のためにはしかし、資本主義的要素のみならず、近代市民社会をベースにする国家主義的要素をも勘案しなければならない。堀尾によれば、近代ヨーロッパ社会は、「抽象的公民」としての「召使的装置人」によって支えられている政治国家と、他方「具体的市民」(利己的・宗教的人間)によって形成されているいわゆる市民社会の、二重の構図として描写される[29]。権利関係では、前者が公民権、後者が人権に関わりつねに対立をはらんでいた。近代の普遍的思想に基づき「具体的市民」が市民革命を起し、絶対主義国家が市民(国民)国家へと変貌を遂げたが、資本主義の発達に伴い、市民階級がブルジョワとプロレタリアートに分裂し、ブルジョワ階級中心の公衆が国民としての結束を強める一方で、プロレタリアート階級は、自由ならざる市民として没落しあるいは非国民として排除されていった。しかしプロレタリアートは、しだいにお互いが団結し支配者階級に対決するようになり、その闘いは国家を脅かす労働運動や、社会主義社会実現に向けた政治運動へと発展していった。そのようなプロレタリアートの闘いは、しかし国家の巧みな吸収・馴化の「福祉」的戦略の下、階級温存のままでの非国民の国民化などにより、皮肉にも他国侵略の植民地争奪の戦いへと向けられ、そうして帝国主義支配の世界が創出されていった[30]。

帝国主義社会において、市民性が公民性に変わり、市民的権利は公民的義務に従属し、マスとして公民となった自由なき国民が大衆国家を形成し、デモクラシーの空洞化の下、容易に国家総動員体制を創出することになる。そうして第一次世界大戦から第二次世界大戦にかけて、植民地争奪の覇権主義は、まさしく国家の内外においてその危機を急速に増幅し拡大していった。資本主義国家社会において労働者階級は体制内化され、他方「社会主義革命」を遂げた国家もまたより一層国家内統制を強化し、世界は「覚醒」とはおよそかけ離れた帝国主義国家間による覇権争奪の「戦場」となった。

教育もまた、その進展とともに、古典近代思想家達の基調ともなっていた、子どもの権利を中心とした学校教育の、すなわち公費と国家不干渉に貫かれていた民主主義的な原則が崩壊し、国家が「道徳」の教師となり、学校教育は、国家の統制の下一元化され、まさに自由教育は死滅に向かうだけとなった。なおこの危機は、帝国主義時代が終わった後も、国家が国家として存続するかぎり、絶えずつきまとう運命とともにあり、その点では、近代前史をもたないアメリカ社会の学校教育さえも例外ではなく、絶えざる教育に対する国家的な干渉や統制があり、その牽制として教育の自立や自由を守るために、デューイ達の民主主義教育が機能してきたとも言えるであろう。

3　日本の民主教育論Ⅱ

第二次世界大戦の惨禍は、まさに想像を絶するものであった。戦争の規模からいえば、人類滅亡に至らなかったことは、生存者からすれば不幸中の幸いとも言うべきか。何ゆえに「幸い」でありえたか。それは、滅亡に及ぶまでの軍事暴力装置の破壊力が未だ「不十分」だった、ということかもしれない。それでも当時でさえ、すでに人類滅亡および地球崩壊につながる核装置や細菌兵器などが準備され、試行された。今や、核装備・核施設が世界全域を席捲する時代を迎えて、紛争の地域化、周辺化が支配的ではあるが、偶発的にせよ必発的であるにせよ、もはや「幸い」などといった感慨を漏らすことさえかなわぬような結末を予測させる世界戦争がいつ起こっても不思議ではない状況にある。

あらゆる事象が地球規模で生起する現代社会において、地球破滅のシナリオが準備されつつあるという警告は、今ではSF小説の中での話ではなくなりつつある。もちろん、グローバルな破壊には、世界大戦だけではなく、激発的な地殻変動など自然事象が引き金となることもある。しかしいずれも、その拡大と抑制はおおむね科学技術装置の巨大化や高度化に依存しており、その顚末は、それを製造し使用する人間の思考や社会および国家の諸形態・制度に左右される。大戦への危機を避けるためにも、何よりもあの悲惨で残酷な戦争に対する深い反省とともに、植民地帝国主義を破綻させ「人権と平和」を世界的に高揚させた時代のポジティブな精神について学ぶべきことを、そしてそこに現代の民主主義教育の出発点があるということを、繰り返し銘記しなければならない。

堀尾は、第二次世界大戦後の世界を「地球時代」と呼び、その到来に照明を当てた[31]。「地球時代」とは、おそらくはポジとネガの、すなわち親密度と破壊性の両義的な観点からの、未来へ向けてのテーマ系として呼称されたものであろう。高度科学技術の発達は、国家間や人と人との間の距離を短縮し、人類相互のコミュニケーションを深める一方で、全人類を一挙に破滅に追いやることの可能な高性能の原子力核装置をもたらした。まさしく現代は、ポジ・ネガおよび善・悪問わず、あらゆる事象が地球的規模の中で生起してくる。それゆえ、いかなることも地球的規模で考え対処していかざるをえない、ということである。

大戦直後の一九四五年は、戦争の終結と同時に平和への出発の年でもあった。深い反省が、世界の人々の心を、あの古典近代の普遍的精神に立ち返らせ、人権の開花する世界組織としての国連の創設とその明文化としての世界人権宣言の公布に至らしめ、さらにその究極の表明として、日本国憲法第九条において絶対平和の精神を宣言させた。一方、独立運動や民主化運動が世界各地に広まり、国連も「国家連合」という制約の下戦勝国を中心(安保理)としたものではあったが、一国一票制やNG

O付託などの民主的なシステムが採用され、戦争直後はまさに「人権と共生と平和」を旗印とした地球民主主義過程開始の予兆を印象づけた。

教育に関しても、UNESCO（国連教育科学文化機関）は、「地球時代」の教育の象徴となり、堀尾は、そこでの民主的な精神――共に学び、共に生きること――を称揚し、寛容と共生の、すなわち相互の差異を認め合う中で、お互いがお互いの普遍的な人権を尊重していくことの重要性を指摘し[32]、子供の人権や学びの権利は、そのような世界民主主義的精神の中でこそ保証される、と考えた。しかるに現代社会の動向は、戦後のそのような時代の記念碑を踏みにじるかのごとく、資本のグローバリゼーションとナショナリゼーションが交錯するなか、国家間の談合や憎悪が再び世界を席捲し、暴力装置（自国では聖なる装置と自得）を背景に抑圧と犠牲のシステムが新たなる戦略の下国の内外に作動し、深刻な様相を呈している。国家エゴに基づく領土紛争や抑圧―テロ―報復戦争の悪循環を断ち、この地球時代に相応しい、人権や平和の貫徹する社会をいかに創出していくべきか。そのためにこそ、今こそ批判能力、創造力、洞察力および共感能力を高めるための、質の高い教育が必要とされている[33]。

第二次世界大戦直後が世界史的動向における最大のエポックであるならば、太平洋戦争直後の一九四五年は、日本社会が軍国主義から民主主義という体制の転換を遂げた、まさに「日本史的」エポックであったとみなされる。堀尾は、教育の面から、この急展開の画期性について、次のように述べている。

「二〇世紀の日本」は、一九四五年を境に、その前後で、国のあり方、人間の価値観、教育の理念、目的は大きく異なる。その前後を通しても、日本という国は存在し続けているが、この時を境に大日本帝国憲法は日本国憲法に、教育勅語は教育基本法にかわり、天皇主権のもとで臣民の育成から、国民主権にふさわしい国づくりと個性豊かな人間の成長・発展が目指された。[34]

前章第4節で指摘したこの「断絶」の限界を踏まえても、なおかつそこには「大日本帝国憲法」「教育勅語」「臣民の育成」という明治国家の教育政策の支柱を除去するという画期性があった。開国・文明開化を旗印に、明治国家は一方でその先進的モデルを西欧に求め自由・民権の思想を導入し、他方、世界帝国主義時代に対応すべく、脱亜入欧の富国強兵の政策に徹していくことが求められた。帝国主義国家の仲間入りを果たすために、自ずと国家内の精神的統一および支柱が不可欠となり、万世一系の天皇制を、姿を変えて復活させた。この明治国家のポジ（自由・民権の思想などの先進モデル）に対するネガ（伝統的秩序としての天皇制）による抱き合わせ戦術は、前者に対する後者による抑圧という対内的構図を定着させ、日本帝国憲法、教育勅語、軍人勅諭を三本柱とする天皇制軍事国家に至らしめたのである。[35]そこでは、天皇は政治・軍事の世俗的権力を統括し、国民道徳の頂点に位置する精神的権威となり、すべての思想・信条の尺度、ゆえに抑圧と排除の聖なる権威の装置となった。天皇制帝国主義国家は、対内的には、自由民権運動の弾圧を端緒として、様々な民衆運動や労働運動をアメ（普通選挙制や公民教育の振興など）とムチ（治安維持法）によって抑圧、排除し、対外的には、覇権主義の下アジア侵略の拡大をはかった。自ずと学校教育も、天皇を仰ぐファシズム教育へと再編され、教育勅語に基づく天皇制道徳の下に統合されていったのである。

一九四五年の近代民主主義的理念を刻印する日本国憲法‐教育基本法体制は、戦前の大日本帝国憲法および教育勅語体制を根幹から覆すほどの、進歩的かつ革新的なものに思われた。とりわけ憲法第九条において宣言された、一切の武力行使を否定した絶対平和主義は、「反省」の極致としての「目覚め」であり「成果」でもあった。[36] 教育行政においても、教育勅語体制が「民主的」な教育基本法体制へと切りかえられ、自由・平等・平和を目指す民主主義教育が始まろうとした。教科書は国定から検定に代わり、教育委員の公選制が採択され、子どもおよび現場教員を中心とした自主的な教育や学習のプログラミングが優先されるようにもなった。日本の社会はこのようにして平和・人権に基づいた民主主義社会を目指す輝かしい門出に立ったのである。しかし、それも長くは続かなかった。

そもそも天皇制が「象徴天皇制」にとどめ置かれた点に最大の難があった。そこには当時の日本の支配層の天皇制継承の意思と同時に、アメリカ権力者達の「正義」と「戦略」のダブル・スタンダードに基づいた意思が働いていた。すなわち、かれらは、アメリカ社会の基本理念でもあった古典近代思想を反映した、国民主権、基本的人権の尊重、平和主義を日本国憲法に明記させる一方で、勝者アメリカ帝国主義国家自身の暗黙の「支配意思」を当時日本の支配層の意思に重ね合わせ、天皇制を象徴として残存させるという特別措置を講じた。そもそも象徴天皇制は民主主義とは相容れることのない制度であるにもかかわらず、戦略的およびプラグマティックな観点からは、すなわち対沖縄政策に象徴されるアメリカ帝国主義の戦略上からは、それは都合の良い制度でもあった。

堀尾は、以上の戦前戦後の日本社会の動向、とりわけ一九四五年を境にその前後の日本国家の「転換」を断続性と連続性、およびポジ（民権論から平和思想へ）とネガ（絶対天皇制から象徴天皇制へ）の両面から構造的に把握し、その上で今日的状況を、転換が完全な断絶に至らなかったために、ネガティブな連続性（天皇制）を引きずらざるをえず、現在に至る保守的伝統の復活を招くことになった、と分析した。[37] 事実、象徴天皇制を支える国民統合の憲法の筆頭条項が、後に朝鮮戦争からベトナム戦争に至る新たに構築された国家覇権主義的冷戦体制の中で、ネオ国家主義者達を招来させ、日米新軍事ガイドライン構築、自衛隊の海外派兵、報復戦争の米軍への加担へと突き進ませた。また、もとより対米連携は軍事的対外的なものでしかなく、かれらは対内的には「民主主義改革は占領軍の押しつけ」といったキャンペーンを張り、とりわけ学校教育の分野おいて、教育委員の公選制の廃止、政府文部〈科学〉省の裁量拡大、学校現場の主任制導入、校長権限の拡大、教育基本法の改訂（一層の「改悪」）、さらには「日の丸・君が代」の法制化とその強制に抵抗する教員の処分といった、国家主義的干渉を推し進め、戦後民主主義教育を死滅の淵へと追い込んでいる。[38]

戦後の初等教育は、当初は子ども中心の学習理念[39]に基づいていたが、現場から離れた「教育の権威」が「教育の現場」に干渉するに及び、子ども独自の世界の発見と大人になるための正しくは「人間」になることの諸契機および諸権利の保障が、しだいに困難な状況に追いやられることになった。[40]一方、高等教育においても、現存の「民主主義国民国家」という偽装をほどこされた福祉国家は、行政、大企業、軍事などとの、相互の強度な支配的結束の下で形成されており、「施設管理」「福祉政策」「金融政策」および「防衛研究」などという名目で、教育や福祉機関への「公的業績」を見込んでの、文部・福祉官僚、銀行幹部、自衛隊幹部などの「天下り」が押し進められ、福祉・教育施設や大学は、支配的情報専門知の受け売りの場と化し、「民主主義の名において民主主義を空洞化する」[41]および民主主義教育の名において民主主義教育を空洞化する事態へと追い込まれている。

「公」教育は、そこでは国家や行政あるいは企業の支配意志により、「私」物化されていく。教育は本来福祉や医療などとともに、かぎりなく権力や営利の排除された、無償の公共的な空間で施行されなければならない。ところで堀尾教育論における公教育とは、「教育の私事性の組織化」[42]に基づくものであった。「私事」とは、個々の宗教や民族あるいは家族や個人間の差異を踏まえた民衆の「私事」であり、「公」とはそのような民衆の「私事」が組織され、「公－共」へと開く契機において存立する概念である。したがってそれは「共約」不可能にして公約数的な、いわばパラドックシカルな「公」であり、その社会その時代に応じたいかなる「私事性の組織化」に基づく公教育も民主主義的に設定されることが求められる。すなわち「権利としての教育」として、および「教育への権利」として。[43]そうして堀尾は、「教育の構成の理念は、一方で社会経済的平等と新しい社会構成原理を要請し、他方で機会均等原則をその系（コロラリー）として要請する」[44]とし、その両者の要求を一括して「教育における正義の原則」と呼び、国民の教育の自由と権利の向上に努めた。

問題はしかし、堀尾の称揚するこのような権利の行使や保障への主張は、すでに当の学校教育や教育内容が「私事」の産みの親でもある近代国家資本主義的共同体によって存立し、統合されている現体制にあって、また第1節でも述べたような公私の区別の判然としない現実において、ともすれば「私事」の民衆をかかる体制に翼賛させる役割をも担ってしまう、すなわち自殺行為ともなりかねない、という点にある。もちろん、アメリカのデューイ思想に基づいた民主主義の学校のように、「教育の自由」が保障され、民主主義教育が脱構築的に実施されるかぎり、「教育における正義の原則」の有効性を否定し去ることはできない。しかしそれでもデューイと堀尾に通底する進歩主義的発達教育論なる近代主義的観点は、国家共同体との同床異夢に甘んじる危険性をはらんでいることだけは指摘しておきたい。

進歩的発達教育論は、「成長」をめざすデューイ教育思想の骨格をなしているが、子どもどうしの民主主義的な相互交流が発達の前提になっているかぎり、もっぱら子どもの孤立した成長および発達を対象としたピアジェの発達論ほどの問題は発生しない。実際に日本の教育界においても、前章第3節で述べたピアジェによる発達論のほうがはるかに議論の的になってきた。障害者教育にかかわる「非発達論」や「装置論」からする批判的言論が最もラジカルではあるが、いずれにしても思考の認知と操作を基準として発達を段階化する彼の理論は、予め孤立系の「平均的な個人」を対象としていることから必然的に抽象的、観念的かつ画一的になり、コミュニケーション、環境性および社会性を不透明化し、また個人差や人生における目的の意義や意味を不可視化してしまう[45]。とりわけ彼の段階論の中では、一二歳から一五歳といういわゆる自我の目覚めの時期を形式的操作の段階とし、仮説と検証に基づいた演繹的論理的思考の始まりとみなしている点に、最大の問題がある。そこでは、前述のデューイの理論と同様に、経験や問題解決を重視してはいるが、自我の目覚めに伴う情動的知性の深遠化や複雑化は、論理的思考の発達の影に追いやられ、時間軸を越える自然融和の身体的体験や批判的感情が軽視され稀薄化されてしまっている。それは、まさに「共生」への視点の欠如した西洋近代の科学的思惟の象徴でもあり、限界ではなかったか。

もちろんそこには「成果」も見られた。ピアジェ自身理論の構築において、ヒトが人となりゆく断続的かつ連続的な成長過程を踏まえ、デューイ同様、自律的道徳や合意と契約を重視する民主主義的人間を理想像として思い描き、「変化の過程自体に価値を求める人間観[46]」を重視した点は、それなりに評価されねばならない。事実彼は、とりわけ誕生から一一歳ぐらいまでの発達段階を、たんなる単線的なプロセスとしてではなく、内的矛盾を介しての絶えざる再構造化としてとらえており、その「発達」の視点は、堀尾も指摘しているように、「形式的環境」としての学校において、発生とともに構造への着眼、構造化と再構造化の過程への着眼を含んで成立していた。(47) 西洋近代の科学的思惟や制度の限界を越えていかなければならないとしても、このような視点および認識の再評価は、組織化され構造化されざるをえない現代教育においては不可避となるであろう。

国家的かつ近代主義的制約。そのなかでなおかつ自由教育を守り、「創造（想像）」力豊かな人間性を育成するためにも、デューイの指摘する「民主主義の合言葉」でもある「教養の育成」を軽視するわけにはいかない。(48) 堀尾もまた、青年期にふさわしい、また主権者として民主主義を担うことのできる、高等教育での一般教養をも包み込む高次の概念として、人生論的・政治的・社会的な教養の育成の重要性を主張する。(49) 重要なことはしかし、結局いかなる内容の教養か、ということに尽きるであろう。

4 民主化と教育

近代西洋啓蒙思想の一里塚たるフランス革命、その原動力ともなった自由、平等、友愛、および人権、公正、正義、福祉などといった社会的理念とその政治的表明は、世界史の暗部を法廷の前にさらけ出し、現代に及ぶ多くの民主制社会を創出する役割を果たしてきた。このような「大きな物語」風の進歩史観的了解は、自らに内在する矛盾を隠蔽し、俯瞰的で抽象的かつ一面的な諸限界を見落とす傾向にあるが、類的自覚の発露としては、現代社会は、「民主化（democratization）」という大勢のなかで、すでにその検証と発展的適用の段階に達していると言えるのではないか。

そもそも民主主義とは、民主化を前提として初めて成立しうるもの。表現を変えて述べるならば、それは「他者」との自由で平等な共生をめざす刻印され採択されたシステム、寛容な精神（「歓待（hospitality）」を含む）すなわち異なる多様な価値観を受容した上での議論の無限の自由を保障する政治システムをめざす、そのような未完の近接的な民主化の一様式であるということになる。だからこそ、「格差」を前提とした代表制議会主義に基づく間接民主主義を有する現代のリベラルな近代国民国家においてさえ、「代補」としてではあれ、デモンストレーションや住民によるリコールなどの直接民主主義を、またその理想的なスタイルについての議論の自由を許容せざるをえないのである。

ちなみに近年世界各国で直接民主主義の理論や構想が語られているが[50]、その中で最も有名なものとして、フランクフルト学派のハーバーマス（J.Harbermas）の提唱する、公的倫理的な共同体（市民社会）における「コミュニケーション的理性」に基づいた熟議民主主義[51]がある。それは、「共通の関心」を持つ複数の市民の間で、普遍的合意を得るためにオープンかつ自由に討論が行われる主体なきコミュニケーションに基づくものであるが、あくまでも国家内的な間接的代表制民主主義制度を前提にしている点では、デューイの民主主義思想と近縁関係にあり、グローバル化を新たな民主的な統制の下に置く「世界内政政治」構想もこの延長線上にある。このようなハーバーマスの「市民社会的民主主義」に対し、その徹底および彼岸性に及ぶのが、ネグリ（A.Negri）とハート（M.Hardt）の提唱する、代表なき全員による全員の統治－自治を目指す「グローバルな民主主義」、すなわちプロレタリアートならぬ「マルチチュード」による絶対民主主義[52]である。

両者は質的レベルの差異をはらむが、民主化のプロセスとしてはいずれの局面をも軽視できない。肝心なことは、民主化を指向する個々の人間や集団が制約された現実社会の中で、所与の領分においていかに自覚し自らの「役割」を果たしていくかにかかってくる。繰り返し「民主化」とは、民主主義のユートピア的彼岸への未完の近接的なプロセスであり、ゆえに前者から後者への移行や飛躍の可能性が問われる。そのためのキーとなる概念は、熟議民主主義をラジカル化したドライゼック（J.Dryzek）の「動態的で終わり無き民主化のプロジェクト」[53]であり、ダグラス・ラミス（C.D.Lummis）やムフ（C.Mouffe）および千葉真の提唱する「ラディカル・デモクラシー」[54]であろう。またその担う主体の社会歴史的覚醒（実存）は、「合意」をめざす熟議民主主義の先駆者マンハイム（K.Mannheim）の指摘する、「社会的拘束性に関する洞察の深化」すなわち現行為の無意識的動機の気づきと暴露においてである。その指向性と営為は、したがって現社会歴史的拘束性の元凶であるファシズムとスターリニズムのイデオロギーや放任主義的資本主義を克服していくこと、そしてそのために、実質ユートピア思想の下でイデオロギーの融合や統合により、衝動的な（たとえばファシズムに陥るような）民主主義を超える理性的な民主主義を構築していくこと、さらにはその主体となるべき人間および人格の育成のために教育の民主化を促していくことになる。[55]

民主化の課題は、あくまでも「脚下照顧」と「彼岸的展望」、政治的にはたとえば、中東での一連の民主化運動いわゆる「アラブの春」と、究極の絶対的でグローバルな民主主義構想とをいかに実践的なプロセスに組み込んでいくかにある。またその営為の指標は、前述の空的還元過程におけるような絶えざる還元と、制度の枠組み自体を超え変えていく脱・再構築と越境性においてある。したがってそこでは、予想される多くの矛盾も障壁も、アイロニーも、不条理も、それゆえの後退や反動さえも、そのすべてに対する「覚悟」と「乗り越え」が要請される。なおここで問われている民主化は、もちろん政治的な意味に限定されない。とすれば「彼岸性」は、総体的な相貌と近代西欧をも超える契機をはらんでいる。そしてそこに教育の果たす重要な役割と意義が存在する。この点を踏まえ、改めて「教育の民主化」という観点から、デューイと堀尾の民主主義教育思想について考えてみたい。

デューイの教育の理念および目標は、学問の自由と教育者の自律性や被教育者との協働性の下に、被教育者が多様な、社会、政治、産業、歴史、科学および倫理などについての、広範な知的教材に基づき問題解決学習などを行い、将来民主主義社会をになう一員として参加できるような教育をめざすところにあり、それはまさに「教養」重視の「教育の民主化」を促すものであった。なおデューイ以後制度的な本質主義による学校教育の死滅（形骸化）状況に対抗し発生した「ネオ・ロマンティックな反乱[56]（The Neo-romantic Revolt）」は、フォーマルな教育制度に風穴をあけ、多様な選択可能な制度やシステムを連邦政府に認容させていくなど、デューイの「教育の民主化」をさらにラジカルに推し進めるものであった。

マルクス思想をベースに有する堀尾の教育思想もまた、デューイの新民主主義教育思想と同様の、ラジカルな運動に結びつく基盤を有していた。ともに国家内的な「民主化」をベースに、私的な領域から公的な領域への、連続する領域の架橋（過程）の要として「民主的および民衆的な公共性」の実現を目指したが、そのための一つの主要な場として、とりわけ堀尾は、子どもの教育権を重視した「教育の公共性」の形成を、現代「民主」主義社会における不可避の課題とみなした。彼には、アメリカ国家とは歴史的にも社会的にも明らかに異なる日本国家に「被投」されているという制約のなかで、それゆえの二重の思想的課題、すなわち何よりも戦前・戦中の天皇制軍国主義国家の教育からいかに脱却していくかという独自の課題があり、他方同時に近代ヨーロッパ由来の資本主義的限界をいかに乗り越えていくかという、デューイのその面での「弱さ」や「限界」を超えていくべき普遍的な課題があった。

ラジカルに民主化を推進していくためには、以上の堀尾の課題を受けつつも、さらに彼自身の国民的教育思想がはらむ「限界」をも乗り越えていくこと、すなわち批判的「継承」および「徹底」が必要となる。「継承」という点では、堀尾の、教育思想を中心に大戦の反省を踏まえ国家内外にインターナショナルとデモクラシーの貫徹する、すなわち脱－国家的・資本主義的契機を見据えた点に倣い、「徹底」という点では、西洋近代自体の負性と戦後日本の国家の体質に関する分析とスタンスの「適正化」が問われることになる。前者については、すでに前節で詳述したので、ここでは後者に関連して、堀尾思想をめぐる諸批判に触れておきたい。

一般的に他を批判する場合、批判する主体の言説の内容とスタンスの質が問われる。たとえば批判する言説が、批判する対象のネガの部面を暴く上でいかにラジカルに見えようとも、批判する対象自体の有する継承すべき主要かつ多様な思想性や論点までも捨象するならば、また批判する主体が自らの社会的被規定性に無自覚であるならば、批判の効力も意義も失う。この基本的な認識に従うならば、これまでの堀尾に対する諸批判には大いに問題があると言わねばならない。とりわけ彼のマクロ的な権力の教育への介入を拒絶する態勢を共有することなく、この面での強度を欠いたまま一方的に集中砲火を浴びせる類の非難や批判をしばしば見かけるが、それがいかにラジカルかつ精緻に見えようとも内実の乏しいものとなるであろう。だとしても批判を批判として検討することは避けてはならない。ちなみに当該諸批判を要約すると、ミクロ的な権力（言説、装置、……）に対する洞察の稀薄性、近代啓蒙思想の進歩史観（発達論や正義論など）の踏襲、イデオロギー的、宗教的洞察の不徹底性となろうか。

前節で述べたように、堀尾は、戦前の絶対天皇制から戦後の象徴天皇制への転換を、ネガの「連続性」として構造的にとらえ、そして後の「逆コース」をそのような連続する天皇制自体の「断絶」に及ばなかった民主化の不徹底によるものとみなした。この認識は基本的には正しかった。問題は、民権論から平和思想をもたらした憲法―教育基本法に一貫する近代国民国家の連続性や主として「教育勅語」から「教育基本法」への転換・断絶をポジとしてのみ手放しに称賛した点にあった。そのために、象徴天皇制の「国家的統合・支配」の機能に対する分析が疎かになったのではないか。すなわち、岡村達雄が指摘するように、堀尾は戦後の教育基本法策定における、「教育勅語」から「教育基本法」に及ぶ内在的な「連続性」や「逸脱」[57]を見落とし、そのため彼の国民的な「民衆的公共性」が、象徴天皇制統合の監視装置（人事考課制度など）に絡めとらえられ、「国家主義的共同体」へと通底する陥穽にはまったのではないか、ということである。事実、堀尾の主張する公教育とは、基本法の普遍的理念・原則に基づいた、「親義務の私事の組織化」や共同化に伴う、子どもの学習権や発達論の保障されるべき、すなわち人権としての教育を保障する体系としてのみ把握されており、そこでは公教育自体が教育に対する宗教的（かつナショナルな）支配体系であるという認識は稀薄であった[58]。

要するに、堀尾がポジティブにとらえた「連続性」と「断絶」といういずれの構造的な局面においてもネガティブな宗教的支配意識が絡んでおり、それがそのまま戦後日本の民主主義教育の限界を暗示していた、ということ。なおこの限界は、当時の日本のその受容主体であった支配層や学者達の精神の欺瞞性や貧困性に由来するものであり、それは、前章4節で述べたように、東西通底する宗教的精神に無自覚？　な学者達の主導により作成された「教育基本法」の目的条項に端的に反映されている。そこでの「完成された人格」とか、あるいは開発される人間性のモデルとは、想像や空想のままさに捏造された神や神性のキリスト的人間像であり、同時に天皇制国家神道を奉る大和民族の姿でもあった。[59] とすれば両信仰を通底する偶像崇拝と神秘主義に基づいた宗教意識が基本法を支配していた、ということになる。実際にもそれは、当時基本法作成を主導した教育刷新委員会の中心的人物であった田中耕太郎自身が、カソリックのクリスチャンであり、同時に「国体」と「教育勅語」の擁護を目的として官僚となり文部大臣となった、東大法学部教授であった[60]という、個的な事情や経緯に具現化されていた。

以上の近代法的原則にさえ反する、そのような内心を侵犯する連続せる宗教性により、民主化は当初より挫折し後退する運命とともにあった、と推察せざるをえない。とはいえキリスト教は神道とは異なり、平等、自由、博愛などの教義を有し、その世俗化された民主主義的理念は、多様な限界をはらんではいるが、それでも「革命の精神」を刻印するポジティブな面として継承されるべき意義を有していた。基本法が結局「国民教育」に収まってしまうとしても、重要なことは、その「継承」のスタンスが「民主化」にどの程度忠実であったか、という点にある。

堀尾教育論を、戦後日本の教育学のパラダイムを構成した「国民教育論」として一括し、その「挫折」の原因を、主として近代主義および高度資本主義社会国家との「共棲の罠」による呪縛に求めることは可能であろう。それゆえ、国民としての教育の機会均等や発達・権利の保障要求を中心とした国民的民主化運動が、とりわけ「別学体制」を前提とした権利保障論に依存していたために、皮肉にも国家や資本ならびに科学の体制的なイデオロギーに絡めとられ、提唱された民衆や教育の「公共性」が学歴や資格を製造する「教育工場」に翼賛する公共性に変質してしまったという、そもそものそのような観念性や限界性を指摘し批判することは、必ずしも不当とは言えない。しかしそのような運動が、結果的には知能神話、偏差値指向、学歴主義、受験産業、学校信仰、学校化社会、さらには学校内諸問題などに及ぶあらゆる「教育疎外」現象産出の一翼を担うことになったと判断されたとしても、それは巻き込まれてしまう理論の限界を示す以上のことではない。「下」からのあるいは横断的な運動が、「上」からの「民主」的な教育政策を促し、「屈折」を余儀なくされつつも、教育の民主化に一定の「成果」をもたらしたという事実までも否定しては、元の木阿弥となる。

現代日本の近代主義の濃密に貫徹する消費と情報の社会にあって、西洋近代出自の学校教育に巣くう様々なミクロ的な矛盾、限界、負性をとり上げ克服していくことは、いうまでもなく重要な課題である。しかし、その営為は、あくまでも戦後日本のマクロ的な課題に応えていくなかでのみ意義をもつ。すなわち高度資本主義経済を背景になおも象徴天皇制によって統合された、そのような国家を支えるマクロな支配権力に対し、いかに強意(驚異/脅威)を以て対峙および抵抗すべきであるかということ。その点では、近代主義的で論考の皮相性は避けられないにしても、帝国主義世界大戦と軍国主義の「反省」となおもその連続性においてあるマクロの支配権力に対し相応の強意を以て対峙し抵抗する堀尾教育思想の存在は大きい。それだけに、堀尾「国民教育」論に対しては、底抜け近代主義諸批判の合唱に気迷うことのない、冷静にして発展的な批判的継承と徹底を遂行していかなければならないであろう。

ところで他者の思想を批判する場合、その思想の確かな理解と同時に、何よりも自身の思想との相互の差異が明らかにされていなければ、十分な説得力をもちえないであろう。ちなみに近代主義批判の多くはこの「差異」が不分明であり、たとえば、現代世界を席捲する近代西欧の啓蒙思想に対して、一方では科学主義的言説(たとえばピアジェに見られる発達論など)を批判しながら、他方では近代科学技術によって立つコンピューター教育の役割を偏重する、また一方で現実の公教育の近代性を批判的対象にしながら、他方では「近代の原則」を以てそのクライテリアとする、などといったことは、そのよき例である。この自己矛盾に自覚のない主体が、ましてや批判対象の理解に齟齬を来してしまうような、たとえば東洋の神秘を縁取る天皇制に対しては、納得のいく「強度」のある議論を展開できないのではないだろうか。

近代啓蒙思想の限界をラジカルに批判する場合、何よりも問わねばならないのは、世界史における悲劇的な負の事象に関わる諸イデオロギー間の関係性についてであり、その上での現代社会や批判する主体自身に刻印された思想的近代性の内実についてでなければならない。近代主義批判者達の当面の課題は、それゆえマクロ的権力と対峙することのないミクロ的権力や制度に対する「ズラす」営為の限界に甘んじることからいかに脱皮していくか、にある。なお、この点については、次章で論考を重ねるが、ここでは、せめて世界帝国主義戦争やその後の「冷戦」は、西洋近代進歩主義に潜む「啓蒙的傲慢」と魂的暗部の造形すなわち東洋的神秘主義と通底する民族中心主義の精神、およびファシズムや共産主義の全体主義[61]（totalitarianism）によってもたらされたのだということ、同時に国家権力に対峙するいかなる思想・イデオロギーも、近代主義的な陥穽や皮相性から自由ではありえなかったということに喚起を促したい。

「二〇一一・三・一一のフクシマ原発事故[62]」の象徴する、国家や資本あるいは近代科学主義に貫徹されたヨーロッパ近代主義的負性は、日本の近代民主主義教育が当初よりいかに危うく皮相的なものであったかを物語るものでもある。教育の民主化は、脱‐国家および資本の論理[63]に即するとともに、思想面でのラジカルなギアチェンジ、すなわちキリスト教的ヨーロッパ形而上学由来の「人格の完成」

からの、同時に天皇主義的神道と重なりうる思想性や宗教的情操からの「脱却」を要求している。

〈注〉

（1）この「結合」に関連して、ジェイムズは、自称「根本的経験論」において、ヨーロッパの伝統の経験主義による事物の離接的な方だけを強調する傾向にあった伝統のヨーロッパ経験主義に対して、カントのように超経験的な統一の作用者や、実体、知性的カテゴリー、自我などを加えて人工的に修正するのではなく、連接的な経験についても完全にその平等な権利を認めた。すなわち観念の理論的構成においては、直接経験されないいかなる要素も認めず、他方直接経験されるいかなる種類の要素も排除せず、とりわけ経験どうしを結びつける関係はそれ自体が経験される関係であり、経験されるいかなる種類の関係も、他のすべてのものと同様に、その体系において「実在的なもの」として数えられなければならない、とみなした（『純粋経験の哲学』四九〜五〇頁参照）。なお、改めてこのような「根本的経験論」とは、「要請」「事実の陳述」「一般化された結論」より成り立ち、知覚的な宇宙において経験の連続性を主張するものであり、後にデューイの経験主義や道具主義に影響を及ぼすことになる。詳しくは、柳沼著『プラグマティズムと教育』三三〜五頁参照。

（2）一般的区分とは、柳沼も指摘しているように（右同書）、ボイドストン編集の『デューイ著作集』（全三七巻）の区分によるもの。

（3）児童中心の近代民主主義教育に対する批判に関連して、デューイは、とりわけフレーベルの、子どもの直接経験を現実的な単純な事物に対する自然な欲求や営みを軽視して抽象的な倫理的・哲学的諸原理の象徴としてとらえる、そのような彼の主義に対して手厳しく批判をしている（『学校と社会』、一二六〜三八頁参照）。

（4）右同書、四四〜五頁参照。

（5）前掲書『プラグマティズムと教育』一〇七頁に、柳沼は、デューイは個人を社会的存在として理解し、個性に公的な性質を見出すことで個人の人格的道徳性に社会再構築の有力な手がかりを求め、この道徳性を発展させるために、すべての社会生活に民主主義を浸透させる必要があると考えた。こうした彼のプラグマティックな社会理論は、社会再構築主義とも呼ばれている、と述べている。

(6) ここでいう自然主義的形而上学とは、同時代のスペンサーの科学主義的進化思想(一章〔注19〕参照)に基づく同様の観点とも通じていてその影響は軽視できないが、デューイのそれは、スペンサーの客観主義的かつ二元論的な解釈とは異なり、主観と客観、物理的なものと精神的なもの、および実在と経験が区別されることなく、あくまでも一元的相互的にあらゆる存在の特徴を経験に基づき認識していく学問と解釈されよう。

(7) George R. Geiger : John Dewey in perspective, pp.19-20 参照。

(8) 右同書、p.39 参照。

(9) 著者の基本的な思想的スタンスを集約した語彙であり、それは、還元不可能な現象学的かつ意志的還元の身体的営為に基づいた、不条理や矛盾および再帰的でアイロニカルな多種多様な現象・事象・結果に対する還元の永久的反復行為を意味する。なお、「空的」という修飾語は、この場合行為の「永久性」と還元された当体の非実体性を表現するものである。なお詳しくは、自著論文'FORMULATION OF A NEW IDEA FOR BETTER EDUCATION' p95、で、民主主義精神と民主主義の関連を空的還元過程として、現象、身体、空なる概念を交え哲学的に構想しているので、また、邦文では、拙書『空的還元』一五四〜六三頁において、空的還元の意味、意義、概念について系譜哲学的に詳述しているので参照のほど。

(10) 還元の方法は、思考の不可欠の要素ではある。しかし、その「成果」は、いかなるものであれ相対的でしかない。たとえば、現在世界的に話題となっている物理学の分野での「ヒックス粒子」、および生物医学的な分野での万能細胞(iPS 細胞)などは、タレス以来の科学的還元主義の「成果」でもある。とはいえ、そのような存在は、かつて原子や素粒子あるいは生物組織がそうであったように究極の「実体」ではない。空的還元においては、そのつどの微分的・積分的当体には無限の表象(空)が刻印されているにすぎないのである。

(11) 被規定的な身体的覚醒とは空的還元の究極の成果であり、それは、間 - 主観性および共 - 存在性を支える「間 - 身体性」の想像(創造)に及び自然法的覚醒へと連動する(特に拙書『新・世界史の哲学』第二部一章を参照)。
(12)『偶然性・アイロニー・連帯』一九五頁(注8)参照。
(13)右同書序章、一頁参照。
(14)この場合「社会化 socialization」とは、これまで日本の論壇などにおいて使用されてきた社会主義的な意味概念とはむしろ真逆の、要するに子どもを現社会に適用させるための教化を意味し、大人(教師や親)が子ども(小、中等教育の生徒)に社会的な基礎知識、規範、および伝統や共通の文化を習得させる必要があるとする右派の主張と重なる。したがって、そこでは政治的社会化の一環として、神性なる愛国心を育てるための国旗掲揚や国歌斉唱が儀式として尊ばれる(Wirt, Frederick M and Kirst, Michael W.'Schools in Conflict',p48 参照)。他方、「個性化 individuation」とは、高等教育における現社会を懐疑し批判的に考えることによって、社会の変革を促す思考・精神の教化を意味し、むしろ左派の主張を尊重するという体裁をとる。しかし、このような右派的見解を前提にした鳥瞰的パースペクティブでは、個性化という言葉が示すように、「変革」も自慰的で修正主義的な成果以上のことは期待できない。
(15)(注7)同書、pp.160-1 参照。
(16)この点については、EDUCATIONARY THEORY(pp.195-200 の中で、カラン(E.Callan)が、エセット(Fabian S.Essiet)の批判論文(Callan and Dewy's Conception of Education as Growth)に返答した論文(A Rejoinder to Essiet)の中で詳述しているので参照。
(17)大内裕和は、「ゆとり教育」を学力の「最低基準」と「発展的な学習」の合一にほかならないと指摘し、ラジカルな視点から批判した(「格差と排除の教育マニュアル」、『現代思想』4.一四二~五頁参照)。事実、その一環としての週休五日制の導入は、塾や予備校の利用率を高め「ゆとり」は画餅に帰し、財力差に伴う「学力」の差をも増長する結果をもたらすことになった。
(18)堀尾輝久、「二一世紀を展望する教育改革:その課題と主題」、『教育学研究』第六八巻第一号、日本教育学会、二〇〇一、八~一三頁。
(19)語源的には、批判とは、正確に物事を「見分ける」ことを意味し(高尾利数『ブッダとはだれか』一六頁参照)、したがって堀尾は、『新版:教育の自由と権利』(三六七頁)で、批判精神は人間が生きていく原理と深く結びつき哲学的な意味を持ち、教育の世界で養われるのが当然であると述べている。

(20) ここでは、「市場の自由」の可否ではなく、「市場」に対する反省や配慮のない営利主義が問題となる。なお、新自由主義的発想については、堀尾輝久『いま、教育基本法を読む』八四～五頁参照のこと。

(21) 一九七〇年代にI・イリッチが主張して以降、西洋はもとより、日本でも山本哲士他多くの人達が唱道している、文字通り学校中心の教育を批判する理論。

(22) 堀尾は『現代教育の思想と構造』（二二三頁）で、両者の不可分性について述べている。「平等即自由」とは、そもそも宗教の脱宗教的覚醒に基づく社会的刻印およびその哲学的自得に由来するものであり、ここでわたしがあえて「覚醒」と表現したのは、F・フクヤマ『歴史の終わり』（三笠書房、一九九二）による「奴隷のイデオロギー」に対峙し、脱宗教的普遍性を強調するためでもある。

(23)『教育入門』一一一頁。なお民衆については、わたしはさまざまに異なった人種、民族、セクシャリティや年齢層、信条および信仰を持った人々の「群れ」、すなわち時には愚民となり、時には目覚め闘い、時には暴徒と化す、まさにそのような啓蒙される対象以前の人々としてとらえる。

(24) 前掲『新版：教育の自由と権利』で詳述している。

(25) 前掲『現代教育の思想と構造』四～五頁。

(26) HORIO TERUHISA : Culture of Peace, Human Right and Living Together : Significance and Prospects of Education in a Global Age Context, Asia Pacific Education Review. Vol.No 1, 2000.12, Institute of A.P.E.D, Seoul National University, P.10, 参照。

(27) 堀尾は、「日本の教育　この百年・総括と展望——平和・自由・人権と公共性——」『民主教育研究所年報』創刊号、二〇〇〇、（注9）二二頁で、丸山真男の、「『超克』どころか獲得されたことすらない」という批判に喚起を促している。

(28) 前掲『現代教育と思想』三七～四一頁参照。

(29) 右同書、五四～六頁参照。

(30) 右同書、五八～六四頁参照。

(31) 特に、『地球時代の教養と学力』二章で詳述しているので参照。

(32) 前掲、Significance and Prospects of Education in a Global Age Context, P.6で、この普遍性を、堀尾は、Historically Defined and Open-ended Universality（歴史に規定され、かつ〈未来〉に開かれた普遍性）と定義し、さらに『現代社会と教育』（二三六頁）で、自らのユネスコ会議での実体験を述べている。
(33)「テロと戦争に抗して平和と共生の道を探ろう」2001・10・15、『人間と教育』民主教育研究所編 一三二号、旬報社、一〇四頁参照。
(34) 前掲「日本の教育　この百年・総括と展望」四頁。
(35) 以上の経緯と詳細については、『天皇制国家と教育』を参照のこと。
(36) 前掲「日本の教育　この百年・総括と展望」九頁で、堀尾は日本国憲法九条は平和産業を軸とする日本経済のあり方を方向づけ、その精神において地球時代を開いていく積極性や国際性をもっている、と述べている。
(37) 右同論文、八〜一二頁、『教育を拓く』八〜一四、二七六〜八頁、前掲『今、教育基本法を読む』六七〜九頁、他多くのところで述べているので参照。
(38) たとえば最近では、東京都教育委員会は、校長の権限を拡大するために、職員会議での「挙手や採択の禁止」といった、民主主義の基本・原則さえ破壊しようとしている。また現場の圧倒的多数の教員が反対している皇国的自国中心の歴史教科書を強引に採択し、学校に押し付けるなど、まさに教育への侵犯は直接化してきている。なお、「日の丸・君が代」法制化については、一九九九年六月三〇日付朝日新聞のアンケートによれば、二〇代の若者の五五％が「日の丸」の、さらにその六四％が「君が代」の法制化に反対の意思表示をしていたことを付け加えておきたい（国家・国旗問題についての堀尾の詳細な論考は、前掲『教育の自由と権利』VI章を参照）。
(39) 前述したように、当時のアメリカ民主主義教育は、デューイらによる、子供の経験を重視した教育が主流を示していた。しかし、しだいにゲシュタルト的融合教育（The Live Classroom, 参照）にその道を譲ることになった。
(40) この点に関しては、堀尾は、「上からの権威の干渉」は、教育の自由を抑圧する最たる要因であるとして、前掲『現代教育の思想と構造』の補論で、教育の「中立性」との関係で述べている他、至る所で述べ、語り、批判している。なお、教育の本質と国家との関係についての堀尾自身の観点については、たとえば前掲『新版：教育の自由と権利』三四〇頁参照。

(41) 前掲『教育入門』四二頁。

(42) 前掲『現代教育の思想と構造』三二五〜三四頁参照。

(43) 前掲『教育入門』一四三頁参照。また「発達と学習の権利」と「教育の権利」の関係については、同九〇〜二頁、また同書一四一〜五頁、さらには前掲『地球時代の教養と学力』一一五〜二二頁参照。

(44) 前掲『現代教育の思想と構造』二七八頁。

(45) 思考の発達段階については、ピアジェによれば、大まかには、〇〜二歳：感覚運動的知能の段階、二〜七歳：前操作的思考の段階、七〜一二歳：具体的操作の段階、一二〜一五歳：形式的操作の段階に分けられる。なお彼の理論の評価を含め詳細については、前掲書（第1章注25）Comparing Theories of Child Development. chapter13を、特に評価に関しては、同三二六〜九頁を参照。またドナルドソン（M.Donaldoson）は、精神の発達モデルを「置換」ではなく「積載」としてとらえ、ピアジェの「自己中心主義の段階」を相対化するなど、教育の脱中心的アプローチを行った。

(46) 前掲『教育入門』九六頁。

(47) 右同書同頁参照。

(48) 『学校と社会』六九頁参照。

(49) 前掲『教育入門』一二六〜七頁参照。

(50) 近年日本では、ボトム・アップを基調とした直接民主主義、たとえば佐藤学の推奨する社会実存的覚醒を前提にした審議民主主義や、ＩＴ起業家である伊藤穰一の提唱する創発民主主義が見られる。なお後者については、伊藤自身、現代社会の代表民主主義を批判し、インターネットなどを介した「……草の根から、現場から、直接民主主義に近い政治的な秩序」（「創発する民主主義へ」朝日新聞、二〇一一・九・三）の発生する、そのような創発民主主義を夢として語っている。

(51) 山崎望は、「熟議民主主義論の進化」（『ポスト・リベラリズムの対抗軸』）の中で、ハーバーマスの熟議民主主義の特性を、「他者の存在を前提としつつ、そこから普遍的な合意を志向する性質を持ち、熟議を通じて私的利益を変容させ、新たな合意を生成していく民主主義」（八九頁）、すなわち複数の市民の間で「世界公民社会の一員として」討論される熟議（deliberation）の過程を通じ、「各々が選好、判断、見解、アイデンティティなどを変容させていくものとしての」（八九頁）、代表制民主主義の枠内に押し込められない民主主義、さらにまた、グローバル化する暴力の連鎖を断ち切る可能性を秘めた、脱中心化する「法的平和主義」としての民主主義であると述べている。

(52) ネグリは、『帝国をめぐる五つの講義』の中で、「マルチチュードとは、非物質的知的労働の能力を持ち、自由の巨大な力を持った、すでに混合された特異性の多様性（多数性）である」（四〇頁）と概念づけ、政治的にはそれは、冷戦後のグローバルな権力の編成体としての「帝国」に対抗する革命的対抗勢力として生成するとみなした。なおその上で、後者の概念を通じて求められているのは、スピノザのたたえる民主主義すなわち「絶対的民主主義」であり、その実現の唯一の道は革命の道であると述べている（一三二頁他）。

(53) 前掲論文「熟議民主主義論の進化」九四頁。なお、山崎望はそこでは、ドライゼックの民主化のダイナミズムの産出として、あくまでも「少数派」「差異派」の位置をとり、「対抗民主主義」「決定よりも過程」「差異を越えた熟議の堆積」（九七頁）を重視する彼のラジカルな思想的スタンスを取り上げている。

(54) 鈴木の『ラディカル・デモクラシーの地平』によれば、「ラディカル・デモクラシー」とは「一般の民衆の発意と生活に根ざしたデモクラシーへの固有の視座」（二〇頁）を意味し、それは「いかなる政治の絶対化やイデオロギー化にたいしても最後まで抵抗を試みる」（二二頁）、また現代日本では、戦前の天皇制自民族中心主義の残滓からの完全な脱却を目指す（一四四頁）という点で、まさにラジカルな民主化を示している。

(55) 彼は『イデオロギーとユートピア』において、意志や情動の無意識的な底流やその集合的力を指摘（一五一頁参照）し、他方「理性民主主義」により小規模の共同体の再組織化や全員参加の民主主義の母体形成などを構想している（五六頁参照）。なお彼の教育を見据えた民主化思想に対する評価については、M.R.Howie, MANNHEIM'S SOCIOLOGY OF KNOWLEDGE AND EDUCATIONAL POLICY, THEORY OF KNOWLEDGE AND PROBLEMS OF EDUCATION,pp.97-108、および Brennan,T: Political

Education and Democracy, pp.106-8 を参照

（56）前掲書（第1章注8）Our Western Educational Heritage.pp.538-9によれば、この「反乱」に関わった教育批評家や思想家達には、特別に一貫した「改革のプログラム」がなく、彼らは多様なグループによって構成されていた。なお、代表的人物としては、グッドマン(P.goodman)、ホールト(J.Holt)、デニスン(G.Dennison)、ニール(A.S.Neil)達が挙げられる。中でもニールのサマーヒル学園でのフリー・スクールによる新・進歩主義教育は徹底しており、そこでは、権威、強制、規則がなく、教師と生徒が平等で、自治会ですべてが決められる。また、知的な能力よりも情操的能力が重視されるが、宗教教育は行われない。以上の徹底したスタンスからすれば、「ラジカル」ではあるが、「ロマンティック」という呼称は相応しくないであろう。

（57）岡村達雄は、堀尾の絶対天皇制から象徴天皇制という外在的な「連続性」のみならず、国家の教育支配という観点から内在的な「連続性」をもとらえ、戦前の「教育勅語」による「内心の法定」と戦後の「教育基本法」による教育目的の法定という、相互に通底する、「内心への侵害禁止」という近代原則からの「逸脱」を指摘した（『教育基本法「改正」とは何か』一三五〜五〇頁他参照）。

（58）右同書、二九頁参照。

（59）この点については、たとえば柄谷行人の「キリスト＝神人とは、超越者（無限なるもの）であると同時に人間〈有限なるもの〉である」（『探究Ⅰ』一九四〜五頁）という、キリストを「神人」という「絶対他者（神）」と「相対他者（人）」なる両義性をもって了解するスタンスは、まさに天皇制神道とも通底する。

（60）佐藤学は、田中の「人格の完成」は、憲法第一条の象徴天皇制に対応し、神性に接近する使命を帯びた個別的人格が、一般的人格としての神性・国家公共性との統一を想定しており、当初より「教育基本法」は、「アメリカ帝国主義と象徴天皇制の戦略的結婚によって産まれたファントムであった」（「教育基本法の原理的意味」（『なぜ変える？　教育基本法』五四頁）と指摘している。また、池田祥子も、田中の宗教的「犠牲奉仕の精神」なる美意識に基づいた「教育勅語的・国家的公教育観」を批判し、「教育勅語」から「教育基本法」への連続性を強調した（「公教育のなかの国民支配」『「教育改革」と労働のいま』第二章参照）。

（61）全体主義とは、国家統制主義を意味し、民主主義と対極をなす。その意味からすれば、前述のスターリ

ニズムやファシズムはもとより、現代世界では「イスラム国」のごとき「宗教統制国家」はいうまでもなく、「共産主義国家」や「軍事統制国家」および「君主制国家」は明らかにその名に値する。しかし、民主主義諸制度を擁する国民国家であっても、「契約国家」という解釈に絡めとられるかぎり、「ラジカル」な民主主義思想家ルソーがそうであったように、個の国家への同一化（全体主義化）は不可避の要請となる。現代日本国家社会においても、「有事（支配権力者にとっての）」においては、たとえばかつての昭和天皇の死去（一九八九年）に伴い、首都を中心に、メディア統制や不法検閲が行われ、膨大な警官隊や機動隊員達を動員しての厳戒態勢が敷かれたように、全体主義が突如顕在化してくる。国家が「国家」である限り、その強度は程度の差にすぎない。

(62) この度の東日本大地震に伴うフクシマの原発事故は、かつて高木仁三郎の指摘し予測した刹那主義的科学技術の最右翼である原子力核装置による必然的な顛末を物語るものである。その「被害」の大きさから、一時期「反－、脱－、あるいは卒－原発」なる運動が高まったが、結局は目先の利害関係のドミナント化するなかで終息し、再び原発を推進してきた当の保守政党の復活を許すことになった。この悲惨で憂鬱なサイクルをいかに切断するかは、とりわけ教育問題として重要なテーマとなるべきと思われる。

(63) 「国家の論理」とは、端的には、国家権力が民衆の統合をはからんとするための、「自国」の経済的・軍事的強大化と、そのアイデンティティへの信仰的教導を旨とする論理であり、対外的には国境のカクテイ（領土・領海・領空の画定および確定）と拡大化をしこうする、まさに自国中心の全体主義的な論理でもある。そこではつねにたんなる自治体としての住民意識を超え、他国をも呑み込もうとする過剰な意識（ナショナリズム）がはたらく。「アイデンティティへの信仰」という点では、国家における軍隊（聖なる殺戮装置）と戦没者顕彰装置保有による「犠牲の論理」の果たす役割は重要である。とりわけ日本では、無残で血塗られた戦死者を「神聖」で「崇高」な存在へと変える「靖国の論理とレトリック」は、まさにホロコーストの論理と通底するものであり、それはまた犠牲および殉教を尊ぶいわゆる宗教の精神や論理によって補強される（なお、この点については、『国家と犠牲』（高橋哲哉）において詳細かつ深く論考されているので参照）。

次に「資本の論理」とは、利潤追求（欲望）に従い、あらゆるモノや事象を商品化し資本の増殖と投資の反復拡大を行う、資本（家）と労働（者）および生産（者）と消費（者）の、トータルな資本主義的自動運動を支え促す論理を意味し、同時に「搾取（剰余価値－格差）」や「疎外（物象化）」および過剰生産（戦争・格差拡大・失業……）など負債や負性を形成し積載する論理でもある。労働運動の高揚や福祉政策により、論理の「修正」に至ってはいるが、基本的にはこの構図は変わらない。なお、その時代的「修正」や「変遷」については、佐伯啓思による、産業資本主義から消費資本主義や情報資本主義への、さらにはナルシズムやシミュレーション資本主義などへの、いわゆる資本主義の歴史的社会的生成および変遷の経緯や内実についての考察や分析（『「欲望」と資本主義』）は、参考になるであろう。とはいえそれは、所詮支配する側からの俯瞰的な「説明」でしかなく、「被支配者」の側からの社会実存的視点が稀薄であるために、自体のはらむ負性や矛盾についての考察は明晰判然としない。資本主義の分析に比し彼の「国家論」が貧疎で皮相的であるのも同様の理由によるものであろう。ゆゆしきは、彼の愛国主義的言説（『市民とは誰か』第5章）が、石原・橋本代表の「維新の会」の党の精神を支えるネオ国家主義の強力なイデオロギーに落ち込んでしまっている点にある。なお「脱－」とは、まさに以上の資本と国家の論理と対峙する過程を示し、前にも触れた（拙書『医の哲学の世界史』二〇五頁、注14）が、それは「アンチ－」と同時に「グローバル・コントロール」の意味をも含み、漸次的かつラジカルな、完全なる脱却という彼岸をめざしての未「完」の、近接的プロセスを意味する。

第3章　学校教育の曲がり角

1　アンチ「進歩・民主」教育論

「戦後民主主義教育が子どもを駄目にした」「学校の崩壊は教師の権威の喪失と子ども中心の悪平等システムに原因がある」。いわゆる子どもの自我の肥大化に伴う学校問題として、一時期かしましいほどに巷で聞かれた言葉である。それは、ネオ国家主義的な人々のみならず、小浜逸郎や諏訪哲二さらには河上亮一をも含めた、現象学的および構造主義的かつ実存主義的な言説をも身につけた人達[1]の影響の下にその広がりを見せた。そのような思想的に練られたアンチ「進歩・民主」的な言説を当の「進歩・民主」教育論者達が一笑に付し、何らの自省の契機にもしないならば、現在学校現場で推進されている反民主的な攻勢に対しいかなる抵抗も足下をすくわれてしまうであろう。何よりも一理が万事に通ずるように、「アンチ」ゆえに高まる煽動力と波及力というアイロニカルな現象と現実を軽視するわけにはいかない。

さてこのような言説。流布の発端は、小浜逸郎の学校教育を現象学的に認識・分析・還元するという画期的な方法論[2]にあった。方法としての現象学的還元とは、アプリオリなイデオロギーや観念を排して、現前する事象を「ありのまま」に認識し記述することをモットーとしており、それゆえに彼の方法論は、これまでのありきたりの、ジャーナリスティックおよびアカデミックな教育論を越える、あるいは克服する視座を与えるものであった。(3) とりわけ彼の現代の学校における教師と生徒、生徒と生徒の関係性および個たる生徒の心的位相や特性（たとえば「粘着性」など）に対する冷静な分析は卓越しており、そこではいうまでもなく単純にして皮相的な子ども中心の「進歩・民主」的教育は、次のごとき強力な批判的洗礼を受けることになる。

……、民主的な教育論の立場というのは、あたかも「受験戦争」や「点数主義」や「序列主義」などの「悪」の観念をふり払って教育という培養器の中に純粋無垢な子どもを閉じこめて、「ほんとうの人間教育」を行えば学校現場が解決するといわぬばかりの信仰にとりつかれている。……かれらはいつも社会構造の外側に「無垢の子ども」「自然な子ども」を想定しているので、「わかりたい」という願望そのものが、何か普遍的にすべての子どもの中に自然なものとして潜在しているかのごとき、ロマンティックな錯覚に陥っているのだ。(4)

そもそも、子どもの「わかりたい」「学びたい」という願望は、当該社会の「制度化された〈知〉のコード」の誘いによるものであり、それが「総体として未だ有効とみなされている」かぎりにおいて、「自己の不適応の覚知に耐え」つつ、自らの生存の必須条件として自己組織化に努めるという、そのような本能的な「(適応)の表現」にすぎない、と彼はクールに分析する。(5) 現代の資格社会における支配的・制度的知のコードの受容や適応が不可避であるかぎり、資格認定の目安として必要となる学力の序列や試験制度も不可避となる。したがってそこでは「民主的な教育論」者達のように、本性的な学習意欲信仰に基づく努力も当該社会の支配コードに誘い込むための欺瞞にすぎない、として一蹴されるべきではなく、当該社会の制度や観念(「法意識、論理的思考様式、習俗、言語的規範などをも含めた、文化全体の有機システム」)の適応(消化)には、必ずや個体のその中での生存のあり方が賭けられており、またそこには必ずや社会的生存を豊かにしてゆくような価値や契機も含まれている、[6]ゆえに全面的に否定し去るわけにはいかない、と彼は理解(弁護?)した。

そのような小浜の「極端に走らない」学校教育に対する冷静な現象学的分析およびスタンスは、子どもの学校意識に対するたとえば満足・不満足の両義性論などにおいて、また焦眉の学校様式論においても発揮される。ただし後者については、民主主義教育論との関係において、いくつかの限界をもはらんでいる点で検証が必要となる。

学校の〈荒廃〉と管理強化とは、一つの現象の二側面なのであり、いずれも高度資本主義社会がもたらした文化の大きな変容が、学校という閉鎖社会を襲ったことの反応と解することができる。ただし前者はその反応の表現主体が、年少の子どもたち自身であったという意味でより直接的であり、後者は、この直接的な反応に対する、より古いもの、日本的なものの、無意識の自己防衛衝動のあらわれであったという意味で、より間接的である。[7]

「高度資本主義社会がもたらした文化の大きな変容」とは、まさに内外に拡散浸透する巨大資本のグローバリゼーションや「マス・イメージ」の強力性を物語るものであり、それが学校という閉鎖社会に多大な影響をもたらした実態は否定すべくもない。したがって、その反応としての子どもの心性や態度の変容および〈荒廃〉が、自己防衛的反動としての管理強化を促したとする言説は、現象的および表面的には理解できなくもない。しかし、管理強化の一切を「自己防衛的」な衝動や反動に帰着させ、それは「権威性の喪失の代償[8]」であり、学校の「管理機構としての脆弱性[9]」を物語るものとまで言及するに至っては、小浜の真意はいずれにあれ、まさに短絡的皮相的な言説と評さざるをえない。権威性の喪失の要因として、彼は、「政治的には天皇制秩序の漸進的な無化、経済社会的には消費社会の出現、社会学的には村落の崩壊と都市生活の普遍化、精神文化的には権威者としての父親像の希薄化、……[10]」を挙げている。それぞれに疑問の余地があるが、とりわけ「天皇制秩序の漸進的な無化」については、戦後ネオ国家主義的権力の攻勢によって「象徴天皇支配体制」の威信がむしろ高められており、正しい認識とはいえない。そこでは、彼が現前の「ありのまま」の現象に自覚的であれ無自覚的であれ、予め歴史的「惨劇」に対する無関心のヴェールが覆いかぶさっていた、とみなさざるをえない。

予想される彼の「弁解」は、おそらくかかる見解は「現実」の現象分析の結果であり、価値判断とは別の謂いであり、したがって「客観的妥当性」を示す、ということになるであろうが、そもそも現象論とは、あらかじめ固定され枠づけられた「眼前」の現象を宙づりにし、その上幾多ある分析の視覚を分析主体の限定されたパースペクティブから排除するという、二重の制約の下でのみ成立しうるにすぎない。ゆゆしきは、そのような二重の制約を前提にした彼の保守的パースペクティブが、形式化され、歪められた「民主教育」のみをドミナント化し分析の対象としている、という点にある。すなわち、彼に現前する「民主教育」とは、たとえば子どもの「甘やかし」「横並び」「イノセント信仰」というタームでのみ片づけられ、したがって「人権は学校において制限されるべき」とか、「平等はいじめの温床」という客観的妥当なる「曲解」や「誤解」の下、「肩凝り」をほぐすかのようにソフトに、民主教育の悪弊や責任が語られる。

彼のアンチ「進歩・民主」教育論の現象学においては、「現前」する教育的事象に映ずる（刻印された）歴史性は西洋近代を遡行および指向しても、戦前戦中の日本の軍国主義「教育」に向かうことはなかった。したがってそこでは、戦後レジュームにおいて戦前・戦中に連続する政権によって「民主」主義政治が担われ、学校は「縦の権力」からの強い管理・抑圧を解除されないままに、高度資本主義社会の「マス・イメージ」の煽りを受け「崩壊」現象が発生したとか、戦後の学校は「民主」教育の建前上、管理・抑圧は被教育者（生徒）に及ぶことなく見かけ上「自由」な空間を現象させたが、他方その代償として戦争の反省を踏まえ教育の民主化を目指す教育者達に直接向けられるようになったという認識さえも、彼の教育現象学から外された。いずれにしても学校の「管理の脆弱性」や「威信性の喪失」とは、民主化のポジティブな徴候でさえあるのに、すべてネガティブな現象としてのみ捉え、その元凶を「民主」教育に求めるというような小浜の言説は、とても客観的に妥当で「中立」的とは言えない。彼の意に反し反動的な言説を呼び込むことにもなったのも、そんな彼の一方的な先入観に由来するとも言えるであろう。

諏訪哲二は、小浜逸郎の「冷徹な知性が切り開いた」教育言説に、「戦後の学校言説の世界に大きな風穴を開け」るほどの、新しい地平を見ると同時に、彼の「学校現象をドライにクールに眺める」スタンスに疑義を唱えた。[11] 諏訪は、教育をクールに「単純な技術過程」としてとらえる小浜の主張を認容する一方で、そのような悟性的認識の届かない人としての実存的な交通関係すなわち「教師と生徒との共生的な感覚や経験」を重視するとともに、教育者の実存としての、知識や技術伝授に伴う自らの「人間的要素や認識の型を押しつける」ことに対する後ろめたさや原罪意識のようなものをも自覚する。それゆえに、彼にとって教師が権力者であることは「本質的な存在規定」となる。ただし、「権力者になる」ためには、そこに物理的な強制（卒業や進級や退学などの身分にかかわること）が加わることが前提となることから、それは私的な塾ではなく公的な制度化された学校においてのみ発生する、とみなす[12]。

教育の場や空間が、公的か私的か、制度的か個別的か、それゆえに生徒を権力行使の対象とせざるをえないか、あるいは営利の対象や「商品」とせざるをえないか、いずれにしてもそのように被規定的桎梏を自覚するかどうかは、教育者自身の社会的実存（第6章注2で詳述）の深さに依存し、その深さがいうまでもなくその人の思想や理論の質を規定する。教育の民主化とは、まさにそのような覚醒の深さからかかる桎梏的な事態や事象からの脱却を目指すものとして生成してきたのである。この点の認識が、「観る」にせよ「する」にせよ、そもそも小浜と諏訪の両者の教育論において自覚的か無自覚的か、いずれにしても欠落しているのである。それは何よりも、両者の「進歩・民主」的教育論に対する皮相な解釈に反映しているのだが、問題は、その結果自称民主主義教育者であった諏訪自身が、結局「反動」的な「側面」を引きずらざるをえなかった点にある。

「いままでも『進歩的・民主的』教育論者は教育の諸悪の根源を体制側の教育政策に一元的に帰因させている。そして、教育や学校や教師は本来いいものであり、おかしくなっているのは政府・自民党・文部省のせいであるといいつのってきた[13]」

「『君が代』『日の丸』で自民党・文部省とやりあって闘争した気になっているようだが、……」[14]

「理屈や理念では片づかない学校的な要素（「起立、礼」からはじまり体罰による強制にいたる）は、日本の学校の自然史的な流れのなかにある」[15]

「……民族が腐さりはじめている」[16]

諏訪の心性は、「民主的でありたい」と願いつつ、それゆえ諸々の「押しつけざるをえない」現実に立ちすくみ、〈原罪性〉を感じつつもニヒリズムとシニシズムに憑かれ、確信犯さながら一層の「重罪」を促すという、グロテスクな倒錯のなかにある。

このような諏訪の反動的言説に対して、さすがに小浜も苦言を呈さざるをえなかった。

「つまり、学校が提供するような、ある目的意識性に根拠づけられた強制セットが、生徒たちの〈現在〉をいきいきとさせるに足る動機性を誘発しないのだ。強制が彼らを動かさないのは、彼らが中身のあるエゴを持っているがゆえではなくむしろ、彼らが長い拘束的な時間的射程のなかに、自分のこれからの生を方向づけることを本心から納得できるような意志のシナリオを身体的に繰り込むことができないからである」[17]

「無秩序な大衆社会の〈惨状〉を戦後民主主義的な『私』絶対化の価値観の支配に結びつけて批判する『新保守』的思想感覚が持ちえているのは、いわばそのようなカウンターとしての強みなのだ」[18]

「単に文部行政の政治的偏向を撃つことで己の反体制的感覚を満足させるような不毛なイデオロ

ギー的論議の仕方ではなく、まず、変化した社会の不可逆性をどのように教育システムのなかに取り込むべきか、そのために教育的システムそのものを新しくどのように構想したらよいか、という建設的な対応であるべきである。……道徳教育の必要性を説く言説的効果も、短い射程のなかでの一定の意味は認めるものの、それが、現在の社会構造への正確な、またある程度までは肯定的な認識と評価を前提としないところで立てられる場合、……ただうしろむきの『復古主義』と教師個人への精神的圧力にしかならない」(19)

諏訪の「復古主義」的・反動的な言説に対しては、おおむね的確な批判といえる。しかし、そのようなとりわけシステム論的な妥当で建設的な小浜の諫めや批評もひっきょう、戦後民主主義教育の原理が文部行政を偏向させエゴの肥大化をもたらした、という解釈のレベルにおいて、諏訪と類似の基盤に立っている。そこでは、民主主義の原理や精神とは「他者への配慮」「寛容と共生」「実質的平等即自由」といった理念や覚醒に基づいていることの、また戦後民主主義が、何よりも軍国主義のアンチテーゼとして出発した、という初歩的な認識や覚醒さえも反故にされている。明らかに観点は逆である。「上」からの制約された民主化政策ゆえに、その突破にこそ「下」からの民主化運動の本意があったのであり、「エゴの肥大化」とは所詮反民主主義的な態勢を示すものであって、上下縦横からの資本の論理の学校教育内への侵犯がもたらした、すなわち民主主義の不徹底ゆえの「権利のはき違え」(他者の存在が喪失した非民主的な態勢)が、資本主義的欲望の正当化や弁護と結びついた結果であり現象であるにすぎない。

もちろん小浜の戦後民主主義に対する「革新」的な観点は留保されている。たとえば、それは、諏訪や河上が共にノスタルジックに是とするかつての「地域共同体[20]」に対して、偏狭で閉鎖的な同族意識や階層意識の上下からの権力支配や〈異族〉の排除を容易にした側面を反故にしない、小浜の冷静な態度にも見られる。彼は、諏訪達と戦後民主主義に対する先の観点や公的教育への拘りをも含め、ある意味為政者のシナリオとも親和的な共通の基盤に立ちつつも、なおかつ一連の右傾化への警戒を怠ることはなかった。そのような小浜の用心深い態勢は、実は佐々木賢による次の言葉が彼の耳に残っていたからかもしれない。

「学校の存在そのものが疑われ始めているが、その制度を変えることができなければ、反動の嵐はその制度がなくなるまで吹き荒れることになる[21]」

佐々木の「学校論」は、小浜と違ってある意味徹底していた。彼は、教育を「大人の遠隔操作」ととらえ、「教師化」された大人たちによって、学校ファシズムが推し進められ、若者たちも「生徒化」することによってより能動的、積極的にそれを支えている、とみなした[22]。さらに彼は、学校はといえば、「質の悪い失業収容所」となり、自立を奪われた子ども達は「無限の保護」を求め、あるいは怠学しつつ、その実資格を取るためにだけ学校にしがみつく、と指摘する[23]。

オールオアナッシングのあるいは「無政府」的な観点と誤解される危惧は払拭できないが、改めて今日の学校教育に対する反動的な攻勢を見るならば、佐々木の理論の予知的明晰性は時代の学校現象をかなり的確に表現していたと言えるであろう。

2　「学校崩壊」から「脱学校」へ

一時期、時代の反動的趨勢に伴い、河上の『学校の崩壊』[24]という書物がベストセラーとなり、学校や学級の「崩壊」や「破綻」が至る所で話題になった。子どもや若者達の鬱屈し荒れる「現象」を前にして、事態の真相や要因を知りたいと思うことは至極当然なことであるとしても、前節で述べたようなアンチ「進歩・民主」教育論に煽られ、河上の教室内での暗黙の誘導政治学習[25]のような、かつての軍国主義教育との連接を強める復古的な誘引に対し、自覚的でなければならない。

諏訪や河上あるいは小浜をも含めてのネオ・ニーチェ的現実主義者達（仮称）に共通して見られる言説のスタイルは、戦後民主主義教育による平準化指向が教員の威信を喪失させ、子供の自己中心性を増長させた、というもの。その場合、決まって前衛的「民主教育論」（いわゆる形式的建前論）と制度的反映論（たとえば脱学校化論）の両者のダメさ（非現実性）を指摘し、利用する。「プロ教師」および「ふつうの教師」のいずれにも使い分けながら、彼らはニーチェ風に気取りあるいは居直って、このように揶揄する。つまり、「子ども中心の教育」論も「子ども管理・抑圧論」もすべてが、「平準化教育」や「子供甘やかし教育」に陥らざるをえないような、そんな戦後教育の革新の幻想に汚染された観念論にすぎない、と。もちろん、かれらのよく指摘する、子どもの教育を受ける権利は受ける意欲のあることが前提としてあり、「管理」の不可避性を無視した制度的、権力支配一辺倒の解釈によっては、学校の「問題」（暴力、いじめ、不登校など）の現実は見えてこないなどというような指摘には、現実的には一理ある。

しかし、学校や学級の「崩壊」や「破綻」状況に対して、脱学校論的・脱学校教育的方向（佐々木）

でとらえることを回避するかぎり、精神的陶冶をベースにした「管理強化」の方向（諏訪・河上）か、あるいは冷静かつドライに通過儀礼的かつ改良主義的政策的なコース[26]（小浜）か、それともいずれの対応をも踏まえたラジカルな民主化のコース（著者）かの、三択の選択しかないであろう。なお最後の選択は、脱学校論的な指向性を踏まえつつ、改良主義的現象学による批判を率直に受け止め反省し、同時に反動的復古主義に対しては明確な批判と対峙のスタンスを崩さないという、いずれのコースにも真摯に関わるまさに最難関の「茨の途」を予測させる。それはいくらか「中立」をしこう（志向・指向・嗜好・至高・思考）する小浜のスタンスとも被《かぶ》るが、けっして俯瞰的かつ傍観的な「分析」や「妥協」に依拠するものではなく、何よりも歴史社会的実存としての自らの「生き方」に寄り添うことになるであろう。未来の教育を左右する重大決意の選択を迫られている、まさにその分岐点に立たされている現在、あえて反省と批判を踏まえた、かかるラジカルな「教育の民主化」のコースを選択することに喚起を促したい。

第2章第2節で述べたように、民主主義教育思想を掲げる堀尾が、「脱学校論」に一定の共感を示しつつもむしろ多くの疑義をもっていたのは、それが反教育論にエスカレートし、結局は批判の対象であったはずの現状の構造を肯定してしまうという、アイロニカルな結果に危惧をいだいたからである[27]。しかし脱学校論の趣旨は、反学校教育であって反教育ではない。むしろ学校教育こそが反教育となっている、だからこそ脱学校によって「本来」の望ましい教育の在り方へ回復する必要がある、というのが、その真意であり主張なのである。その意味では、教育の民主化を推進する上でも、脱学校論的な観点は避けて通れない。

では「脱学校論」とは、一体どのような思想であったのか、その主たる見解と主張について理解するために、先ずは提唱者イリッチ（I.Illich）の『脱学校の社会』[28]の中から主要なインパクトある言説をいくつか抜粋し、考えてみよう。


「学校の拡充は軍備の拡張と同じくらい破壊的であるが、軍備ほどには目立たないのである[29]」

「国民国家は学校を採用し、全国民をそれぞれが等級づけられた免状と結びつく等級づけられたカリキュラムの中に義務として引き入れたのであるが、それはかつての成人式の儀礼や聖職者階級を昇進していくことと異ならないものである[30]」

「学校による教育の独占を廃止すべきである。……すべての人にとって義務であるような儀礼は、あってはならないのである[31]」

「知識の大部分は学校の外で身につける[32]」

「今日学校の中で消滅させられつつあるのは、教育そのものなのである[33]」

「個人の自由に関する保護条項は、教師が生徒を取り扱う際には、すべて無視されるのである[34]」


イリッチは、学校によって法的にも宗教的にも教育が独占されている現代世界の教育状況を批判しているのである。画一化され義務化され等級づけられ儀礼化されそして資格化された、当初より教育の死滅への宿命とともにあった近代国家教育制度、その下で「発展」・拡充してきた現代の学校教育は、今まさにその死滅の時期を迎えている、ということ。「学校崩壊」は、そのネガティブな表層現象であり兆候ではあるが、重要なことは、教育の民主化は、そこで「管理強化」で居直ることも、せめて「通過儀礼」として受容しパッチングで誤魔化すことも、いずれにも「淀む」ことをよしとせず、したがって「脱学校化」の地平を共有することに躊躇しない。学校崩壊から脱学校へ、これはある意味必然的な流れである。

念を押すと、イリッチは、教育を死滅させる制度化された学校の神話性を語り批判しているのであって、教育自体の死滅を望んでいるのではなく、むしろその蘇生のために脱学校化を主張しているのである。事実彼は、現代学校教育の「操作的制度」に代わる、自律的で創造的な交流や相互依存を前提にした個人の自由をベースとした「相互親和的制度」などを提起している。[35]子どもの一挙手一投足をITで監視せざるをえない、また子どものいじめや教育者の「体罰」が増幅せざるをえない、そのような閉鎖的集団組織としての学校の存続自体が問われているのである。

なお、教育を死滅させる現学校教育を否定的にとらえるという点では、学校教育の「社会的要請」の局面に関わる、ギンティス（H.Gintis）達の経済的資本あるいはブルデュー（P.Bourdieu）の経済的・文化的資本の再生産装置論などは、現資本主義体制下でのイリッチ理論の限界性や不十分性を指摘することで、むしろその理論の否定性をより一層強めることとなった。[36]学校の再生産装置論は、経済および文化資本の支配と搾取システムが永続的に再生産される様式が学校教育において展開されるというものであり、イリッチの、学校を「操作的・官僚的配分システム」とみなす考えにも通じる。しかしイリッチの脱学校化がセルフサービス的教育を理想に掲げている点では、「資本の論理」には親和的であり論議の限界が明らかである。とはいえ、再生産装置論が、古典的共産主義革命論（共産主義学校論）か、あるいは決定論や悲観論（ニヒリスティックな学校論）かのいずれかに帰結する点では、脱学校論よりもなお一層「教育の民主化」から遠ざかるであろう。

このような限界を突破すべく、ハーバーマスの影響を受けたフレイレ（P.Freire）やジルー（H.giroux）およびアップル（M.W.Apple）達は、学校教育を「社会的要請（反映）」や分配に関わる再生産装置としてだけでなく、同時に社会的な「創造」や変革に関わる生産装置としてとらえ見直そうとした。中でもアップルはその点について的確にとらえており、学校の顕在的（overt）かつ潜在的（hidden）なカリキュラムにおける教育の形式や内容すべてが、たんに経済的な要求を直接表現するものでも、支配階級の政治的文化的な利益を鏡のように単純に反映するものでもなく、むしろその関係や事象は複雑で、相互に間接的かつ具体的および自律的である、とみなした。そうして彼は、学校とはあくまでも人間主体や知識およびイデオロギーとともに、多様な局面での諸矛盾の傾向や抵抗などをはらむ再生産的かつ生産的装置であり、したがって諸「主体」はヘゲモニー闘争において、カリキュラムや知識の改編（変）に関わるとともに、教員組合、労働組合あるいは政治的フェミニズム・グループなどとの、学校の内外を通しての多様で幅広い連帯による、民主社会主義的な運動を構築し展開していかなければならないとした[37]。

堀尾の民主主義教育思想も、以上のアップルの思想的地平と重なるものであり[38]、著者もまた、基本的には、かつてイリッチの「脱病院化」論を批判したとき[39]と同様のスタンスで、脱・資本と国家の論理の観点から前二者同様、そのような運動に同調する。ただし、後に議論を深めることになるが、そこではなおも脱学校化に対する理解が十分とは言えず、マルクス主義や近代主義に対する脱構築の営為がほとんど認められない。それは、相変わらずの経済学的用語による概念化、それゆえの学校教育のもうひとつの機能的役割の局面すなわち統合作用を行う、類似の表現を借りるならばさしずめ統合装置（排除・選別・統制、……）という観点や論点の「弱さ」に窺うことができる。なお統合装置論については後に再び取り上げるが、ここでは「教育の民主化」においてそれは最大審級の、最大桎梏となるということだけ指摘しておきたい。

総じて「学校崩壊」は実のところ必然的で宿命的であった。とすれば脱学校化は「教育の民主化」においても避けられない。現代の学校は近代国家教育制度と高度資本主義体制に支えられており、学校への社会的要請は、結局国家と資本の論理に引きずられざるをえず、しかもかかる体制は、いまやいかなる例外社会も許容されないほどにグローバル化され、いかなる国家社会もいずれの論理からも完全に自由ではありえない状況下にある。したがってそこでの体制内的な民主化はおおむね頓挫せざるをえず、ラジカルな民主化には脱学校論的観点は避けられなくなる。とはいえ「共生」を指向する教育、その機能と場を提供する「学校」はいかなる社会であろうとも欠かせない。とすれば何よりも課題は学校の「在り方」にあり、可能なかぎり本義たる教育にふさわしい学校の創造、変革、および再編が重要となる。そこで現学校教育体制に対し問題となるのは、それがはたして解体を促すしかないほどの状態にあるのかどうか、すなわち教育の民主化を全く受けつけない状態にまで陥ってしまっているのか、もはやそこではいかなる方法や抵抗の可能性も残されていないのかどうかの判断であり検証である。いずれにせよ、現在の学校教育が限界状況にあり、大きな曲がり角にさしかかっている、ということだけは確かである。

我々は戦前・戦中においてすでに教育の完全な死滅を体験している。戦後民主教育は、「借り物」ゆえに多くの限界をはらんではいたが、少なくとも学校教育を蘇生させ「教育の民主化」の出発点に立たせた。今日の学校教育の限界状況からの脱出口は、したがって先ずは当時の基点に立ち返ること。

この意義についてはすでに教育基本法の目的条項との絡みのなかで論考し指摘したが、問題は、当の教育を死滅に至らしめた軍国主義教育に対し、反省薄き戦前・中・後に連続する支配権力層が、その意義さえも無視し、「教育の自由」を幾重にも歪め、再びその息の根を止めようとしている点にある。したがってもはや抵抗や闘いなしでは「出口」が完全に塞がれてしまうことは確かである。抵抗、闘い、そして脱学校化を踏まえてのラジカルな改革、このコース以外に教育の民主化はありえないだろう。もちろんそこでは歴史社会的実存としての認識を欠いた、たとえばたんなる既得権擁護のための自らの権限拡大につながるような言説や闘いは、越えられなければならない。ましてや教員の権威を回復したいがために上からの指導強化を呼び込むような言動は、事の本質を隠ぺいするだけではなく、諏訪が自嘲的に口にするごとく、「国家主義的な分子」に手を貸し、反動的な現状に拍車をかけることになる。また一見中立的な第三者機関の創設などという提案も、上からの管理強化ではないにせよ、トップダウン方式の教育制度をそのままにしては、体制的権力を分与された「有識者」達により、既成の権力関係を補強することにしかならないであろう。

戦後アメリカ民主教育の施行を余儀なくされた日本の教育行政は、基本縦の伝統的権威と権力（象徴天皇制—政府・文部（科学）省—教育委員会）によって担われてきた。それゆえに行政側の当初よりくすぶる屈辱と鬱屈の中で、とりわけ最右翼的勢力は、行政の確たる実権を掌握せんがため、時を窺い、漸次あるいは突如その姿をドミナント化し、学校の「崩壊」現象を口実に「問題」の問題化をはかるなか、アメリカ民主教育による弊害を言い募り、ついには教育基本法の改訂にまで及んだ。ネオ・ニーチェ的保守主義者達による、皮相的あるいは恣意的な事実認識に基づいた、いわゆる威信喪失要因論が、そのような勢力の大きな弾みとなったことは言うまでもない。彼らは、「民主教育」を誤解と曲解の黒い絵の具で塗りつぶし、所与の「現実」や「現場」のカードを歴史実存的反省もなく、エロス的実存と若干の「後ろめたさ」の下でシャッフルしているだけではないか。民主教育が「崩壊」を招いているのではなく、それが当初より枠づけられていたため、今その矛盾が顕在化してきているのである。いずれにしても、戦後民主教育は今まさに試練にさらされていると言えるであろう。

そもそも「威信性」の実体（実態）とは、現象学的還元によれば結局天皇制に帰結せざるをえない。かつて子どもや若者達を軍国主義の殺人マシーンにするために盲目の情念を煽り、悲惨な「現実」をもたらしたのが、漆黒（桎梏）の権威すなわち「威信性」の権威にほかならない。とすれば「威信性」の喪失が子ども達の「暴力」を招いたのではなく、そのような権威を引きずったままでの「民主教育」との結託が、歪んだ権利意識や閉塞した人間関係を生成させたのではないか。もちろんそこでの資本の論理による、すなわち高度消費資本主義における文化の変容（ゲーム化、アトム化）や村落の崩壊と都市化による子どもや子ども社会の変質や子ども集団の学校内化（閉鎖空間内化）の影響、さらにそこに派生する「エロス・ゲーム」の段階に至っている生徒と「役割ゲーム」の段階にとどまっている教員との間のズレも無視はできない。であればなおさら脱・学校化しかないのだが、あえて「先生と生徒」という「非対称な関係」を生徒に自覚させ、規律を強化し、教員の喪失した威信性を回復すべきなどといった言説で自らの確信犯的な欺瞞を糊塗し、大衆を煽ることは許されない。

学校内集団を縦の権威と権力の降下・末端化によって統制すれば、確かに表面的には生徒の演技力を高め、再びあの従順な学徒の群れを眼下に収めることができるかもしれない。しかし問題は表面上波立たなくなれば良いというものではない。ましてやその解決の方法が伝統的な精神に依存するならば、未来に対して予測される事態ははるかに深刻なものとなる。学内の「反乱」を吸収した縦の権力は、さらにそのオールタナティブな憎悪を聖なる国家暴力システムに回収していく。つまり、学校はそのための最大の再生産の工場となる。問題は「エロス・ゲーム」ではなく、むしろ「軍事おたく」による「戦争・殺人ゲーム」の蔓延にこそあった。ネオ・ニーチェ的現実主義者達の言説にはこの点の指摘が排除されており、それはなおも継承された漆黒の伝統にしがみつく大人社会側の問題でもある。

もともと歴史的実存の自覚なき人達には、問題の背景や現象をトータルな歴史反省過程の下にとらえることができない。だからこそ高度資本主義社会における文化や社会の変容に対して、両義的了解を示しつつも、その明らかな負性（格差拡大、搾取、物神崇拝、環境破壊、人間疎外……）をおおむね捨象し、学校の「風景化」（エゴイズムや個人主義の拡大や私的欲望の増大）にのみにこだわる。そのような「風景化」が資本と国家の論理による副産物であるとは考え及ばず、学校の「問題」の要因を子どもの自己中心化と社会全体の権威主義の衰退に求める。この近視眼的観点にあっては、軍国主義教育が暴力の極致に対するロマンチシズム（天皇制ナショナリズム）による隠蔽と鼓舞の教育であったことの、その反省的了解が予め彼らの記憶と分析の対象から外されている。したがって「戦争・殺人ゲーム」は「エロス・ゲーム」の視野の中にさえ入ってこない。社会的変容による子どもの意識の変質や教員の「威信性」の喪失による反動（代償）を問うならば、むしろ「戦争ゲーム」の商品化、その商品に戯れる大人の「幼児化現象」など、軍国主義時代より継承された影の世界（無意識的暗部）こそが問われるべきではないか。もちろんそこでは、そんな軍国主義時代の精神を深く潜行させてしまった、「民主主義」勢力側の陥穽（感性）についても問われなければならない。

3　教育のイデオロギー

改めて「学校崩壊」現象とは、国家の論理に由来する管理化・序列化された学校教育に対する拒否反応の顕在化であり、その動因として、教育の民主化に伴う権利意識の高揚、資本主義的物象化や功利主義化に伴うエゴイズムやエロチシズムの肥大化、さらには軍国主義の継承でもある、潜在的な「暴力」へのロマンチシズムや無個性の閉鎖的同調主義の回帰的醸成など、ポジとネガの混在する情動意識の高まりが考えられる。問題は、何よりも民主化が不徹底のまま後退を余儀なくされたために、ポジティブな権利意識が歪曲され、ネガティブな「はだか」の人間関係のみがドミナント化し、総じて外観的には他者軽視の負の現象として突出してきた、という点にある。

たとえば、かつて「原爆病者！」と生徒が教員に暴言を吐き、教員が逆上してその生徒を刺した事件、その責任の一切を当の教員に還元できないとして、ことさら「はだか」の人間関係の修羅場として取り上げられたことがあった。問題はしかし、責任の所在よりも何よりも、この事件こそ生徒と教員を取り巻く教育的環境がいかに非民主的で貧困であるかを物語っており、「原爆病者」が悲惨な「犠牲者」であり、したがってその存在自体が教育の目的や「教材」となるべきところ、生徒であれ、教員であれ、そのことが反対に差別の対象となり、お互いが侮辱と殺傷という行為に陥ることは、「はだかの人間」の関係にこそある共感的な関係意識を根底から否定するものでしかない。

「学校崩壊」の究極の原因は、したがって民主主義の精神とシステムの欠如した貧困な教育環境にこそある、ということ。であるならば、「教育の民主化」を遂行していくためにも、「民主主義」をたんなる形式的・政治的用語としてだけではなく、「他者」尊重の精神や平等即自由を意味する用語として絶えず登記していく必要がある。前章でも繰り返し述べたように、世界人権宣言や日本国憲法第九条に基づいた、民主主義精神および人権思想の高揚と民主的な諸制度の構築が、あの愚劣で悲惨な帝国主義世界大戦に対する深い反省と未来への強い責任意識に基づいていたことを、我々は決して忘れてはならない。戦後世界の民主主義とは、人間のはだかの獣的関係性をもひっくるめて、いかに個々があるいは集団が、相互に尊重し合える関係や環境を作っていけるかという、まさにそのトータルな挑戦であって、あくまでも歴史的実存に支えられた「目覚め」であり、イデオロギー（世界観）であった。

「教育の民主化」もまた、この「目覚め」とイデオロギーの地平においてあり、したがってそこでは主体が絶大なる「現実」の壁の前で批判精神を喪失させ、たとえば自らの既得権死守のためにのみ事態の不可避性や無意味性をニヒルに語ったり、居直ったり、あるいはシニッたりするようなことはない。「民主化」を指向（志向）することは、ニーチェのいう「良心の呵責」に基づいた「弱者がかかる深い病気の兆候」ではなく、共感と共生への実存的な希望に基づいた人間的な営みである。だからこそまた、学校の「問題」はたんなる経営の、不可避の、あるいは責任の問題としてではなく、社会、歴史、教育、さらには自己自身を含めての構造的・実存的な課題として、重層的・総体的な視点からアプローチすることを要請するのである。もし主体が、このようなしこう性や見解をたんなる「過剰」なイデオロギーによるものとして非難する側に身を委ねるならば、ネオ国家政治権力の攻勢の前ですべてが頓挫し、事態を一層深刻化させることになるであろう。

国家主義的政治権力は、「威信性の回復」を主張する者達を、けっして放っておかない。「生涯教育」という名の、都合の良い「伝統的日本人」を育成する、「奉仕」と「道徳」のイデオロギー委員会（自民党政府主催の教育改革国民会議）に著者達を招待し、しかる後その「公」なる功（業）績を以て大学への「天下り」をすすめ、アカデミズムの支配に乗り出す。……「イデオロギーを学校教育に持ち込むな」と叫ぶのは、自らのネオ国家主義なるイデオロギーを教育全般に及ぼすことを画策する一連の教員・学者・政治家達であるという、アイロニカルにして単純な思想の見取り図にあえて自覚的でなければならないほどに、現実の教育の現場は「諦観」と「退廃」のムードに支配されてしまっている。

一体全体、イデオロギーとは全く無縁の、無色透明の教育や学校が存在しうるであろうか。そもそもすべての日本の学校は、各々の特性に相違はあれども、いずれも明治以来の、日本独自の天皇制イデオロギーとヨーロッパ近代の科学主義イデオロギーを背景に、存立し運営されてきた点では変わりがない。したがって他者（個人あるいはグループ）に対してイデオロギーという言葉でもって非難しても、結局自らに跳ね返るだけである。非難する人達の多くはおおむね体制の惰性的枠組みに寄生する者達であり、それゆえ自らの日常的な既成観念を脅かされると防衛本能が高まり嫉妬を掻き立てられ、あえて自らの正当（統）性を言い募るために、イデオロギーという言葉の不適切な使用により、他者を誹謗中傷あるいは攻撃するのである。

改めてイデオロギー ideology とは、『広辞苑』によれば、①特定の歴史的・社会的基礎に制約された考え方の型およびその観念形態、②政治・社会の在り方についての主張や思想、といった意味をもつ。マンハイム（K.Mannheim）も「イデオロギーの普遍化」という観点から、同様の意味で解釈しているが[40]、意味するところは、要はあらゆる我々の思惟や思考がいかなる特定の歴史や社会からも自由ではありえず、それゆえ一定のイデオロギーに基づいている点では同等であり、いずれの制約からも完全に逃れることのできる思考様式はありえない、ということである。最も内面的な思惟—教義形態をとると思われている宗教でも、そうである。たとえばイエスの神の思想が、第一世紀当時、階級差別的な「神性国家」体制にあったユダヤ社会に対して、下級職人の息子であったイエス自らが社会の矛盾を自覚し批判していく、そのような営みの中で「平等・自由・愛」の思想を紡いでいった点では、キリスト教もまさしくイデオロギーなのである。ブッダの思想にしても、彼自らの古代インド社会における当時のカースト制度との闘いが、また彼の出自（王家）が「平等・自由・慈悲」の仏教思想の形成と普及に大きな影響をもたらすことになったのである。また最も無色無臭と思われている「科学」でさえも、一つの特定のパースペクティブの下での認識基盤、すなわちヨーロッパ形而上学の伝統および西洋近代科学主義的イデオロギー形態を把持している。内面的な宗教的覚醒であれ、技術的、科学的適応であれ、いずれもが生粋の社会的イデオロギーと無縁ではありえないのである。

以上の視点に立つならば、自らが立脚している、あるいは自らの信じるイデオロギーこそが絶対であり正当であるという主張は、まさに「信仰」でしかなくなる。だからこそ、「存在論的優位性」を獲得するために、自らの信仰するイデオロギーをいかに体制的に内化させ、いかにその着色性や臭気を隠し去るほどに「公」的に一般化させうるか、まさにそのための他のイデオロギーに対する批判であり非難となる。もちろん、「いずれすべての人が我々の考え方に従うようになる」とか、「我々の正しさは必ずや歴史が証明するだろう」とかいった安易あるいは傲慢な信念には何らの根拠もない。おおよその理論的展望が可能だとしても、「未来」にたいしてはいかなることに関しても確かな保証はない。また人々のイデオロギーすなわち思考様式や観念形態の間には完全な一致などあるはずもなく、その時代や社会の中での立場や役割の相異により、また時代の趨勢とともに多様に変化する。ただ、それでも民主主義のイデオロギーだけは、「多様性を踏まえて条理を尽くす」「いかなるイデオロギーをも強制してはならない」などという考えを原理としている点で、あらゆるイデオロギー間の相互批判を認容し包括しうる普遍性を有し、少なくとも形式的にはすでに世界共有の理念となっている。

このような民主主義のイデオロギーの理念に即するならば、「国旗・国歌」を学校現場で強制することに対して、個人的な性向や時代の思潮、それぞれの育った環境や現場での立場や地位の差異などにより多様な意見があったとしても、学校が民主主義教育を建前とするかぎり、何よりも先ずは強制することと自体許容されない。また少なくともそのような強制のイデオロギー自体が批判と検証の対象とならなければならない。それが、とりわけ民主教育の現場において守られなければならない最低限の原則である。あえて軍国主義イデオロギーを刻印する「日の丸・君が代」を「教育の自由」を侵してまであえて強制するからには、それなりの根拠の正当性について法的に条理を尽くし納得いくよう説明するのが筋となる。そこでは、いうまでもなく自らの信じるイデオロギーの正統性を既存の「良識」と「公」という大衆の内在性を武器に言い募ることは許されない。

「公立」とか公共性という言葉に、多くの人は、その中立的で無色無臭性を無意識的に感じている。だが、軍国主義時代の「修身」の中では、「公」とは皇室や天皇であったことに想到するならば、「公」もまた、いかに幻想的な言葉であり観念であるか分かるであろう。民主性に根差していると思われている現代社会においてさえ、とりわけ大手メディアなどは、時代の支配権力に寄り添いつつ、国民の側との一定の距離をも推しはかり、表面上は国民の立場を誇示しつつ、実は支配体制の特権的公共性を分有し「世論」を形成しているのである。したがって支配権力自体の強度や質の変化によって、マスメディアとともに公共性のイデオロギー（世論）も変化する。時代の変遷とともに、ここおよそ七〇年にも及ぶ戦後日本の社会において、公共性イデオロギーが国家権力の復古的強化に伴い、いかに大きな変貌を遂げてしまったか。民衆の「公共性」の日常的感覚や観念の変貌、公立図書館や学校の書物や教科書採択さらには職員採用の基準のズラし。教育行政権力の強化とともに、その権力を分有する校長や館長の影響力も大きくなり、個人的資質や思想性に多少の差異があるにせよ、結局は、そのような「公的な顔」をもった「白い手」の担い手達によって支配イデオロギーが大衆に淀みなく注入される。そして現在その歯止めのきかない状況に立ち至っている。

ところで、「教育の民主化」の最大の「壁」である、支配権力を頂点で支える国家主義＝ナショナリズムとは一体どのようなイデオロギーであるのか。ここでナショナリズムを国家主義と等号で示したが、もともとナショナリズムとは、国家主義的および国粋主義的な面、他方国民主義的あるいは民族主義的な面など、多義的な面を併せ持つ言葉であり、国家主義はとりわけ後二者の共同体意識をバックに発生してくる。とすれば、国民国家や民族が存続するかぎり国家主義や国粋主義の派生は不可避・不可抗力ともなる。「国民国家」自体が想像（創造）であれ、あるいは観念や幻想であれ、問題は、ナショナリズムを支える求心的同胞愛（「自同愛」）を育む「共同体意識」にある。それは、そもそも他者・「他性」への遠心的な愛や配慮の欠如した意識ではあるが、それでも対内的には「民主的」か「全体主義的」かで、また対外的には「抵抗－解放」か「覇権－支配」かのいずれに作用するかで、その評価と役割において雲泥の差異を生じる。各々前者は民主化の弾みとなりうるが、後者は国家主義・国粋主義となり、明らかに障害となる。問題は、しかし両者の情動意識のそもそもの連続性より、前者から後者へ容易に転化しうる、という点にある。

宗教的・覇権的属性を持つ「君主」の、国民国家への「帰化」により生成した「公定ナショナリズム」[41]、日本の明治以降の天皇制国家主義はまさに、この「公定ナショナリズム」が「民衆的ナショナリズム」を煽動し、帝国主義的なナショナリズムを推し進めてきたものである。それは、日本伝統の神道と結びついた天皇主義イデオロギーと近代ヨーロッパ国民国家・帝国主義イデオロギーとに支えられた、まさに複合的なナショナリズムであった。とすれば、その克服および脱却の地平およびプロセスにおいてもまた、多様な硬軟の対抗言説が配置されなければならない。たとえば対峙と脱構築において、天皇主義イデオロギーに対しては全面的な、他方西洋近代主義の国民国家的なイデオロギーに対しては、その境界や限界および内実の周到な設定が求められる。すなわち後者においては、「近代の徹底」という意味でも、自体の両義的および功罪的な観点の明晰化は欠かせない。とりわけ近代国家イデオロギーとそのヘゲモニーの、同時に近代科学および民主主義イデオロギーの、両装置的な作用を併せ持つ教育のイデオロギーに対しては、この営為は重要となるであろう。

近代国家イデオロギー装置としての学校教育からの解放の言説が、すでに近代国民国家の内部に張りめぐらされたミクロ的権力の、その行使を分掌するアカデミックな人達を中心に語られるというアイロニーゆえに、自慰的かつ観念的にならざるをえない、という限界をもつ。しかしそれでもその批判的営為は重要である。

柳治男は、近代国家イデオロギーの貫徹する今日の「供給先行型」学校教育について、次のように批判している。

「公教育とは、国家という組織を挙げて教育が行われることを意味する」[42]

なおこのような公教育に内在する国家意思とは、均質化した労働力の確保、治安維持、普通選挙の獲得を指向するものであり[43]、ゆえに学校は装置化され、子どもに対しては非合理的・抑圧的になる。

「学校とは子どもと非親和的である。教授活動に分業制を持ち込み、教育活動をマニュアルにしたがう単純労働へと変え、そしてまた生徒を規律化し、受動的な学習者とする限り、学校組織と子どもの間に接点を作り出すことは容易ではない[44]」

学校は、それゆえ自らの成立の困難性やたえざる解体への危機をはらむことになる。脱学校論は、このような抑圧的な近代国家イデオロギー装置としての学校教育論と観点を共有している。問題は、しかしそれではどのようにしてこのような学校教育を脱構築し本義の教育へと回復、再構築していくかということだが、この点について、アカデミックな反近代主義者達は、たんなる「ズラす」営為のしこう性にとどまり、ラジカルな展開を求めない。そもそも「行政区」と「学区」によるダブル・スタンダード[45]、すなわち政権と教権の二重権力によって固められた国家教育体制に対して、いかなる「ズラし」もおおむね「仏（体制）の掌」の中でのこと。それゆえ強力な批判の鉾先は、「内部」へと向かう[46]。そのような批判的営為は、内実の評価はともあれ、少なくとも現実のマクロ的権力や国家主義イデオロギーと対峙する教育の民主化を抑制することになる。神聖天皇制に依存する現代日本の国家主義的イデオロギーに直接対峙しない、すなわち学校教育をミクロとマクロの権力の統合装置ととらえきることのない脱近代イデオロギー論では、皮肉にも「ズラす」つもりの主体がすでに「ズラされている」ことを不問のまま時代の趨勢に手を貸すことになるであろう。

近現代の学校を抑圧的な装置として合理的に理解することは重要ではある。しかしそれは、あくまでも教育の民主化の一環として、学校や教育界内部の「既得権闘争」を越える地平を切り拓くかぎりにおいてである。したがって自らの現実の体制的「既得権」やイデオロギー的「縄張り」を問わないオールオアナッシングの理論の前衛化は、むしろ民主化の足枷となる。「既得権を問う」とは、自らの存在理由や身体的被規定性を問い、反「近代」ではなく脱「近代」において、植民地帝国主義のイデオロギーを排する民主主義イデオロギーおよび民主主義教育の在り様を問うことである。

何よりも脱「近代」とともに、お互いがお互いの民族性や文化を尊重し合い、それぞれの差異を認め合う中でともに教え学び生きていくことのできる、そのような革新的かつ民主的で越境的な教育のイデオロギーの形成が求められているのである。

4 「近代超克論」の超克

教育の民主化における近代主義および近代イデオロギーの超克について、さらに論考を深めるために、日本社会で戦前から戦後にかけて論壇の大きなテーマとなってきた、「近代超克論」について振り返り考えてみたい。

前章で、堀尾が原・仏教思想の「即の論理」や自然共生観などに、近代啓蒙主義を超えうる一契機を見出した旨について述べた。堀尾思想の「国民教育論」的な限界や問題を指摘する論者が多いが、このような彼の脱近代的な視点を取り上げる論者はほとんどいない。なおも素朴で、充分な理論的洞察や検証に至っていないにしても、この指摘は、戦前・戦中さらに戦後を一貫する、日本の論壇の重要なテーマであった「近代超克論」に脈流するテーマでもあり、この点の再検討は、近代教育論の超克に対しても、新たな視点を提供するものと思われる。

日本での「近代超克論」の源流は、おそらく西田幾多郎の哲学にある。彼の西洋哲学の研鑽と仏教思想特に浄土真宗と禅宗への傾倒が、西洋的「有」と東洋的「無」の止揚、すなわち「純粋経験」の場における主客未分と主客対立の「絶対矛盾的自己同一」という論理的覚醒に至らせ、東西思想止揚のそのような「覚醒」が、混迷する日本の思想界を「励起」させる一大契機となった。しかし実際には、彼のそのような内在的かつ質的な弁証法がラジカルかつ適切に遂行されなかったため、真に「近代」を超克することにはならず、むしろ以後のアカデミズムの重い伝統となった。問題は当初より、彼の「我は我ならずして、我となる」との不適切な哲学的スタンス、すなわち「絶対無」としての、東西に跨る宗教的絶対者によるアプリオリな「或無意識統一力」、その反転としての「絶対有」としての権威ある場所や世界であることによってのみ真の自我たりうるといった哲学的発想にあった。結果それは、「我は我にして、我ならず」という、自我の覚知があってこそ意識的、身体的および社会的な無我性や超自我性が覚醒されるといったスタンスとは前後逆の自得となり、ひっきょう絶対的な民族主義的歴史観に身を委ねることにもなった。

以上の西田哲学の不適切で不徹底な東西思想止揚について、その詳論は別の機会に譲ることにして、ここでは「教育の民主化」の観点からのみ言及しておきたい。ポイントはこうだ。西田哲学の当初の実在の要であった「純粋経験」(純粋意識)は、実は前述(第2章第1節)したジェイムズの「根本的経験論」に依拠していた。がその理解が、ジェイムズの「経験」は個的、モザイク的、複相的であったのに対し、西田のそれは超個的、体系的、統一的であった、そのために西田哲学からジェイムズのプラグマティックな民主主義的観点が欠落してしまった、ということ。ジェイムズの経験主義は、近代西洋の経験主義の伝統を批判的に継承し、近代的自我による帰納主義的スタンスを維持していたが、西田のそれは無自我を前提にした演繹主義に基づいていたため、近代的自我を始めから無化することになり、近代主義的限界の克服が、権利や人権意識およびプラグマティックな観点をも捨象してしまうことになった。西田は、ヘーゲルからデューイに及ぶ弁証法的形而上学を超え、「行為的直観」に基づく他者への視点や両義的・身体論的了解[47]さらには「場」の表現行為を重視する質的弁証法に基づいた歴史観を展開するなど斬新な思想的展開をも垣間見せたが、田辺元の「種」の論理の影響をも受け、そもそもの西田の抽象的な歴史社会的「場」が民族、国家、伝統などとして具体(特殊)化され、結局皇室を絶対的権威主体とした皇国史観に帰趨していくことになったのである。

なお、三木清の唯物論と観念論、模写説と構成説との対立を克服し止揚せんとした「形成説」(主体性論)に基づく共(協)同主義の哲学もまた、西田哲学の表現的場や行為を一層具体化するものではあったが、結局は共産主義的普遍主義と西欧自由義的個人主義さらに全体主義的民族主義の折衷・止揚が「一君(天皇)万民」の東亜新秩序建設によって統一されるといった、同様の国体を合理化する保守イデオロギーに帰結することになった。[48]「絶対無」の演繹的論理に束縛された西田も田辺もそして三木も、ひっきょうその不徹底で不適切な了解ゆえに権威や伝統といった偶像や神秘的な「物」の呪縛から自由ではありえなかったのである。

日本における「近代超克論」や「世界史の哲学」は、高坂正顕、鈴木成高、西谷啓治および高山岩男達のいわゆる京都学派を中心に展開されたが、その源流となったのは、以上の西田や田辺そして三木の、東西思想を止揚せんとするアプリオリな無我性に基づく観念的で演繹的な人間哲学であった。なお直接的な影響という点では、特に三木による「時務の論理」に照らした協同主義の哲学の果たした役割が大きい。この点については、廣松渉は次のように述べている。

京都学派の「近代超克」論が、世界的理念の新機軸という自負のもとに、そして、単なる西洋の没落や西洋のアンチとしてではなくまさしく「世界史の哲学」として唱道された所以のものを三木清の「協同主義の哲学」は実に直接にスローガナイズしている。(49)

戦前・戦中の「京都学派」「文学界グループ」および「日本浪曼派」による「近代超克論」の、国粋意識や民族主義を称揚し、そこでの自由主義やデモクラシーさらにはコミュニズムからの、他方経済的には資本主義からの超克を目指すという、情緒的で非理性的な態勢は、おおむね三木の協同主義の哲学と重なり、「欧州の世界支配」からの超克ということに極まっていった、と思われる。このような思想的顚末は、先行しドミナント化する「時務」の前で、「西洋近代」に対する、同時に東洋文化・思想に対する思想的明晰性を失い、西洋対東洋という単純な構図にはまってしまった結果、と推察される。

なお、「時務」の破綻した戦後においても、「近代の超克」自体の意義は依然存在し、引き続き論議の的にもなった。しかしそのレベルは、戦前・戦中の理解や理論を超えるものではなかった。特に戦後間もない頃の竹内好の「近代超克」論は、先の「日本浪曼派」の思想的感覚を代弁するものでしかなかった。子安宣邦は、竹内の「大東亜戦争は、アジア植民地侵略戦争であると同時に、対帝国主義の戦争でもあった」という発言に対し、それを「一五年にわたるアジア・太平洋戦争に集約される昭和史あるいは日本現代史に対する反語的な言説の両義性」であるととらえ、さらにその竹内の意味するところを、日本の近代の表層的擬似性に対する、その「反」としての民族主義こそがアジアの真なる近代とみなす、まさに「浪漫派」共有の感覚および主張であるとした[50]。そしてそれは、現代社会を跋扈する「自由主義史観[51]」に受け継がれている。

竹内が指摘したように、西洋近代の最悪のシナリオが植民地帝国主義にあり、その後塵を拝した日本近代もまた同様のシナリオを内に抱え込むことになり、その主な演出（強行／強攻／凶行）がアジア植民地侵略戦争であった。しかしだからと言って太平洋（対米）戦争がアジア解放としての反帝国主義的な闘いであり、その「反」としての民族主義を以て、「ほんものの近代」とみなす彼の解釈はありえない。天皇制軍国主義と帝国主義のいずれにもどっぷり浸かった「先攻」戦争に、名目はどうあれいかなる正当性も「ほんもの」もない。そもそも民族主義に真の近代を見出すならば、近代を体現するナチス民族主義もまたその名に値するであろう。

「西洋近代」の両義性は、「にせものの近代」と「ほんものの近代」という真偽性においてではなく、西田の東西抱き合わせの「神性」主義や民族主義的皇国史観を「断絶」する「ラジカルな境位」からの価値的な功罪性において把捉されるべきであろう。彼のアカデミズムの東西神性観の伝統が前述の教育刷新委員会の学者達に受け継がれ、教育基本法作成においてポジティブな近代の原則（内心の自由）が無視されたこと、また戦後の日本のポストモダニズムが脱国家の論理から「脱天皇制」を脱落させ、運動を狭隘化させ、結果ネオ国家主義の擡頭を許してしまったことを踏まえるならば、何よりも先ずこの「断絶」すなわち「近代超克論」の超克こそが要請されねばならない。また脱資本の論理に関しても、これまでの嫌悪先行の情緒論中心で理論的な分析や認識に欠ける「近代超克論」による資本主義批判は乗り越えられなければならない。いずれにしても多様な立場やイデオロギーを踏まえつつ、西洋近代自体のポジとネガを見極め、批判、拒否、あるいは継承、徹底のための道筋や展望を明らかにしていくことが、真の近代の超克に結びつくであろう。

ところで「ラジカルな境位」とは、前述したように西田の「無我」を「自我」に先行させる不適切な、そして何よりも「絶対無」に対する不徹底な了解に対する批判的な言辞であり、その逆転と克服の「境位」である。問題は結局、「自我」なき彼の「無への意志」はひたすら内面的・機能的・情動的な自意識の無化を目指すほかなく、刻印された社会意識・伝統的規範などへの価値的無化に及ぶものではなかったということ。それゆえに彼はなおも内面に巣くう「神秘」や「偶像」を突破することができないままに、むしろそれを積極的に取り込むなどという、不徹底で自己言及的かつ自己瞞着的な「呪縛の境位」に甘んずることになった。「ラジカルな境位」においては、いかなる先験的な、あるいは予備・予後的な情動や価値意識をも無化していく、すなわち「無（絶対無）への意志」として、すべての内外の事象や現象の全面に及び、「還元」は自体不成立の「底なし」となる「空的還元」の「過程」においてのみ認容される。そこでは、還元の究極でもある「唯物的覚醒」において、民主主義的自覚とともに天皇制のようないかなる神秘主義的権威（夾雑物）をも脱落する。ラジカルであるための、当時日本社会における当為とは、何よりも天皇制の、そして同時に近代帝国主義を支える国家と資本の論理の超克にあった、のである。[52]

改めて「絶対無への意志」を伴う空的還元過程において、そのつど還元されて立ち現れ、絶えず「引きずり」「覚醒される」、我意識や意志の母体でもある唯物的な身体とは、格差も境界もない間－身体（肉）的な自然や「構造」であり、同時に「他者性」に支えられた「相克」をも包む刹那的共（響）存の世界であるということ、それ以外の意味はない。そしてそのような了解および覚醒こそが、東西に通底するポジティブな近代性すなわちポスト・モダン的およびそれを超える思想基盤を開示し形成しうるであろう。そのような「近代超克論」の超克の視座から、改めて西欧近代の人間中心の自然支配の原理に基づく資本主義と国家主義、あるいは資本主義と科学主義の共犯的な論理に対抗し、その批判の過程および地平においていずれにも絡め取られない〈自由・平等・共生〉を指向するグローバルな民主化の政策や運動を展開していかなければならない。現民主主義諸制度の見直しや「神秘的な無」に帰着することのない空思想の徹底と東洋的自然融和の思想の復権は、そのようなラジカルな民主化のプロセスにおいてはじめて意義ある営為となるであろう。

ところで「近代超克論」とは、当初より哲学的な課題としてあった。西洋近代哲学の頂点（分岐点）に「君臨」するのがカント哲学とすれば、彼の哲学を基点として前後に及ぶ、ギリシャ哲学―キリスト教と近代啓蒙的理性に基づいたヨーロッパ哲学全般に対し、批判的検証およびその「超克」（脱構築と再構築）が問われねばならない。しかしさしずめカント哲学の系譜という点では、彼の、自然科学の基礎づけに関わる『純粋理性批判』、道徳的実践に関わる『実践理性批判』、美や崇高性に関わる『判断力批判』による還元や基礎づけによる領域論は、デューイの「道具的知性」、「社会的知性」、「情熱的知性」に、さらにハーバーマスの「認知的―道具的合理性」「道徳的―実践的合理性」「美的―実践的合理性」にひそかに継承されており、その点ではいずれも、現象学的観点や「無分別」に依拠する東洋的観点からの批判およびローティの主観主義的認識論という批判からも免れえない。であるならば、いずれヨーロッパ－キリスト教的世界観に根差す現代西洋教育思想全般、たとえば前述のイリッチやフレイレおよびジルーやアップルに至るまでの教育のラジカルな民主化論さえも問いに付さないわけにはいかなくなるであろう。(53)

この課題に対する独自の哲学的なイメージは、東西の「境位」から「無への意志」が絶えず内外に強力に発動され、そのつどの還元の成果としての、たとえば響存・共生の「身体、存在、構造」的な観点に基づいた教育内容に対するラジカルな批判と再編ということになるが、いずれにせよ戦後グローバルな民主主義諸政策が「帝国主義戦争」に対する反省に基づくものであるとするならば、また「近代」の全面化した高度グローバル資本主義を背負う現代日本社会にあっては、「近代の超克」論は、とりわけ直接あらゆる精神・文化の形成に関わる教育においては重要な課題となる。そこでは、「教育の民主化」の内実である、教育の知の内容や制度あるいはシステムを含めたまさに日本の教育の総体が、すなわちイデオロギー的知や情のせめぎ合いを介しての社会的、政治的、宗教的、倫理的、科学的かつ身体的な多様な相貌の刻印された、日本の教育の在り様全体が問いに付されることになるであろう。

〈注〉

(1) 主として「プロ教師の会(埼玉教育塾)」や宝島社およびその周辺の人達のことを指している。なお、田崎英明は、消費社会化とメディア・テクノロジーの進展による幼児的自我の肥大化(非社会化)とその社会的対応という「プロ教師の会」の諏訪や河上のスタンスは、社会学者である宮台真司の認識とも共通すると指摘している(『インパクション:124』一一八頁参照)。
(2)『学校の現象学のために』参照。
(3) 右同書において、小浜が現代の巷の教育論を、子どもの暴君性を仮構し教師としての信用と権威を生徒に対する奴隷根性に置きかえる「お子様教」、倒錯的な道徳主義的下降志向に根差す「おめでた教」、自由か管理かという単純なイデオロギーに依存する「おまかせ教」、さらには陳腐な構造論的マルクス主義信仰による被害妄想に立脚する「おどろおどろ教」としてタイプ分けを行い、それぞれについて分析批判しているので参照。灰谷健次郎の教育論批判や「下降志向」的言説などいくつか疑問点や異論はあるが、おおむね的を射た批評であり、これまでのステレオタイプの教育論を越えるラジカルな観点を示している。
(4) 右同書、九一頁。
(5) 右同書、九一~二頁参照。
(6) 右同書、九三頁参照。
(7) 右同書、一三五頁。
(8) 右同書、一三六頁。
(9) 右同書、一四一頁。
(10) 右同書、二一四~五頁。
(11)『学校の終わり』一一三頁参照。
(12) 右同書、一一九~三三頁参照。この点については、すでに岡村達雄が、教育関係そのものが権力的支配性においてあるとみなし、「学校内部における教育関係の支配性、教師の公教育内存在としての権力性」(「教育理論の現在」(『現代教育理論』二五頁))について、学校や教師の「評価権」や「懲戒権」、さらには「障害児」の就学先指定権」を含め、具体的に述べている。
(13) 右同書、一二七頁。

(14)『反動的!』八八頁。
(15)右同書、一八七頁。
(16)右同書、二一七頁。
(17)『症状としての学校言説』一七七頁。
(18)右同書、一八二頁。
(19)右同書、一九四頁。
(20)特にこの「古い共同体」に対するノスタルジーは河上において強く、顕著に見られる。たとえば次の彼の言説は分かり易い。「学校は、村の有力者を中心とした大人たちのヨコのつながりの上に成り立っており、……それに支えられて、教育力が発揮できたのだということがわかってきたのである。……しかし、こうした地域社会を　背景とした安定は、……一九七五年ごろには、もうほとんど崩れていた。高度経済成長のもとで、日本のなかの村が解体し、……ふと気づいてみると、学校を支えるものがなくなっていた。」(『学校崩壊』四〇〜一頁)。
(21)『学校を疑う』一〇一頁。
(22)右同書、八七〜八頁参照。なおそこで、彼は〈教師化〉について、出欠重視、一斉授業、点数化による序列化、資格を与え学歴の賛美およびレッテルの尊重、説教、処罰等々を行使する教師像を、他方〈生徒化〉についてでは、そのように「教師化」された大人の期待にこたえるように行動する(過程を軽視し、出席時数、点数、成績、単位、停学・退学という処罰規定などを基準とする)、そのような生徒(若者像)を想定し説明している。
(23)特に右同書、八三〜五頁参照。なお、このような「怠学」しつつ「しがみつく」若者の言動について、佐々木は「自我の分裂」「自立の精神の喪失」ととらえたが、小浜に言わせれば、それも現代若者特有の「社会的適応」のプラグマティックな対応にすぎない、ということになるであろうか。
(24)巻末の文献参照。
(25)たとえば、右同書の、特に「工夫次第で生徒は真剣になる」(一〇〇〜三頁)という節で、河上は暗に「自衛隊を軍隊として合法化させるために、憲法九条の改訂の必要性を認めさせたい」という意向に基づき、

（誘導的な）学習を行った旨を披歴している。なお、彼のあからさまな反動的意図は、一部の彼の気に入らない少数意見？（「あきらめ派」や「信頼派」）に対しては、「時間がないので、残念ながら検討できない、と断った」（一〇三頁）という点に窺うことができるであろう。

(26) そもそも彼の現象学的で鳥瞰的、またクールで傍観的な思想的スタンスは吉本隆明の思想性と親和的であり、この点に関しては、次の吉本の発言からも納得できようか。「改良主義的になっちゃうけれど、学校そのものの存在を実感として否定したことはないんです。ところが論理としては、学校というのは制度の象徴といいますか、表現といいますか、制度的表現として考えた場合には、どうしても否定になるとおもうんです。だから学校は、通過儀礼みたいな感じで存在します。」（『教育 学校 思想』三一頁）。

(27) 前掲『現代社会と教育』一三四～六頁参照。

(28) 巻末の文献参照。

(29) 右同書二八頁。

(30) 右同書二九頁。

(31) 右同書三〇頁。

(32) 右同書三二頁。

(33) 右同書五三頁。

(34) 右同書六八頁。

(35) 右同書一〇五頁参照。

(36) ギンティスは、学校教育を資本主義経済に基づいた階級的再生産装置としてとらえ、イリッチが法人企業の官僚的機構の自律的、操作的行為を拒否しながら、放任主義の資本主義モデルと制度（資本の蓄積とヒエラルキー的な分業制度）を肯定していることを批判した（『アメリカ資本主義と学校教育2』一九〇～一頁参照）。他方ブルデューは、学校教育をそのような経済資本的な局面のみならず、文化資本的な一定の相対的自立性を持つ空間的局面としてとらえたが、同様に再生産装置としての学校教育の限界を強調した。なお、ブルデューは、そのいずれの局面においても、意味の押しつけ、力の根底を隠蔽し正統性を言い募る象徴的暴力がはたらくとみなした（『再生産』一六～九頁参照）。

（37）'Education and Power' pp.165-7 参照。なお、アップルの社会主義的・民主主義的スタンスは、彼のバウチャー制度に対する考え方に端的に顕われている。バウチャー・プランが個人の選択の自由の拡大や人権の尊重というリベラル・ディスコースにしたがう点では、民主主義的コントロールの一環として受容されるに値するが、個人が学校を選択するというそのような象徴的利益が、結局は物質的利益の不平等性を代償しているにすぎないという点では、さらなる革新（社会）主義的な目的に沿った「戦略」が求められる。彼がこのように考えた背景には、そこに、国家の「危機」を外部に放出し、学校教育を市場に明け渡すことによりその表面的な支配を削減し批判をそらそうとする、そのような国家と資本の論理の共謀性を読み取ったからである（Ibid.,pp.126-8 参照）。

（38）堀尾は『現代社会と教育』（一三五～四〇頁）の中で、アップルの批判的実践や制度改革の運動の位置づけに共感を示し、研究者の立場から彼の次の一節を紹介している。参考までに一部省略して載せておこう。「保守派の攻撃のただ中で、社会的に批判的でかつ教育的に民主的な教授法とカリキュラムのモデルを成功的に築きあげている教育者と活動家がいる。……われわれが、現在カリキュラムを民主化し、広く学校教育を民主化するための闘争に従事している何千もの教師を支持することは、大変に重要である。それゆえ、批判的教育研究は、間違っていることを厳密に批判するだけでなく、善いことを肯定し公表する必要がある。……」（「批判的教育研究の構想」長岡・池田編『学校文化への挑戦』東信堂、一七頁）。

（39）拙書『医療と医学の思想』において、著者は、イリッチの主張する脱「医療化 medicalization」論を認容する一方で、そこに医療の「社会化 socialization」の視点の欠如を指摘し、その必要性を述べた。

（40）マンハイムは、『イデオロギーとユートピア』（二三八頁）の中で、普遍化されたイデオロギーを「特定の歴史や、社会における存在位置に必然的に属している見方、およびそれと結びついている世界観ないし考え方」といった意味で解釈した。ちなみにこの言葉の創始者、フランス観念学派のデスチュット・ド・トラシは、それを人間の有する諸観念の性格・法則・起源などを研究する学問という意味に用いたが、後に、マルクスが「ドイツ・イデオロギー」などとして用い、経済的生産関係の総体すなわち物質的生活の生産様式〈下部構造〉によって条件づけられ規定される、社会的・政治的・精神的な生活過程一般（上部構造）における人間の社会的意識諸形態のことをイデオロギーと呼んだ（『現代哲学事典』六六～七〇頁参照）。

(41) アンダーソン(B.anderson)は、シートンワトソンの呼称したこの「公定ナショナリズム」を理解するには、「それが、とりわけ中世以来集積されてきた広大なる多言語領域において、帰化と王朝権力の維持とを組み合わせる方策、別の言い方をすれば、国民のぴっちりひきしまった皮膚を引きのばして帝国の巨大な身体を覆ってしまおうとする策略である」(増補『想像の共同体』一四七頁)ととらえるとわかりよい、と述べている。
(42)「学校という組織」『〈近代教育〉の社会理論』一一二頁。
(43) 右同論文、一一七頁参照。
(44) 右同論文、一一七〜八頁。
(45) 森重雄「行政と学校」(右同書)二一四頁参照。
(46) たとえば、森重雄は、堀尾の「教育権」や「教育権法理」論をことがらの本質をズラし隠蔽する観念的な妄語とまで批判している(「教育権論の社会学」(右同書)二五五頁参照)。
(47) 西田は、『善の研究』では、身体を唯心的に意識の中にあるとみなしていたが、後に主観的にして客観的、また行動の道具であると同時に表現の意味をなす、両義的存在にして自己と他者および物との媒体であるととらえるようになった(『哲学の根本問題』一三〇〜一頁参照)。
(48) 以上の点については、拙書『新・世界史の哲学』の一部「覚醒への道標」の第五章で、戦後の「主体性論争」に触れて、西田や田辺および三木の哲学の思想的陥穽を批判的に展開しているので参照。なお、同書については、種々の制約の下、内容の圧縮やいくつかの誤記・脱字につき、読者諸氏に改めて陳謝の次第。
(49)『〈近代の超克〉論』二二三頁。
(50)「『近代超克』論の序章」『現代思想』4、三三〜四頁参照。
(51) 藤岡信勝、西尾幹二、小林よしのり達が、「戦争責任」や「従軍慰安婦」の問題を問うことを「自虐」と非難し、自由勝手に偽造した自民族国家の「正しい」史観。なおこのような独善的な史観に対する最適な批判書として、『インパクション:102』を推奨。
(52) 菅孝行は、『反昭和思想論』の中で「天皇制打倒の契機ぬきの近代の超克、帝国主義の世界体系解体の契機ぬきの近代の超克―それはどういいつくろっても近代への迎合、同伴にすぎないだろう。」(二八五頁)

と述べている。

(53) とりわけ、イリッチの受苦する自律的人間像やフレイレの「完全な人間」をめざすヒューマニズムは、キリスト教的人間観の引き写しであろう。事実、フレイレの『被抑圧者の教育学』には、「人間の使命とは、『より全き人間であろうとすること』ということであろう」(二二頁)、「動物の活動には『限界―行為』はなく、自らを離れての生産物を生みだすことはないが、人間は……、文化的で歴史的な分野をつくり上げる」(一四七頁) などといった、ヨーロッパ・キリスト教由来の神的人間中心の観念が貫かれている。それゆえ、彼の革命的精神には聖徒的純潔がはらまれており、その敷衍は二分法的観点(抑圧者と被抑圧者、資本家と労働者、支配者と被支配者など)による可視化可能な「第三世界」の周縁地域に限定される。とはいえ、彼の「識字(リテラシー)」「意識化」「対話」および「ヒンジ的テーマ」「問題解決」などを中心とした実践的な教育理論はそれなりの普遍性を有している。

第4章　現代学校教育内容批判

1　社会科教育の生成

前章第3節で教育のイデオロギーについて述べたが、現代日本の公的な学校教育において、少なくとも科学と民主主義のヨーロッパ近代のイデオロギー的知ははずせない。すでにそのような近代啓蒙イデオロギー的知こそが、国家主義的イデオロギーと絡み合いながらも、グローバルな近現代の学校の存続を支える公約数的知となり、教育の目的や目標および内容を形成してきた。その目的・目標については第1章第4節で述べたので、ここでは日本の普通学校教育における、「近代の超克」に直接関わる教育および教科の内容について論考を深めたい。

欧米の近代学校制度が明治期に日本に輸入されて以降、特に大正・昭和期にかけて教科内容は繰り返し検討に付されてきた。戦後期をも含めるならば、なかでもアメリカの教育思想や制度・システムからの影響ははかり知れず、教科内容については、アメリカの教育内容がつねに模範となってきた。とりわけイデオロギー性を最も濃厚に宿す社会科教育について考える上で、アメリカの社会科教育生成の思想的かつ社会的経緯に触れないわけにはいかない。

一九世紀末から二〇世紀初頭の欧米帝国主義の支配する世界において、近代民主主義諸制度は大いなる制約を受けざるをえなかったが、それでも新興国アメリカ国内にあっては、フロンティア精神やプラグマティズムの思潮の下自由で科学的な思考様式が重視されていた。当時アメリカの学校では、社会的な知識を育む教科として地理や歴史などのほかに、教科連携の核となる「公民」が課せられていた。しかしそれは当初より社会科学的観点に基づいていたこともあり、一九一六年くしくも前述（第2章第1節）のデューイの『民主主義と教育』の発表とともに、「公民」が「社会科」の教科に替えられた。世界で初めての社会科の誕生であった。そこに至る社会的背景として、アメリカの当時の社会情勢は軽視できないが、何よりもこの教科の特性を規定したデューイの当該著書の発表が重要であろう。そこには、アメリカ的な「民主主義社会」に対するデューイの教育理念が反映していたのである。

絶対天皇制明治国家の「学制」発布以来、日本の学校は、天皇制道徳の制約下にあったが、欧米の近代的な制度や内容を模範に、社会学習として修身・地理・歴史などの教科を課してきた。全世界にデモクラシーの思潮が風靡した第一次世界大戦後の大正期に至っては、日本社会にも同様の気運が高まり、アメリカのプラグマティックな進歩的民主主義教育が取り入れられるようになり、児童および生活中心の民主的な教育も盛んに試行されるようになった。しかし大きな制約から自由ではありえなかった。たとえば、前述の「公民」は一九三〇年頃に日本の学校教育に導入されたが、それは「公民」に対する日本政府独自の解釈（改釈）によるものであった。個人主義的・自由主義的なアメリカ社会にあっては、「公民」とは民主主義的な共同社会としての福祉を守り向上させるためにいかに公衆の健康・生命・財産を保護し、そのために協働し合うかを学ぶ教科であったが、当時の絶対天皇制イデオロギーの支配する日本社会にあっては、むしろ絶対天皇制を支える「公」なる社会への「公民」としての自覚や奉仕精神を高めることに重点が置かれ、社会科誕生の契機になるのではなく軍国主義教育への布石となった。

戦後日本の学校教育は、アメリカの民主主義教育政策により絶対天皇制と軍国主義のイデオロギーを清算し、「民主的で文化的な国家」と「世界の平和と人類の福祉」の形成・発展を期して出発した。(1)そして民主主義のイデオロギーや制度を是とする、そのような教育をしこうすることへの決意表明に促され、「公民」に代わる、修身を除いた地理、歴史、倫理などを含めた社会科学としての「社会科」が、まさに民主主義国家社会に相応しいソーシャルスタディズとして、日本の学校教育にも受け入れられ誕生した。

以上の社会科教育生成の経緯を、改めて「教育の民主化」という観点から考察するならば、当初よりそれは欧米の「国家民主主義社会」としての「社会」であり「公」であった、という「特典」と「制約」に留意しなければならない。戦後日本の教育は、その所与の「特典」と「制約」に対して、政治的な反動とともに後者の克服、前者の進展という方向ではなく、後者の強化、前者の形骸化という方向に進んだ。そして今再び、初・中等教育で、社会科の教科書が「公民」にすり替えられ、国家的「公」の立場が強調される内容となった。問題は、そもそも「公民」という言葉の意味が、戦争直後どのように受け取られていたのか、にある。この点については、社会科の特に政治教育の内容と関わり、論議の重要なテーマとなってきた。

学校の社会科教育において、政治教育は不可欠であり、避けて通るわけにはいかない。しかし、それは、建前としては間接的で「中立」的であるかぎりであって、「特殊性」や「直接性」とりわけ党派的な思惟や信条の表出には、教育上一定の制限が加えられる。その点については、「教育基本法」の関連条項（旧法第八条）に次のように規定されていた。

①良識ある公民たるに必要な政治的教養は、教育上これを尊重しなければならない。
②法律に定める学校は、特定の政党を支持し、又はこれに反対するための政治教育その他政治的活動をしてはならない。

建前上、「民主主義国家」として「教育の中立性」を確保するために、少なくとも②項の、特定の政党に対する支持や反対のための活動を学校教育に持ち込んではならないとするのは、当然である。しかし、では必要とされる政治教育とはどのような内容か、ということについては曖昧で、ただ「良識ある公民たるに必要な政治的教養」を育てるかぎり尊重される、といった消極的な文言を並べてあるにすぎない。一体「良識ある公民」とは当時どのような層の人達のことを想定して述べていたのか。そもそも「公民」とは住民なのか国民なのか、それとも戦前戦中の「臣民」由来の民なのか。あえてここで「国民」ではなく「公民」という「公地・公民」以来の言葉を使用し、その上に「良識ある」という修飾語を付け加え、さらにその後に②の政治活動や教育の禁忌条項を設けていることから推察するならば、作成者は、後者の「臣民」であることの自覚を促そうと意図したのではないか、と思われてもしかたがない。いずれにしてもこれでは、社会科を設けてもいかなる政治教育を施行すべきかよく分からない。ゆえに現代の学校教育では、政治教育はあえて避けられるかステレオタイプになるか、あるいは反対にその間隙をぬって暗黙の党派政治の教育をスライドさせるか、いずれにせよ貧困と独断の混迷の状態にある。

作成者の意図は別にして、せめて「日本国憲法」や「教育基本法」における、真理と平和を希求する自主性を育てるという教育の基本的な精神や目的に沿うならば、いやそれよりも教育の民主化というスタンスからは、ここでの政治教育は、何よりも大戦の反省を踏まえて、「なぜあの悲惨な戦争が起こったのか」「どのような政治教育により国民が戦争に動員されることになったのか」「どうしたら二度とそのような戦争を避けることができるのか」、さらには「一体責任はどこにあったのか——戦争責任論[2]」などについて、積極的に考え取り組む政治教育の学習が求められるべきであった、と思われる。そこでの教育の基軸は、前述(第1章第4節)の政治的リテラシーに基づいた、あくまでも軍国主義や帝国植民地主義および全体主義政治に対峙する望ましい「民主主義政治」についての教育であり、そこにブレのない一貫した教育課程におけるスコープとシークェンスに沿った内容が織り込まれなければならないであろう。

戦後間もなく、社会科の目標が、「人格の完成」「平和的国家の形成」「真理と正義、勤労と責任」、「個人の価値と国民の育成」などを重視する教育の目的(教育基本法の目的条項)とほぼ重なることから、社会科をコアとする教科全体の再編が論議されたことがあった[3]が、肝心の「民主主義」の質を問うホリスティックな学習をコアとする議論はなかった。それは、なおも近代啓蒙主義あるいは宗教的(天皇制神道と親和的なキリスト教的)情操の刻印されたイデオロギーが支配的で、その超克にまで至らなかったからでもある。

「反省の民主主義」教育という原点に立つならば、社会科教育においてせめて脱国家主義的な「公共」の視点から、軍国主義政治と対峙する民主主義社会生成の教育や政治についての説明、説話あるいは語りに力点が置かれなければならない。したがってそこでは、たんに「世界史」「日本史」「政治・経済」「倫理」といった、個々別々の教科単元に還元されない、軍国主義・全体主義政治と民主主義政治についての、克明なる史的、社会的さらには思想的な差異や機能を踏まえての理解、解釈、展望の可能な、横断的かつ総合的な授業、たとえば現代史および現代社会を軸に前後（日本〈列島〉史・世界史）に、同時に縦横（社会・経済・倫理）に開く授業が求められる。分立した個別の大学受験科目に対応せざるをえない現実があるとしても、「社会」を教え学ぶことの意味や意義を喪失した皮相的な理解や暗記の学習は、百害あって一利なしである。

歴史教育に限定して言えば、業績や出来事の羅列がその本質であってはならない。実証主義的な歴史社会的認識は重視されねばならないが、そこにその前提としての社会科の本質をなす「民主主義精神」の観点や態勢の養成がなければ、学習は意味をなさない。それは、歴史を現在の視点から過去を構成することではなく、何よりも過去を反省すること、すなわち民主主義と対峙する全体主義の国家、たとえば戦前・戦中のわが国においても、支配権力者の記念碑的な業績や功績鼓吹の神話的歴史教育を反省することに尽きる。そのスタンスを踏まえての実証主義でなければならない。さもなければ、おおむね他者や被害者側からの実証性は稀薄化され遠隔化され軽視か無視されることになる。事実、現在日本社会はそのような画策の渦巻く状況に直面している。すなわち大戦の反省（断絶と連続性の認識）稀薄な戦後日本の学校教育において、暗記中心の受験に沿った歴史教育が、「戦後民主主義は虚妄だ」などというネオ国家主義的言説により「南京大虐殺」や「従軍慰安婦」などの記述抹消など歴史教科書改竄の策動や「大東亜戦争肯定論」に基づいた皇国史観に、今まさに足元をすくわれよ

うとしているのである。(4)

教育の民主化というスタンスや観点から社会科教育を進めていく上で、現実的には、しかし多くの障壁が存在する。たとえば、慎重で微妙な問題のひとつとして、前述（第3章第2節）の誘導政治教育にも関係する、たとえば現存の「自衛隊」や「米軍基地」に関する政治教育（学習）が挙げられる。戦後の変遷や憲法との関係性についてなど事実認識のための知や情報提供は可能ではあるが、存在や事象の価値的評価に関しては、とりわけ被教育者の親族がいずれかに関わる職に就いている場合、かなり慎重な説明・評価が教育者に求められる。当該教育者は、自らの観点からは全面ネガティブあるいは「必要悪」と判断されたとしても、少なくとも司法的決着がついていないかぎり、被教育者に対して、存在の全否定を説いてはならない。大事なことは、あくまでも教育－学習において、戦前・戦中の反省と憲法第九条を踏まえた、法的かつ倫理的な冷静な分析と判断が行使されなければならない。もちろん、同時に「現在」の世界情勢や動向を配慮し、たとえば「自衛隊」の暴力（攻撃と殺戮）装置と幻想の聖なる（正当防衛と救援）装置としての両義性をも考慮しないわけにはいかない。その上で、たとえば「自衛隊」が、例の国連未承認のイラク戦争でのアメリカ軍「侵略」の後援部隊であったことの問題については、批判的な学習であることへの躊躇いはあってはならないであろう。

いずれにしても、政治や歴史の教育および学習においては、現実の事象や動向に対してけっして信条や感情のままに短絡的に自己判断を押しつけるのではなく、その多様な側面や問題の所在と意味を明らかにしつつ、あくまでも世界の平和と社会の民主化という観点から、望ましい展望について考え議論していく、そのような授業が展開されねばならない。意味するところは、帝国主義的世界大戦を経験した、そして政治的にも経済的、文化的にもグローバル化した現代社会において、社会科教育はもはや国家中心の内容を超えた地球社会科教育とならなければならない、ということ。国家主権を前提にした従来の内容・形態を超え、「公民」は「地球公民」、「歴史」は近現代史をコアとしたアジア史や「世界」史、「地理」は「地球理学」と辺境的アイデンティティ重視の地域学、また「道徳」は人類共生のための倫理となることが求められる。ただし、グローバリゼーションとは、脱国家的インターナショナルな関係の構築というポジティブな側面を促す一方で、何よりも二度の大戦をもたらしたその現象自体に内属する負性（帝国の論理や植民地化など）の伴う事象でもある。それゆえ現代および未来社会における社会科教育は、以上のグローバリゼーションの両義性および功罪性を踏まえた、世界と地域の政治、地理、歴史、経済および倫理を網羅する地球環境的視点に重点が置かれることが望まれる。

一九七二年国連人間環境会議で提起された「環境教育」という概念が、今日ではたんなる自然保護のような環境問題だけでなく、貧困、飢餓、病気、差別、戦争など地球上の人為（人権と平和）的な問題を含めた、「環境と持続可能性のための教育」（一九九七年、テサロニキ国際会議）へと拡張されて解釈されるようになった。したがって、そこでの教育の方針は、ナショナリゼーションの克服（脱国家の論理）のための地球市民を育てることと同時に、資本主義的負性（貧困・格差や環境破壊）に根差すグローバリゼーション自体の克服（脱資本の論理）のための前述（第2章第4節）の「マルチチュード」や「サバルタン」を育てることに重点が置かれるであろう[5]。いずれにしてもそのような「地球環境教育」が、教育の民主化過程における今後の社会科教育に、不可欠にして重要な役割を演じるものと思われる。

2　宗教教育の問題

宗教教育もまた、ある意味政治教育と同様強力なイデオロギー性を示し、公的な学校教育においては、「中立性」や「寛容性」の建前上一定の距離が置かれる。基本法の宗教教育の規定において、政治教育条項と類似の特殊性制限の内容規定となっているのも、そのためであった。

旧法第九条（宗教教育）
①宗教に関する寛容の態度及び宗教の社会生活における地位は、教育上これを尊重しなければならない。
②国及び地方公共団体が設置する学校は、特定の宗教のための宗教教育その他宗教活動をしてはならない。

「良識ある公民」という曖昧な文言はないが、「宗教とは何か」の規定がないため、「宗教に関する寛容な態度」や「宗教の社会生活における地位」を教育上尊重する、だけでは条文の意味も意義も釈然としない。しかしそれでも、②項の、特定の宗教教育や宗教活動を禁止し、信教の自由を尊重しつつ国家と宗教を分離するという基本法の精神は、戦前・戦中の「天皇制神道」押しつけの学校教育に対する一定の反省の表出・表明ととらえることはできる。これは、次の「日本国憲法」第二〇条規定に沿った宗教に対する意思の顕われでもあろう。

第二〇条（信教の自由、政教分離）

①信教の自由は、何人に対してもこれを保障する。いかなる宗教団体も、国から特権を受け、又は政治上の権力を行使してはならない。

②何人も、宗教上の行為、祝典、儀式又は行事に参加することを強制されない。

③国及びその機関は、宗教教育その他いかなる宗教的活動もしてはならない。

この日本国の最高法において、政教分離が明確に規定され、信教の自由とともにとりわけ国家権力と宗教との融合が厳に戒められている。まさに歴史的反省に基づく、自然法的覚醒の表出・表明と言えよう。しかしあくまでもこの規定は法的な解釈に基づくものであり、一般的な社会通念による宗教解釈を前提にしているため、そこにはいかなる解釈も、いかなる抜け道も成立しうる、という限界をはらんでいる。

たとえば、帝国憲法においても、「臣民」という制約が課せられていたにせよ、信教自由の規定があった。しかし「神道は宗教にあらず」という恣意的独断の下、学校内で「天皇制神道教育」が強行されたことを考えるならば、以上の宗教規定もまさに「ザル法」さながら、いかなる口実および弁解も成り立ちうるのである。事実今なお、ネオ国家主義者達は、神道は特別の絶対的な存在や教義を立てないため宗教ではなく、法的に問題ないと強弁し、なおも平然と国会議員が靖国神社に参拝し、学校に「国歌・君が代」を強制している始末である。宗教とは一体何か、宗教の定義[6]が曖昧なままで、いかに法的規定を駆使したとしても、結局は、時の権力側の「詭弁」を許すことになり、法律はまさに空洞化するだけである。

もちろん宗教の定義自体困難であることも事実である。今仮に社会通念的にあるいは辞書にしたがい、「宗教とは、神仏（絶対的存在）を崇拝・信仰し、儀式を行う制度であり、またその教義である」という意味で理解すれば、「神ながらの道」を崇拝し儀式を行う天皇制神道は明らかに「宗教」であるが、しかしそこには前述の対抗言説を完全に否定し去るほどの規定はない。現在象徴天皇制下で公的に施行されている多くの神道的な儀式は、(7) そのような宗教の定義や法の曖昧な概念を利用して成立している。だが、もともと「絶対的存在（者）」とは多義的なもので、キリスト教やイスラム教では「人格神」がそれに相当するが、仏教では「仏」というが非人格的で、本来無神論である。にもかかわらず宗教の代表のごとくみなされている。とすれば、神道を宗教でないとする強弁は成り立たない。いずれにしても問題となるのは、「公共」において、絶対的あるいは神秘的な存在（者）や教義への信仰を持ち込み他者に鼓吹する活動であり、したがってそこでは「国家」や「天皇（現人神）」を信仰する国家主義はいうまでもなく、マルクス・レーニン主義や「カリスマ信仰」など、あらゆる信仰的なイデオロギーも禁忌となるであろう。

問題は、しかしそういうことだけではない。何よりも重要なことは、「宗教」が数々のネガティブな現実をもたらしてきた歴史に対する反省が、明確に法律に反映されていないという点にある。戦前・戦中の日本において仏教教団が戦争に加担したこともさることながら、何よりも天皇制神道が戦争を遂行させたという反省があれば、たとえば「宗教」という文言に「とりわけ天皇制神道において」とか、「天皇制神道をはじめ……」とかいった言葉が付記されたはずである。そこは、しかし「天皇制」を残存させることを支持した、当時のアメリカ政府の功利的な判断の下、結局お茶を濁されてしまった。その結果当初より「日の丸・君が代」が民主化されたはずの学校に無批判的に受け継がれ、今なお宗教的象徴として学校内に「君臨」している。このように天皇制神道と手を切れない学校教育にこそ、日本の宗教教育における最大の問題がある。

宗教教育の問題として、とりわけ「公」的な学校教育を中心とした、以上の宗教への本質的な問いや信教の自由の意味と寛容の精神および政治や法律との関連性の解明が重要となるが、もう一つ大事な問題として、私立学校における宗教教育がある。禁忌事項の対象は、「教育基本法」宗教教育規定の②では、政治教育規定の②の「法律に定める学校は」とは異なり、「国及び地方公共団体が設置する学校は」となっており、したがって基本的には私立学校においては特定の宗教教育は可能となっている。ただしそこに儀式を含め強制があってはならないことは、憲法からもまた特に私学助成を受けているかぎり当然の制約としてある。問題は、宗教教育以前の、私立学校設立・運営に及ぶ宗教団体と資本、あるいは宗教団体の体質と宗教自体の「本質」との、アイロニカルな現実・現象の絡みが、事態の複雑かつネガティブな様相を呈している点にある。

たとえば現在、私立学校の大半がキリスト教や仏教の新旧各宗派のヒェラルキー的団体によって担われており、皮肉にも建学の精神の「惰性化」「形式化」と「資本」増大による支持基盤の強化拡大化が相補的に一体化していく現実において、あるいはそのような形骸化あるいは教条化したイデオロギー支配の教育の現場おいて、その思想や宗教を、またその在り様をラジカルかつ批判的にこの現代社会の中で実存的に問うていく者達（主として教員）が、「彼らは異端であり、我が教団・学校教育を脅かす」とみなされ、物質的、政治的、精神的に抑圧され体よく排除される、ということが起こっている。そこでは、自ずと「機会均等」という教育の原則が損なわれ、「宗教団体」の学校教育への参入が自らの習俗的日常性における公的特権の確保と資本の拡大化を促し、無言の抑圧社会を支えることになる。

以上の点について、仏教を例に具体的にとりあげ説明しよう。たとえば仏教の形骸化教条化したイデオロギーによる、世俗化・権威化した支配システムがある。そこでは、ブッダや親鸞が否定した「葬式」や「供養」が僧侶の仕事の中心となり、そこで獲得された財力が寺院体制を支える経済基盤となっている。勢い、ブッダや親鸞の「生き生き」とした思想が骨抜きにされ、お布施や寄付の多寡により檀家が格付けされ、寺院体制のヒェラルキーが形成される。他方またそれは正規の仏教寺院として国家から認可(税金免除の特定法人化)されることによって、土地・建物所有に関わる数々の「公的」な特権を手に入れ人やモノ(「資本」)の増大を促す。ますます経済的に潤った寺院仏教および仏教団体は、数々の学校を設立し、さらなる権威を獲得するとともに、教育のみならず、政治、文化、医療へと、多方面に勢力を伸ばし、権力の拡大を目指していく。資本主義経済に便乗し、利潤追求にたけた僧侶や寺院ほど、社会的影響力や発言力を増し、しだいに仏教者の代表という「公的な顔」をもつ特権的人物および団体となっていく。余りにも皮肉なことだが、いわゆる公認(職業として)の仏教者達は、そうして空虚なる我が心や思想の貧困性を隠蔽するために、ブッダや親鸞を教祖として神格化し、自らが教祖・教義の正当なる継承者であることを誇示し、「死」の公証人然としてわが身を権威の袈裟で飾り立てようとする。

宗教教育は、たんに信仰の自由とか教義の内容のみに関わるのではなく、実は宗教の在り様がそのような、社会や学校の根幹や存立自体に関わっているという自覚が問われねばならない。それゆえに

「民主社会」における宗教教育は、脱宗教的な知的観点に基づき、このような皮肉な現実に向き合うことが求められているのである。その点に関しては、「垂直」的・刹那的および実存的・芸術的契機を踏まえての、たとえばデューイの「宗教なるもの」、あるいは「精神の科学」に基づくシュタイナー教育(8)などの試みに対しては、多くの問題をはらんではいるが今一度検証する意義があると思われる。想定される展望は、いうまでもなくその先にあり、ヨーロッパ・キリスト教世界を、同時に東洋の宗教思想をも超えた、よりグローバルな脱宗教的宗教性および「無宗教の宗教性」の教育が、教育の民主化のレベルおよび地平において提示されてしかるべきと思われる。

現在、宗教系の私立の小学校から大学まで、その数は多い。僧侶自らが理事や理事長および校長となり、宗祖の教義に基づく建学精神を鼓吹し、宗教教学なる伝統的権威のイデオロギーを軸に学校教育を展開している。そこではしかし、この社会のこの学校と関わる自らの社会的存在性については、深く追究（求）されることはない。それゆえ立場や専門を超えて、宗教的かつ社会的実存の観点からトータルかつラジカルに「宗教教育の問題」が問われることもなく、あえて問題化する者に対しては、学校のマジョリティはただならぬ危機意識による「脅威と嫉妬」から、その排撃と排除にことさら情熱を燃やす。そのように体制化した宗教の権威は、近代西洋思想の嫡子でもある科学の権威とともに、学校の統合装置を支え、巨大な保守的イデオロギーの固い支持基盤を形成してきた。

意外にも、民主主義教育を建前とする戦後の公立の学校が、このような諸々私立系の学校の堅い保守的基盤に支えられ、公的性格の補強と維持をはかってきたという側面については、余り指摘され語られることはなかった。そもそも現代の大学・大学院を頂点とする学校教育体制の公共性とは、伝統の、権威ある個別宗教や専門「科学」を前提に「民主」的に運営されているという、それゆえの幻想に支えられているにすぎない。そこでは、教権的権威が賦与された既成の専門的な緻密な宗教的、科学的およびイデオロギー的な知が、いかなる「脱構築」をも促されることなく被教育者に注入され、その忠実な記憶と記述のみが官製の認定「資格」獲得の条件を満たしている。そこでは宗教や科学それ自体を根本的に問うていくことが敬遠され、その役割を任ずるはずの哲学でさえも、今や権威ある個別の「哲学」に細分化されてしまっている。

権威ある専門知とその知の縄張りによりますます「張りぼて」化しつつある学校教育において、教員は既成の細密な研究成果を教授するだけとなる。もちろん、それぞれの「専門家」としての対等の権限を尊重し、ハイブリッドな知やイデオロギーの紹介にとどめておく方が民主主義教育にふさわしいとする意見は一理ある。しかし、そのように予め枠づけられた知や学問をみな等しく「紹介」し、そしてその役割を任ずる権威や名声のある、ある意味商品価値の高い教員になだれ込む現象は、果たして民主的と言えるであろうか。そこでは根本的に、この現実社会に生きる実存的な存在として物事をとらえ考えていくという気風は減退し、むしろ学校はそのようにしこうする人物を排除する閉鎖的で空疎な空間になるばかりであろう。

ともあれ、せめて個別宗教と専門的知の権威化を克服することは、アイロニカルな課題ではあるが、学問の府たる現学校教育の務めでもある。それは、かかる事象の派生する知や情動およびイデオロギーの背後をいかに読み取り明らかにしていくかにかかってくる。取るべき探究の方法として、宗教的・実存的な世界観と近代西洋科学主義との、相互の思想的な検討が必要となるであろう。前者について述べるならば、少なくともイエスやブッダの社会的平等思想を享受し刻印してきた経緯に留意しなければならない。人類の歴史は、戦争、破壊、分裂、栄枯盛衰の連続であり、単純な進歩史観は排しなければならないが、それでも「民主・人権」に刻印された脱宗教的宗教性の、この平等と自由と愛（慈悲）の精神や理念の、試行錯誤ではあれ、その世界的浸透の確かな歩みを否定するいわれはない。問題はむしろ、そのような理念や思想自体が根本的に追究されることなく、むしろ後者の科学主義による弊害すなわち知の細分化・断片化現象に対する克服を口実に、支配権力者達がたとえば天皇制神道と仏教およびキリスト教との情動的・宗教的密通性を利用して、「諸宗教の宗教性」たる「宗教的情操」を以て学校の統合化をはかろうとするところにある。そんな憂愁の宗教的構図を解きほぐすためには、科学主義を促してやまない現代の科学教育の在り様もまた問われなければならない。

3　科学教育の再編

「学校教育法」第二章第一八条の〈小学校教育の目標〉六項に、「日常生活における自然現象を科学的に観察し、処理する能力を養うこと」という文言がある。「科学的に観察し処理する」とは、今や何の抵抗もなくほとんどすべての人に受容可能な陳述のように聞こえる。が、その意味や意義についてそれほど確かな答えを用意できる者はいないのではないか。それは抽象的というだけではなく、ある意味「視野狭窄」をも要求する文言である。確かに現代の学校教育において、科学教育の果たす役割および占める位置は大きく、軽視できない。だが、自然現象に対して要請されるそのような態勢や能力自体は、自然「破壊」をも促してきた近代科学の科学主義的なパラダイムや言語ゲームに支配されており、その影響力の地球全体に及ぼしてきた、かつ及ぼす功罪性を抜きにして無批判的に陳述す

ることは、それ自体問題がある。(9)

近代西洋科学の合理的観点の正統性は、科学技術の客観的精確性や技術的精巧性をバックに、日本の明治以来今日に至るも、学校教育において「中立」の、無条件的、無批判的な信仰によって、おおむね全面的に支持されてきた。それが、庶民が生活の「向上」をめざす「まなざし」の指標となり、戦後においても、戦前・戦中の超国家主義的な非合理性を批判するイデオロギーとなりえたとしても、「国民」共有の観点(「科学の体制化」あるいは「国民の科学」)を越えることはできず、高度経済成長政策とも結びつき、国民に総中流階級化という実感と自負の確かな幻想を植えつけてきた。それゆえに、その「評価」は功罪両義的である。しかし問題は、何よりも傍観的ないかなる「評価」をも拒否するほどの「負の歴史」のなかで、「視野狭窄」された科学的な観点およびその技術的適用や政策が、資本や国家の論理を下支えし、その論理に適った科学や科学技術あるいは科学主義的論理のみをドミナント化し、その結果地球上にグローバルな破壊とクライシスをもたらしてきた点にある。したがって、この決定的な「負」や「罪」の歴史社会的「遺産」や局面を問わずして、「観察し、処理する」能力を養成するだけの「科学教育」もまた問題がある、と言わざるをえない。

日本の戦前戦後を一貫する「国力」増強・「国威」発揚や大企業優先の利益誘導をベースにした教育の国家的統制化とプライバティゼーションの、そのつどの相乗的推進は、科学的な観点や科学の領域に時代の教育的バイアスをかけ、科学自体の有する新たな可能性や展開を抑制してきた。国家や資本の論理に隷従した科学や科学技術は、欲望と衝動のままに、あるいは発達・進歩史観の信仰に支えられ、スクラップ・アンド・ビルドを繰り返し、ひたすら便利性や快適性および新奇なものを追い求め、観点の限りなきマクロ化とミクロ化相応の、事象の専門分化と細分化、断片化とシミュレート化を推し進めてきた。その結果、それは表面的には、まさしくすべてが数値化可能な個のレベルでの、相対的かつ総体的な生活の利便化を進めたが、他方では原子力核装置の象徴する地球破壊レベルでの危機をもたらしてきた。すでにバイアスをかけられた「科学教育」において、それでもそこに「未来」を担う一縷の意義を見出そうとするならば、以上の功罪性を踏まえた「科学教育」の再編とともに、新たな高次の、質の高い科学的態勢や能力を育成する教育が要請されなければならないであろう。

以上の自覚的な認識と深い反省は、一九六〇年から七〇年代にかけての反公害運動や全共闘運動のなかから醸成されてきた、いわゆる「科学批判」なる思想的な潮流に沿うものでもある。[10]それは、プロフェッショナルに代わる市民としての主体的立場から近代科学自体の限界を打破し、体制との共犯関係を暴き、あくまでも「人民による科学」をめざすものであった。そこでは、自然保護やエコロジーを重視したオルターナティブ・テクノロジー（Alternative Technology）など自然循環系に配慮した新しい科学や科学技術の観方や在り方が問われあるいは提示された。今日では、以上の「科学批判」によるアプローチにより、少なくとも近代西洋一辺倒の科学や科学教育に対する絶対的観念や信仰が揺らいでいることは確かである。「科学批判」に基づいた新しい科学教育のドミナント化は、したがって現場の教育者達自身が、これまでの「科学的な観点」あるいは「科学」を批判的に検証し、「修正」と活性化すなわちそのより広角で斬新なオールタナティブな在り様をいかに切開していくかにかかってくる。そのためにも、国家や資本の論理に適った自然支配の視野に限定されることのない、すなわち「近代の超克」に相応しい「共生の原理」を下支えする、また「共生の原理」に適った、したがって社会科の環境教育と繫がるような、自然融和の科学や科学技術への教育的再編に積極的に取り組んでいく用意がなければならないであろう。

ちなみに「共生の原理」とは、哲学的には、東西止揚の、共‐存在性、間‐身体性、対他性、さらには響存性という思想的「境位」や覚醒に根差しており、おおむね国家や資本の論理および原理に対置される。そこではしたがって、広角高次のより広く深い視野に立った、日々新たな質の高い知識や教養としての科学が提示されても、科学的な態度や観点自体がメタ科学的な領域をも侵犯し包括していくような、そんな自然や事象の「対象化」と「分断化」を促してやまない近代科学的な方法に束縛されることはない。そもそも近代科学とは、生活上の合理的な認識に基づいているとしても、絶対的な指標や基盤を有するものではなく、一定の特性と限界を併せ持つ、あくまでも相対的な、一つの有力有効な方法でしかない。

「近代科学」をあえて定義づけるならば、一般的にはそれは、一連の営為すなわち、自然の現象や事象を代数学的なあるいは因果律や確率などの「合理」に基づき対象化（数値化および統計化）し、そこで取り出されたデータを客観的に分析および総括し、一定の結論や公理を導き出していく、さらにまた仮説を立て検証を重ね、自然に固有の法則を発見し創造していく学問、と解される。そこで対象となる自然は、主体の科学する意思に自覚的あるいは無自覚的な価値意識が伴うにせよ、少なくとも科学する過程においては、価値の存在としてではなく、あくまでも真偽の存在としての、とりわけ再現可能で科学によって見出だされた、まさに限定の「無味乾燥」の自然現象および実態となる。[11] ここに近代科学の、このような自然を予め限定的に対象化し、演繹と帰納の反復に依拠した方法の限界がある。それゆえに、近代科学的な方法でのみ跳梁跋扈するいわゆる科学主義的信仰を鎮静化させ、改めて「ありのままの自然」との関係を取り結び直すことは、現代社会における重要な課題となる。特に「科学教育」においては近代科学の特性と限界性の学習が不可欠となり、また同時に、メタ科学的な領域においてはいわゆる高次元的なアプローチ[12]が必要となる。

現代社会において、科学や科学技術成立の要件として、何よりも融和性、有機性、総合性、循環性（リサイクル性）、多次元性、身体性、そして安全性が欠かせない。とりわけ学校の「科学教育」においては、近代科学的観点の一八〇度の転回と、教科内容の「共生の原理」に準じた実質的な転換、再編が求められる。西洋近代的知と神話的権威によって囲繞された現在の日本の学校教育にあっては、このような再編には相応の困難が予測されるが、それでもたとえば対抗文化としてのライフ・サイクル間の学習などを踏まえた新たな交流などに一縷の望みを託すことは可能であろう。

鈴木聡は『世代サイクルと学校文化[13]』において、ライフ・サイクル間の関係行為である〈教育〉の古層の文化とその記憶を忘却した近代の学校を批判し、脱産業化社会の現在を踏まえた「世代間の出会いの場」としての、世代継承サイクルを基盤とした「教育」や「学校」の在り様を問うた。そこでは、家庭・学校・地域ぐるみの「道徳の再武装化」に対抗する「ケアと責任」を担う共同的・社会的関係の創出が課題となり、他方制度化された科学や科学技術の教育現場への導入による、脱文脈化および脱主体化された学校知やコミュニティの在り方が問題となった。

前者については、鈴木は自身の試論として、堀尾の提起する「学問と大衆教育」という「文化の二重構造」を克服する、すなわち国民共通の文化＝教養の創造の有意義性について取り上げた[14]。それは、通俗的な〈国民教育論〉につながるリスクを伴うものであるが、あえて文化的価値の多様化を認容し合い高め合う、そのような「存在の平等」を前提に「豊かな多元性と差異性にむかって自己をひらく(15)」、まさにその意味では民主主義的人間の啓発に寄与することの可能な共同的な関係の構築につながる、と彼は考えた。

後者については、彼もまた、とりわけ対面的な場のリアリティを凌駕するほどの、「多様な要素・断片が同時存在的におちあい共存する場、多方向性をもった同時共鳴の世界をつくり出す(16)」、そのような電子メディア化された現代社会の中で、主体の固定した視点や線状的な秩序からの解放を促す点では、コンピューターなどの学校現場への導入はポジティブなコミュニティの可能性をも開くものとして称揚した。しかし、同時にそこに新たな危惧すべき問題も発生する。ひとつには、内需拡大や企業人育成を目的とする資本の論理に従属すること、そしてその代償として教員に報酬にそぐわない過大な労働負荷を押し付けたりすることなど。もうひとつは、そこで喪失を余儀なくされる響存的な人間関係についてであるが、この点については、鈴木は次のように指摘する。

電子的匿名性に防御され、他者のまなざしを回避する対面的な場において、いかにして、ことばの生きた力を開放し、相互に他者のことばを互いの中に響きあう関係を産みだすことができるか、そうした独自の場と空間の創出の模索が学校論の課題になっている(17)。

なお科学の資本や国家の論理との関係について、鈴木は、一九世紀に近代科学が制度化され、明治日本にその「制度化された科学」が導入されたことに焦点を当て、「科学の制度化」とは、「科学者」の登場に伴う科学者の専門職業化、科学の普遍的適用性に向けての組織化・合理化、フォーマルな教育制度と標準的な教科書に基づく知的・技術的専門訓練の組織化（ディシプリン化）、さらには近代国民国家の成立と発展（国力増大）との符牒化を意味し、そのように制度化された科学が、産業化社会を強力に支える装置・機構として自己発展および増殖してきた、ととらえた。[18] このような批判的解釈に基づき、彼はさらにその克服のために、いわゆる科学の専門家の間での「閉ざされた円環」、「既成のパラダイムに統制された中での謎解きの未知性」「大企業生産管理方式の合理システム化の反映」などを問題化し、生きる場と時の回復、自前の文化の創造、そして前述の「共通の教養」を促す科学のアマチャリズムをオールタナティブな課題として提示した。[19] このような鈴木の解釈や提案は、「近代の超克」に沿った、いずれも現代社会における「身体、存在、構造」の根本に関わる社会実存的な在り様をも示唆する、意義ある見解および視座として受け取ることができよう。

ところで近代科学由来の功罪は、とりわけ人間の自然的生命を物理化学的に限定してやまない今日の医科学医療において典型的かつ直接的に表出される。医療とは、「無差別の治癒とケア」に基づく「共生の原理」に準拠すべき絶対的な世界である。しかし医科学を軸に組織医療として担われざるをえない現実のなかで、科学主義化、専門分化、権威化、資本主義化などに伴う患者の「唯物的支配」は避けられない。そこでは、医療者が「他者」である被医療者の生命に直接的に関わるだけに、功罪性は、不透明な部分もつきまとうが、おおむね明確なかたちをとる。[20] 患者の生体を対象化し「唯物的支配」に及ぶ医療者は、明確な「罪」の回避のためにこそ、その境界線上で戯れる「好奇心」や「欲望」なる情動を「共生の原理」や医の倫理にしたがい葛藤と自制においてバランスをとっているにすぎない。しかし、このバランス感覚こそが「科学教育」において不可欠であり、そこに医学・医療的な観点が要請される所以がある。

たとえば物理学や工学、化学や理学、天文学や気象学、あるいは科学の基礎学でもある幾何学や数学などの分野は、どちらかと言えば「好奇心」が突出することが多く、成果としての知見の発見やそれへの過剰な期待により、科学者達はしばしば「共生の原理」を脅かす放縦な態勢に陥る。医学イコール医科学という観念がドミナント化するなか、医学医療の分野でさえも、近代科学的衝動に促され、「人体実験」はいうまでもなく、とりわけ負の要因をはらむ危険度の高い臓器移植や遺伝子医療などにおいて、倫理的なブレーキが弱まり、前述のバランス感覚が見失われることがある。「共生の原理」を見失うことのない「科学教育」を実現していくためには、それゆえ「近代の超克」に従い科学自体の脱構築を促しつつ、同時にいかなる専門性においてもその自覚可能な、総合性、有機性、融和性、アマチュアリズムを含めたオールタナティブ性を軸とした新しい科学的視点を再構築していくことが求められる。そのためにも先ずは、従来の主要科目の概念を廃棄し、「共生－身体性の原理」に基づいた、「保健学」や「性教育」を含め、教科全体を見直していくことが必要となるであろう。

「共生－身体性の原理」とは、東西思想の止揚の契機をはらみつつ、何よりも西洋近代科学の批判的継承とその徹底においてである。近代啓蒙思想や近代科学技術の革新的な明の部面は、資本主義的矛盾や植民地主義的帝国主義に帰する暗の部面を内包しており、しかも現代の巨大科学技術をベースにした装備は、人類の命運を左右するほどに肥大化しグローバル化している。もはや文明対非文明とか、工業対農業、また資本主義対共産主義といったかつての二項対立的な構図は、そこではほとんど意味をなさなくなり、イデオロギーにおいても、リベラリズムやデモクラシー、またコミュニズムや「絶対民主主義」でさえも、いずれも自らの西洋近代の伝統を超える思想的契機を持たなければならなくなっている。そのような今日的事態は、文明的にも思想的にも、西洋近代科学の批判的な継承とその徹底が、東洋的な自然融合の宇宙観とともに視野拡大を促し、「共生‐身体性の原理」が地球の「核心」より発する「宇宙‐マグマの論理（節理）」との良き調和関係に入るべきことを暗示しているように思える。

メタファとしての「宇宙‐マグマの論理」とは、東西も南北も関係なく、引力に従い人類生命の意志や存続に直接関心関係もなく全方位的に、しかし地上の個々の存在を成立させ同時にその命運を支配しているマグマ自身の有する放縦な「意志（「気」）」であり論理である。我々人間は、「既成」の専門科学としての地学や天文学あるいは生物学や医学を通してそれぞれにその論理の一端を垣間見、解釈し対応しているにすぎない。にもかかわらず個別専門科学（技術）は、資本と国家の論理に翻弄され相互に対立しあるいは牽制し合い、「宇宙‐マグマの論理」の全体像に向き合うことなく、結果すべてが利那的対応となり、地球上至る所格闘と犠牲は止むことがない。学校教育の「科学教育」においては、存在生命の安全性に対する専門科学の発達を焦点に据えつつも、西洋近代の分科方式の断片的・画一的な学習の踏襲ではなく、何よりも「宇宙‐マグマの論理」に対応した「共生‐身体性」の原理に基づく、すなわち前述（同章第1節）の「地球環境教育」にも通ずるグローバルな、有機的・融合的教育でなければならない。それはすなわちマグマの破壊力に対抗する科学技術の高度化と、同時にその擬似的な核爆発を引きずり地球規模の破壊をもたらす原子力核装置からの脱却の教育‐学習であるべきことを示唆している。

4　体育教育批判

「宇宙－マグマの論理」に対応した教育は、地球上のセーフティネットとセーフティライフサイクルを保障するために、学校に「共生－身体性」をコアとした教育のプロジェクトを要求する。もちろんこの要求は、すでに分科式教科内容の制度化された現学校教育からすれば、途方もないものである。というのも現体制での身体教育は、「身体」を肉体的外貌や体力としてのみ抽象化し、教科科目としての「体育」をもって「体力づくり」という名目の下にのみ実施しているからである。皮肉なことだが、そのように還元され制度化された「体育」が、知育と区別され、学歴社会をも反映してマイナーな科目として扱われる一方で、「生活指導」や「集団行動」など、とりわけハードな管理面と連動し、学校教育の画一化と統制化を底辺から支えている。そこでは、したがって「身体」は侵犯・解体・支配され、「共生－身体性」の教育の余地が根こそぎ奪い去られてしまっているかのようである。

このような収奪には、直接的には体育教員や学校行政が関わっているが、究極にはその動力源たる国家・資本・科学・科学技術の論理および言説が重要な役割を担っている。資本主義的産業や国家権力装置の維持、強化、発展のために、いわゆる「富国強兵・殖産興業」を担う人材の育成は不可欠であり、自ずと「身体」は資本と国家の論理に適合した「からだ」に訓化されることが求められる。多くは、科学やスポーツのプロフェッショナルの「成果指導」によって、体格や体力の計量、測定、分析に基づき被教育者の画一化および序列化が推し進められ、「体力づくり」においては機械的な肉体と精神の高揚をもって「身体」や「健康」が一元的に解釈され語られる。さらに体育教師が「管理指導」の役目を負って、「集団行動」を通して支配（命令）―被支配（服従）の権力関係を秩序運動の爽やかさをもって学校全体に張りめぐらし、「生活指導（生活点検）」を通して科学的データや発達論をバックに、被教育者の自発的服従による新たな（心や愛、告白に関与する）支配の段階へと立ち入っていく。(21)

学校の体育教育が個々の身体を侵犯し解体し調教・支配するものであるならば、体育の教科内容よりもむしろ教科としての体育授業の存在の意味や意義自体が問われねばならない。解体－再編あるいは脱・再－構築がベストであるが、しかし現実はオールオアナッシングとはいかない。とすれば、せめて「共生－身体性」教育の、そのわずかな可能性に賭けるしかない。制度化された体育の教科内容において、個々の身体に関わる安全性や調和よりも挑戦や鍛錬が強調されるにしても、優先され選好されるスポーツ競技において、なおかつ「楽しむ」という側面がある。開放的なそのような「遊び」の感覚は、間－身体的かつ実存的である可能性を秘めている点では、制度化された教科の枠組みを超える契機を持つ。が、しかし知偏重の近代の分科教育システムの下では、それも結局付随的なものとしてしかみなされない。

教育の知的および技術的な内容は、時代の政治、経済、宗教、文化などの思潮が反映する。ヨーロッパの一貫せる自然支配の思潮のなかで、ルネッサンスを境に中世から近世へと支配の主体が神からその代理人たる人間に変わるとともに、教育内容も、神学の土台をなす「自由七科」から汎知主義へと知の範囲が拡大された。そして現代の情報化社会に至るとその範囲は、取捨選択の困難で「精選」の及ばないほどに拡大化した。このような知や技術内容の拡大や増大、その結果としての分科式教科体制の確立は、直接的には自然支配の観点に基づくギリシャ・ヨーロッパ－キリスト教思潮の影響によるものである。それでも古代ギリシャ・アテネに発祥した自由教育においては、私（公共）的自己教育が尊重され、特に体育教育ではスポーツを楽しむことが奨励されていた。

後世「体育」教育は、おおむね分科方式体制に組み込まれていくが、しかしアテネの自己教育的な概念もまた理念として継承されていった。近代に至る過程でも、たとえばルネッサンス期のヴィクトリノの学校では、精神的な学習の基礎条件として「体育」は、教育内容全体の統一における重要な分肢をなしているものとみなされ、「体」は心身一体的にみなされた。それは軍事目的の「訓練」や神中心の「教義」によるたんなる「殺戮マシーン」や「汚体」ではなかった。近代科学の発達とともに、身体はしだいに唯物的に還元対象化され、他方有史以来の軍事目的としての教練も避けられず、「体育」教育は両義的な教科として取り扱われてきた。……だが本義としての「体育」は、あくまでも自己教育の心身一体観がその思想的基盤としてあり、その点では東洋の心身一如思想に基づく、気や太極拳のごとき体操・体術とも通底する。

ただ、ルネッサンス以降の近代西洋では、哲学的には例えばスピノザ（B.Spinoza）やメルロ・ポンティ（M.Merleau-Ponty）による心身一体的なおよび世界内身体的な認識論[22]が見られたが、教育の領域でそのような総体的な観点の提起[23]はほとんど見られなかった。しかし現代では、ポスト・モダン的「近代超克」論の流れのなかで、分科式教育を超える「共生‐身体性」の教育がむしろ学校教科のコアとなるべきこと、および時代のテーマとなるべき理念をはらんでいることが確認されつつある。現代の学校教育体制において、その新たな視座に基づいた、身体論的な再編および再構築が求められているのである。なおその実現は、現学校教育における「身体‐身体性」の不可視化された、あるいは分断され抑圧された「構造／存在」をいかに復権し、解放（開放）するかにもかかってくる。新たなる「近代の超克」論に沿った間－身体的な教育をしこうするためにも、前述のルネッサンス期におけるホリスティックな観点をさらに脱構築し（絶対的主体のロゴスを脱落させ）、さらなる徹底において、すなわち「自然支配」の神や人間なる「絶対的主体」に代わる、東洋的「自然融和」と「共生の原理」に貫かれた心身一如の観点から、現「体育」教育を、また学校教育全体を見直すことが求められる。「体育」とは「身体を育てる」ということであるならば、自然に抗して肉体を鍛錬するような体育授業よりも、心にあらず身にあらず、かつ心にして身なる「気」や「空」の次元での、自然と一体となったたとえば前述の気功や太極拳などのような東洋的体操がせめて体育の教科として取り入れられてしかるべきと思われる。

前述したように、「体育」は古代ギリシャの時代より、本義としての「閑暇を楽しむ」スポーツとして、同時に国家の軍事力や防衛力を高めるための教練として推奨されてきた。この二つの面のいずれが優先的になるかは、主に時の当該国家の体制や世界の情勢によるであろうが、国家が国家であるかぎり、制度化された「体育」には、国力の増大や国家的威信の高揚がつきまとうことでは、少なくとも画一的な体力の鍛錬とその実施および登記は避けられない。そこでは自己教育的なスポーツさえも単位制となり強制され、それが現代学校教育に引き継がれている。国家的威信という点では、今や本末転倒ともいうべく、オリンピックの国家的栄耀を勝ち取るための予備校化現象が蔓延し、学校教育における個々の身体の開放（解放）がますます阻害されている。「メダル」体育教授の増産、オリンピック競技種目の重視。最近では、中等教育における「柔道」の「必修」化。これは本義たる体育教育にとって最悪である。セーフティライフサイクルという観点からしても、「柔道」のごときは、従来の「鉄棒」や「跳び箱」競技などとともに危険性を伴い、身体を損なうスポーツでしかない。ましてや強制的な鍛錬は、「共生－身体性」の教育にとってありえない。「鍛錬」や「体力づくり」にはたんなる肉体のみならず精神も鍛え心身ともに健康になる、という弁明が聞こえる。本当にそうだろうか。たとえば、その場合「精神」や「健康」とはいかなる了解であり、それは危険性の確率や個々の拒否意識を凌駕するほどの価値を有する、というかなる傲慢な心算に基づいているのか。いずれにしても、要は身体教育において、「身体（body）」をいかに理解するか、にかかってくる。現代社会では、心と体という二分立意識が浸透しているためか、かえって一体性を強調するフレーズや場面、たとえば体育教育の目標言説のみならず、法的な文言においても、さかんに「心身の調和」とか、「心身ともに健康」という言葉に遭遇する。が、その使用は漠然と自由教育の形式におもねっているだけで、「身体」についての明確な概念や解釈に基づいているわけではない。「身体」の何たるかを充分に理解しないまま、個別性を無視した肉体や無内容な精神を鍛えることだけが、「体育」教育の当為とみなすことは、余りにも貧困で危険な思考と言わざるをえない。

ケーン（J.K. kane）は、身体の概念について論考し、いわゆる体育教育における身体認識（body awareness）のために考慮されるべきファクターとして、環境への適応性や指向性の関与する体性知覚的次元、身体の境界に関わる実存的次元、そして身体の外貌や機能すなわち体型や満足度の評価に関わる価値的な次元の三つの次元を挙げた(24)。「体育」が身体性の教育であるために、せめてこのような個別のホリスティックな身体および身体性に関する理解が必要であろう。著者も、思想的・哲学的関心に基づくものではあったが、東洋的身体論をも踏まえ、ホリスティックな身体や身体性についてこれまで論考を重ね言及してきた。ここでは詳細な哲学的な論点には立ち入ることができないが、ケーンの論考をも考慮に入れ、改めて「身体の総体性」というスタンスから、身体教育について考えてみたい。

「身体の総体性」とは、端的にいえば、「身体」という言語性および実在性の概念形成において、多様な観点や論点を顧慮せざるをえない、という了解に立脚している。要するに、身体および身体性とは、先ずは何よりも心身一如に立つ「気」や「空」に関わる東洋的身体性、および解剖生理、肉体、体格、運動、体性的知覚など、いわゆる西洋医科学的疾病―健康観に基づきイメージされる即自的、二元的かつ唯物的な西洋的身体性の側面、次に間‐身体性、場の規定性、身体をめぐる言説、抑圧・管理に関わる政治性などいわゆる社会的側面、さらには内面性、現実性、存在の価値性などに関わる精神的心理的(唯心的)かつ実存的な側面、あるいはその他芸術的な側面などと、まさに多様な側面から総体的にとらえられる、ということ。当然このようなパースペクティブからは、現代の制度化された学校体育は遠景化されざるをえない。

だがここでも、オールオアナッシングの議論に「安住」することを現実が許さないとすれば、現(厳)存の教科に対し、実践的にせめていかなる「脱」(コントロール、改革、再編)が可能であるかについて、絶えず問われねばならない。たとえば、前述の「柔道」の必修化は拒絶すべき対象であるが、同様に必修化された「ダンス」については、「必修化」を別にすれば、舞踏のスタイルや運動の形態などに関わる体性知覚的な側面と、表現に関わる美的、芸術的な、またその表出に魂を込める心理情操的・実存的な側面が、さらにはチームとして協同し合う社会的なコンセンサスが同時に配慮される点では、「共生‐身体性」の教育の一翼を担いうる可能性を秘めている。ただし、そこに強制がはたらき「遊びの感覚」が失われるならば、元の木阿弥である。問題は、まさに社会的コンセンサスをいかに咀嚼するかにかかってくる。具体的にはそこでは、個人と伝統や民族、またナショナリズムやデモクラシーとの関係性が、さらには教育者としての資格制（特にアマチュアかプロか）に及ぶ議論は避けられない。とりわけスポーツと社会の間には、国家や資本の論理が絡むだけに、そこにはらまれる問題性についてつねに留意しなければならない。

ちなみに「共生－身体性の教育」を教育の民主化の一環ととらえる著者のスタンスからは、学校の「体育」教育において「デモクラシーの精神を養う」ことは不可欠となる。その培われた精神性やイデオロギー性をベースに民族性や伝統を表現していくという、そのようなスタイルでのコミュニケートあるいは指導が行われるべきと思われる。そのためには、その精神の知的な探究は不可欠となり、指導者の採用にしても、科学教育におけると同様に、国家的権威を身に纏ったプロやエリートではなく、以上の深い見識を身につけた「アマチュア」が優先されるべき、と判断される。いわゆるプロやエリートが指導者でなければ死者や怪我人を出してしまうなどといった、また国家の論理に従い伝統や民族性のみの突出した、まさに前述の「柔道」の必修化など、その点では重ねて教育にあらざる似て非なる策動と断じざるをえない。そこでは体育教育における、システムから個性への現代の「民主」主義社会のグローバルな傾向に対する配慮さえ見られないのである。いかなる粉飾を凝らした体育教育であれ、個々の身体性すなわち生命やいのちまた知的特性や感性を軽視しあるいは犠牲にするような過度の努力やスキルが求められるならば、体育教育自体の存在意義を否定することになるであろう。要はすべての教科内容の潜在的なコアとなりうる、そのような「共生－身体性」の教育に支えられてはじめて、「体育」教育もまたかろうじてその意義が確認されうる、ということにある。

さて以上の見解は、現学校教育が、主として制度化された体育教科と、その教科に適した体力の鍛錬とスポーツ競技にしか関心のない官製の「体育教師」によって担われていることからも、これまでと同様現体制下では夢想の類として一顧さえされない恐れがある。スポーツ校としての命運を託された体育教員は、体罰さえ「体力づくり」教育の一環とみなし、集団行動の訓練や生活指導に勤しむ体育教員は、育成や安全性確保という名目で、子ども達の管理と統制に専念する。もちろん、そのような指導や名目のすべてが不当であり欺瞞である、と言っているのではない。ただ少なくとも現学校教育体制下では、いかなる言動や思惑も、自覚的であれ無自覚であれ、そのように身体への侵犯や抑圧が不可避であるという、その認識の重要性を喚起しているにすぎない。

現体制下での限界を踏まえるにせよ、それでも子ども達の安全性が大事というのであれば、日頃の統制行動や訓練よりも、むしろ日頃の「場」の地勢や歴史性についての学習や緊急時の即応性のほうを重視すべきであろう。そのことは、先の東日本大地震の学校現場での悲劇(25)が物語っているではないか。いずれにしても横の信頼性の欠如した縦割りの現代の学校システムにさらに統制をかけるような訓練は、百害あって一利なしと指摘されても過言ではないであろう。現「体育」教育によってもまた、学校教育は「教育の死滅（形骸化）」の危機に晒されているのである。

残余の可能性に賭けられた「共生‐身体性」の教育は、いうまでもなく教育内容に及ぶだけではない。実践の「地場」である学校自体が、つねにその安全性が確保され、日頃いかなる行政からも独立し、自由で、開放的で、民主的でなければならない。そのためにも、「上」からの統制に対する抵抗と同時に、教育者一人一人が自らの日頃の自律した言動、同僚間の信頼の育成、「場」をめぐる情報の認知能力や即応能力の向上のための行動的な学習、そしてホリスティックな身体観に基づく個別の体力・健康のコントロールに心がける必要があると思われる。

〈注〉

（1）新旧「教育基本法」前文参照。

（2）戦争責任論については、とりわけGHQ主導の戦争犯罪および責任を問う東京裁判をめぐって、これまで様々な立場の人達によって様々に語られてきた。しかしいずれも、おおむね皇族出身の戦後初代首相の説いた天皇免責の「一億総懺悔論」か、それとも天皇にも（あるいはこそが）責任ありとする「天皇責任論」かのどちらかに集約される。著者は後者のとりわけ天皇こそが最大の責任を有するという見解に立つが、前者の「一億総懺悔論」にしても、説いた主体の出自からして不可能な相談だが、万一これが明確な責任の、要するにそこでの立場的な責任の質量的な差異が故意に避けられることなく明示されたならば、それなりの正当性をも見出せたかもしれない。質量的差異とはこの場合、天皇はもとよりいわゆるA級戦犯やB級戦犯達を含めた支配権力者達には戦争を始め主導した共犯的な刑事的重罪に匹敵する責任があり、また総動員体制を積極的に支持したあるいは従順たらざるをえなかった国民には、「支持」あるいは「許容」したという点での共犯的な道徳的責任が、さらに戦争反対を貫いた人達にも、たとえ不可抗力的であったとしても、そこには「止めることがかなわなかった」という政治的な責任がある、といった判断によるものであり、このような了解は、ほぼ柄谷行人の戦争責任論（『倫理21』、第九、一〇章参照）と重なる。なお、その責任の取り方については、加藤典洋やその他「良識的」なネオ・ナショナリスティックな人達の言うような、日本の謝罪主体を立ち上げるために、「総懺悔論」に依拠し、アジアの死者よりも先に自国の死者を弔うといった本末転倒の、まさに加害意識および反省薄き責任論は、ナンセンスである。いずれにせよ最大の問題は、責任の取り方の大前提としてそのような戦争主導の最高責任者である人物の免責を可能にするような制度や構造自体を失効解体させることにあった、にもかかわらず、当時の日米政府はその点をあえて不問にしたという点にある。

（3）コア・カリキュラムについては、社会科をコアとする考えに対して、反対に理科をコアとすべきとする考えもあった。

（4）一九八〇年代から今日に至る、「日本を守る国民会議」や「自由主義史観研究会」さらには「新しい歴史教科書をつくる会」などのネオ国家主義者達のスタンスや一連の教科書改竄の策動は、「東亜解放」という名の日本の対外侵略の正当化に及ぶ、自己・自国中心史観によって貫かれており、そこにはアジアにおける他者との関係が捨象されている。

（5）朝岡幸彦は、「グローバリゼーションのもとでの環境教育・持続可能な開発のための教育（ＥＳＤ）」（『教育学研究』第72巻・第4号、二〇〇五・一二、一一四頁）の中で、グローバリゼーションの負性を克服する主体として、魚住忠久らによるグローバリゼーションを担う「地球市民」とともに、地球市民であることからも疎外された（あるいは自ら拒否した）民衆、すなわち「マルチチュード」と「サバルタン」（スピヴァック）を挙げた。なお、この場合「マルチチュード」とは、第2章（注52）で述べたように、ラジカルな民主化を促すために共（協）同で活動する文字通り多種多様な、また「サバルタン」とは、「国際分業体制のもとで安価な労働力の提供者として搾取されている」ローカルな、まさにそれゆえに主体的であろうとする民衆を意味する。今後の課題を含め詳細は、朝岡の当論文を参照のこと。

（6）著者による宗教の概念・定義・本質などについての論考および見解は、拙書『医の哲学の世界史』一七〜九頁参照。

（7）詳細は、横田耕一著『憲法と天皇制』参照。なお「神道による天皇の権威化」のための皇室祭祀については、一三八〜五二頁参照。特に「皇室祭祀は、原則的に、法的には廃止されている『皇室祭祀令』に基づいて現在も行われている」（一四一頁）という箇所、またそれへの神道側からの接近については、「神社本庁に結集している神道では、そもそもの信条において、天皇との結合は中核をなしている。……天皇尊崇がこれら神道にとって不可欠なものであることが分かる。」（一四九頁）という箇所に留意。

（8）シュタイナーの教育論における基本構造すなわち「三層的世界秩序」（三位一体の有機体的国家観と人間観）に基づく「精神の科学（anthroposophy）」のめざす教育とは、人智学に基づく「宗教をもたない宇宙的人間性の育成」（『シュタイナー教育――その理論と実践』五三頁）に極まるとするならば、そこに未来の地球時代を展望する一つの精神的な意義ある視座を読みとることができるであろう。とはいえ、シュタイナーの「三層的世界秩序」論において、彼が人間を肉体・魂・精神の三位一体として身体論的にとらえた点は肯けるとしても、観念的および鳥瞰的かつ独断的なヨーロッパ中心史観に基づき、なおも近代国家観にとらわれ脱国家的観点を呈示しえていないということに関しては、また宗教観にしてもいまだ特殊性（たとえば輪廻・転生・カルマ観など）に拘泥しており、ひっきょう充分に脱構築できていないということに関しても、いずれも批判的な検証が必要となるであろう。彼の教育思想上の評価はむしろ、管理職の否定、教育の独立、競争や試験の否定、教科書不用など、ラジカルな「教育の民主化」にこそ向けられるべき、と思われる。

（9）ステンハウス（Stenhous, D）は、'Active Philosophy in Education and Science' の中で、現代社会における専門化され権威づけられた客観的な科学の世界を、クーン（Kuhn,T.S.）とともに、科学者集団の主観性や受容された技術および諸クライテリアの相対性に基づいたパラダイムとしてとらえ、その革命的転換（Gestalt switch）により、新たなスーパー・パラダイムの形成を、他方ヴィトゲンシュタイン（Wittgenstein,L.）とともに、同様の客観的世界をたんなる一つの言語ゲームとみなし、各々の内的意味（規則）の同一性を打破し変更し、境界なき家族的類似性や連続性に根差したゲームの探究を、いずれもオープンなコミュニケーションにより推進することを主張している。なお、地球全体の功罪性という点では、彼は、現代の科学技術は、再生不可能な化石燃料や危機をはらむ原子力への依存から脱却し、太陽や風力および水力発電あるいは生物学的なエネルギーの開発、推進に政治的かつ教育的な転換を図るべきと訴えている（pp.213-4）。

（10）たとえば敗戦直後に成立した、小倉金之助、坂田昌一、武谷三男、さらには星野芳郎達により主導された民主主義科学者協会によって体現されたイデオロギーは、近代科学の中立性や普遍性の信仰の下に、封建主義や軍国主義を批判し、「国民の科学」のための研究室の民主化を促すものであったが、「科学批判」は、いわゆる戦後民主主義の科学主義的イデオロギーを批判しあるいは止揚するスタンスを示していた。論客としては、広重徹や柴谷篤弘さらには梅林宏道や高木仁三郎達を挙げることができるが、中でも広重は、どちらかといえば国家による科学の制度化を必然的とみなし、人民によるヘゲモニーの掌握を考えたのに対し、高木は、原発などの刹那主義的科学技術による科学の制度化自体を批判し、同時にその産出の内発的主体性を担う職業的科学者達の責任を問うた（詳細は、『季刊クライシス4号』、特に中山茂「科学のパラダイムが変わった」五〜一五頁を参照）。

(11) 科学の限界については、中谷宇吉郎が、『科学の方法』（岩波新書）の中で詳述しているので参照。ちなみに、彼の、たとえば人間的要素の不可避性ゆえに万古不易の絶対的法則はない、とする科学的スタンスから、次のような言説が生まれる。「科学というものには、本来限界があって、広い意味での再現可能の現象を、自然界から抜き出して、それを統計的に究明していく、そういう性質の学問なのである」（一七頁）。「しかし自然のほんとうの姿は、永久に分からないものであり、また自然界を支配している法則も、そういうものが外界のどこかに隠れていて、それを人間が掘り当てるというような性質のものではない、……」（八〇頁）

(12) 高次元的な観点については、たとえば著者自身『医の哲学の世界史』の中で、「気」の唯心的かつ唯物的観点を超える高次元的なはたらきについて述べたので参照のこと。また、笛田宇一郎が、『身体性の幾何学』の中で、アカデミックな専門学（特に幾何学、数学、量子物理学、天文学など）や多様な事象の相互関係および関連について、各々の「究極」を明快なロジックに基づき洞察・分析し、さらに独創の「無限と反転の幾何学」において「質点」「虚体」「近傍」「遠点」「反転」「特異点」なる概念を駆使し、「三次元的空間」にとどまる近代科学的観点を超える高次元的な観点を提示している。超次元的で神秘的な面も覗かせるが、卓見の旨参照のこと。

(13) 巻末の文献参照。

(14) 右同書、一三一〜二頁参照。

(15) 右同書、一三〇頁。

(16) 右同書、一四六頁。

(17) 右同書、一五四頁。

(18) 右同書、一六三頁参照。

(19) 右同書、一七六頁他参照。

(20) この点については、『医の哲学の世界史』第三章「近代医科学の功罪」において詳述。

(21) なお、「体力づくり」「集団訓練」「生活点検」における個別身体への侵犯や被支配—支配の関係については、岡崎勝が『身体教育の神話と構造』のなかで、具体的かつ的確に批判しているので参照。

(22) もとより両者の心身論は、根本的に異なるパースペクティブによって生成している。スピノザはあくまでも合理的かつ汎神論的な観点から、心身を不可分の一にして二(思惟と延長)なる「神の属性」としてとらえたのに対し、メルロ＝ポンティは現象学的観点から心身を「現象の表裏」としてとらえた。

(23) ただし社会的身体性という観点から、稀少かつ貴重な提起として、佐藤みちよが「身体論の位相」(『現代の教育理論』)の中で、右記の岡崎勝の身体の能動的自発的被支配－支配の関係を踏まえ、学校教育における、「人間の完全性」(健康)を目的と定める「対象となる身体」、儀式(日の丸・君が代など)や序列や均質化(いじめなど)に関わる「集団としての身体」、さらに「濃密なる教育空間」を作り出すところの「対他関係としての身体」の、三つの身体的位相をとりあげ考察しているので参照。

(24) 'New directions in psychology of physical education and sport' Movement Studies and Physical Education, pp.107-8. 参照。

(25) 二〇一一・三・一一の東日本大震災の津波で、全校児童の七割近くにあたる七四人の児童と一〇人の教職員が死亡・行方不明となった宮城県石巻市大川小学校での悲劇。まさに、岡崎の「……、受動的な集団行動に終始している限り、かえってデマや指導者の誤りに気づかず、恐ろしい結果を招くのではないかと思われる」(『身体教育の神話と構造』一三四頁)という危惧が現実化したものと言えるであろう。

第5章　現代学校教育制度批判

1　大学教育の変質

第3章第2節で著者は、学校は経済的文化的および政治的な再生産－生産の装置とみなされているが、制度的には同時に統制・選別・排除の統合装置ともみなされる旨を述べた。生産装置ゆえに学校には一定程度の「自由」が認められているが、しかし統合装置としての学校は、そのような「自由」を事前設定し事後制限する、すなわち再生産－生産装置自体をも一つのコマにすぎなくしてしまう教権の「場」でもある。

現代の学校の統合機能は、主として国民国家の統合性に由来および基因するものではあるが、学校教育体制は大学・大学院を頂点とするヒェラルキー的な統合機能により支えられ、「教育界」という自由自律の幻想の相で成り立っている。小・中・高の学校教育は、大学や大学院の学問・研究の権威づけられた成果とその請負人（単位取得教諭）達によって規定（認定・保証）され担わされており、いきおいその予備校化は避けられない。現在に至る多くのアカデミックな学校論や教育論は、大学などの、初・中等教育機関の教員資格の単位請負教員（業績積載をめざす予備軍含め）によるために、とりわけ初等および中等教育での問題が中心となってきたが、そもそもの問題化の発端は、学校教育の頂点に君臨する「大学」にあり、したがって大学や大学院の在り様が問われないままでは、問題を矮小化するだけでその実像は闇の中である。

第1章第3節でも述べたように、今日の大学（大学院含む）の起源とみなされている一二世紀中世ヨーロッパの大学では、学問や教育を自由に研究し議論することがおおむね保障されていた。当初大学は、国家やキリスト教団などの現世的な勢力などによって保護され、兵役、課税、および寄付の免除といった特権が与えられ、教権もキリスト教勢力による認定に基づくものであったが、大学の与える学位はどこでも教えることの可能な資格（免許証）として通用した。このように大学に「特権」や「自由」が与えられていたが、それは学問や教育の内容が抽象的・観念的で「無害」あるいは実利的であったからであり、「保護」と「認定」の主体であった現世の勢力から完全に自由であったわけではなかった。しかし大学は、所与の自由のなかで批判精神を育て、人間の精神や自由さらには大学の在り様まで問いに付すようになり、しだいに独立した完全な自由を主張し、他の勢力と対抗するほどの、教員（教授）と学生一体の自治的な勢力へと発展していった。なお大学の自律性と社会的勢力との桎梏については、今日に至るも、大学論の主要な問題となり、課題となり、かつ命題ともなっている。

ところで当時大学において、抽象的観念的な人文学のみならず、実利的な医学の研究（特に解剖など）が盛んに行われ、特にルネッサンス以降薬学および化学や理学などのいわゆる自然科学の発達とともに、コメニウスの示したような汎知的な学問の研究や教育の場として、大学の社会に果たす役割が急速に大きくなっていった。当然大学への社会的要請も強まることになるが、大学が学問研究を主たる目的としており、とりわけ国家教育制度が確立する以前においては、未だ大学の独立性が守られていた。しかし近代の国家学校教育の生成とさらには資本主義の発達は、初等教育から民衆性を奪い、中等教育を媒体に両者を大学の「予備校」と化し、さらに学校知や教員をしだいに権威的かつ功利的にし、大学を独立独歩の学問の砦でなくしていった。そうして大学は、批判精神をも吸収する体制的な知と技術および情と功利の育成と研究・開発、またその「成果」を学校教育および社会全体へと波及するための、生産－再生産を担う統合装置としての役割を担うようになっていった。

ちなみに現代の学校教育のヒェラルキー的な体制は、学校管理および教育行政に関わる国家政治的勢力と、私立校を中心に教育内容や学校経営に関わる経済界や宗教財団などの巨大資本（資産）家階級勢力のコントロールの下で、「大学」を頂点に統合化され序列化されている。とりわけ巨大「資本」による「大学」の序列化機能に関しては、ブルデューも指摘しているように、「大学」自体が遺産として受け継がれた資本と現在所有している経済的・政治的資本に基づく社会的序列と、他方学問的権威や知的名声に基づく文化プロパーの特殊な序列が対立し競合し二つの正統化原理を組織している。(1) いずれにせよ、このような国家と資本の論理の貫徹し競合し合う、経済的、文化的資本の統合装置であるヒェラルキー的学校教育体制にあって、果たして、「大学」をいかにしたら生産的創造的知の自由な探究の場として解放（開放）し、その存立意義を紡ぎ出していくことができるのだろうか。

軍国主義により教育の死滅を経験した日本の大学は、戦後教育の「民主」化に従い学問や研究の「自由」がいくらか認められるようになった。しかし現在に至るも国家権力者達は、そのような外からの「指導」を新たな民主化への端緒や契機とすることなく、むしろネオ・リベラリズムとネオ・ナショナリズムの擡頭・結託に支えられ、政治、経済、医療、福祉と、あらゆる分野・領域を巻き込み、大学を頂点とする学校教育全体を「支配」し、その「後退」劇を演じようとしている。問題は、この「後退」劇が「逆行」という指摘を嘲笑する世論を形成するほどの新機軸を示しており、「民主主義」を非難しつつ、自らがその蓑を身に纏い自らの清新さを売りにする。そのような保守的権力層の巧妙な戦略は、ポピュリズムを装いつつ見事なまでに大衆を誘導するのに成功してきた。かれらは、「プチ・ナショナリズム」（香山リカ）ならぬ「ポチ・ナショナリズム」（天野恵一）を演ずることで、密かに石原慎太郎の「ボス・ナショナリズム」を目指す、すなわちアメリカ社会の「民主主義国家」というイメージの裏に巣くう巨大な資本と軍事国家の論理に追随し、対外的には軍事力強化を以てネオ覇権国家を、他方対内的には、学校教育を通して独自のネオ全体主義的な国家体制の構築を目論み、学問の実質的な自由をまるごと支配しようとしているのである。

戦後とりわけ「大学」において、かつて学生達はそのような国家権力の目論みや支配に対し、直情的かつイデオロギッシュに反応し、激しく抵抗した。したがって大学教育について論考する上で、この当時の学生運動、特に六〇、七〇年代の安保反対闘争を中心に展開された「全学連」による学生運動に対する「総括」と反省を避けるわけにはいかない。焦点となるのは、さしずめ運動の分裂、セクト化、教条化、そして破綻に至る、一連の組織論とイデオロギー論である。いわゆる一国主義（民青全学連）にせよ、反一国主義（三派系全学連）にせよ、基本イデオロギーはマルクス（レーニン・毛沢東・トロッキー）主義であり、したがって「帝国主義」や「国家独占資本」が主たる闘争のターゲットとなり、安保や大学授業料値上げに対する反対闘争に最大限の重心が置かれた。しかし肝心の「戦争責任」の追及や反「天皇制」闘争が、副次的なものとされたため、「三派連合」による、「世界暴力革命」をも是とする反スターリン主義や反帝国主義は、民族独立運動や無政府主義と結びつくことはあったとしても、他方「革命待機論」の「前衛党（日本共産党）」指導に基づいた、「民青」の民主主義的手法を重視するスタンスも、体制内的地位を獲得することはできたとしても、いずれも決して反ファシズムや反全体主義という、グローバルにしてラジカルな民主化の実現を目指し、「共同歩調」をとることはなかった。そこでは、GHQ主導の政策はおおむね「ブルジョワ民主主義」と見限られ、結局は戦前のマルクス・レーニン主義を「聖典」とする日本革命の運動と論理の復活が目指され、「前衛意識」の下使徒的－倫理決意主義が行動の規範となった。その結果教条主義者達により殉教精神が強調され、告白・査問・粛清が横行し、また聖典解釈の相異から党派的分裂や対立が激化し、いずれ愚昧な「内ゲバ」や凄惨な「リンチ」に及び自壊の途を辿っていった。なお大学闘争は後に形を変え、中・初等の学校へと運動が波及していったが、その「暴力」的な突出の継承は、前述（第3章）したように保守的支配層の攻勢を招くだけであった。

現代日本の学校教育の直接的な担い手といえば、教職員である。そこで、かれらをいかに支配イデオロギーの忠実な僕とし統合するかが、戦前・戦中の支配権力と密通するネオ保守的国家主義者達の最重要課題となる。何よりも先ず戦後民主主義教育に過度に毒された一部の官僚および多数の教職員――「分子」を体よく排除し、あるいはソフトに転向させなければならない。筑波大学方式のモデル化、大学改組（たとえば、東京都内の大学改組など）、規格化された新制大学の設立、教員採用時における業績裁定の変質（官僚・政治家・銀行マンなどの官製の業績評価の拡大など）に伴う事前の教員および知の選別と排除の正当化、また二〇〇四年度の国立大学の独立法人化施行に伴う国立大学の企業化（大学教員の私企業役員との兼職が、反対に民間企業からの大学教員採用が可能となるなど）と管理の徹底化（たとえば、学長の強大な権限の下、教授会の上に教育研究評議会や経営協議会を設定し、[2]日の丸掲揚の実施、管理・事務への天下りを奨励するなど）と、一連の支配層による外部からの自治侵犯の政策は、大学を国家・文科省と大企業の諮問および出先機関と化し、抵抗分子の拡散、排除を促す大きな成果を収めていると言えるであろう。

かろうじて支配層に残存するリベラルな官僚・政治家達による民主的な政策も、ネオ・ナショナリスト達の主導の下、急速にその変質・歪曲が余儀なくされている。かれらの究極の目的は、学校教育全体を支配し、すべての教員を「我々のイデオロギー」に従わせることにある。したがって、何よりも大学での教員養成時における内心の「統制」が重要課題となる。そこで大学教員養成課程の「師範学校」化が押し進められる。かつて天皇制軍国主義への全国民の教化に絶大なる貢献をし、さらに我が国の国民性の形成に大きな影響を及ぼしたのが、旧師範学校の教育であり、その先兵の役割を果たしたのが、当時の、権力に対してまるで従順で卑屈な、生徒達下々に対しては、「聖」なる仮面を被った厳格な偽善者、すなわち師範タイプの教員達であった。

戦後教育の民主化政策に伴う教員養成の師範学校から四年制大学教育学部（文芸学部含む）への移行は、大学自治を基盤にしたものであったが、かつての支配層・文部省は、師範温存の目論みに従い、文理学部を中心にしたアカデミックなリベラル・アーツ案に対し、教育学部の教員養成課程を中心とした技術主義的な案を推し進めた。[3]教育学部は、「全国連合小学校長会」からの団体の圧力要請もあり、しだいに教育実習が重視され、また総合大学からの分離・独立が促されるようになった。そうして旧制師範学校化が進むとともに、初・中等教育においては、教育委員の任命制、勤務評定の実施、指導要領の改訂、道徳教育の実施など、一連の「逆コース」的な改革が推進されていった。
そして現在、そのような縦の教育行政を推進し担ってきた官僚や実務家達は、筑波大学類似の教授会のない自治の弱体化した、まさにたんなる職業教育機関でしかない、そのような教職専門の大学や現職教員の再教育のための教員大学院（修士課程）を創設し、自らが大学の教員ともなり、教育界全体を支配の手中に収めようとしている。ゆゆしきは、学生選抜においても、とりわけ教員大学院では校長・教委の推薦入学などがまかり通り、結果従順な学生（教員）が優位となり、ひっきょう国定の指導要領や国家検定の教科書を画一的に教える、ただそれだけの「技能」にたけた権威ある実務教員が増産されていく、ということ。いずれにせよそこでは、つまりそのような大学・大学院ならぬ現代版「師範学校」・「高等師範学校」においては、豊富な批判力や判断力を有し、教材を自主編成しうるような「学力」や能力にたけた教員は育つことがないであろう。

ところで戦後日本の大学の変質へのエポックとなったのは、前述の国立大学の独立行政法人化である。その趣旨は、「金を出すが、口は出さない」という公的行政の本来のスタンスを、「口は出すが、金は出さない」という政策への質的転換を意味した。なお「金を出さない」ということになれば、学生数が学校運営に及ぼす影響が顕著となってくる。となれば私立大学同様、入学費の不当なアップ、学生数の「水増し」や「裏口入学」、あるいは推薦入学を絡めての収賄など、法律の間隙を縫いながらの画策が芽を出してくる。さらに深刻となってくるのは、管理化・功利化に伴う全般的な「教養的学力」の低下である。資格獲得を前提とした大学や学部であるならば、勢いそのためだけの職業訓練校となってしまい、大学教育の本来の目的も自由も喪失し、何よりも技能にたけただけの専門家を育成する機関へと変質していくであろう。大学の企業化や教育のビジネス化は、病院や医療におけると同様の限界や問題を持ち込み、汚職や収賄はもとより、産学共同による功利的知の支配、所得格差による教育を受ける機会均等の破壊と、その弊は尽きることがない。そこでは、教育の自由は、市場・経営の自由に置き換わり、大学はエリート企業人育成の工場となる。「就職」は現実的死活の課題ではあるが、その目的化は、たとえ不可避であれ、大学教育の存立基盤をも危うくするであろう。

また、私立大学における、前述（第4章第2節）の「宗教教育の問題」も軽視できない。現代の私立大学設立母体の多くが、特定の宗教（イデオロギー含む）団体であるため、ギリシャ・アテネの私学教育に見られた自由かつ深遠な知的探究が、特定の宗教や宗派の教義によって予め枠づけられ、その「特定」の枠をはみ出る教育者も被教育者も事前・事後的な強制的および自主的「排除」の対象となる。宗教であれ何であれ、大学が特権知の縄張り形成、すなわち特定教義や団体の教権と「覇権」の場と化してしまうならば、知自体の根本的かつ自由な探究が疎外され、大学としての存立意義を失ってしまうであろう。特定の宗教的な勢力が現世的な勢力を伴って大学教育に参入するという、そのような愁うるべき教育への「内心への侵犯」にも留意しなければならない。

大学教育の主要な役割が、教育の絶対的自由の下、来るべき望ましき社会を展望し想像（創造）しうる、そのための質の高い知の探究や創出にあるとするならば、資本と国家の論理に従属せざるをえないとしても、脱資本と脱国家の論理に沿った政治・経済的、思想・哲学的な、自由な知の探究ならびに教授が行われなければならない。また個々の私立大学においては、特定の宗教教義の講座を認めるとしても、同時に脱宗教的な知的探究と自由な教授を可能にする講座をも取り入れていかねばならない。その点では、諸科学の大学教育においても同様に、前述（第4章第3節）の「科学教育の再編」

に沿い、専門分化や細分化に伴う学問や知の分断化など、科学の論理やイデオロギーに絡む問題性を明らかにしつつ、たとえば脱科学的すなわち横断的かつ総合的な、というよりも教育の民主化においては何よりもラジカル（根本的）な知の探究を模索していくことも必要となる。そのためにも、たとえば大学の「教養課程」において、焼き直された既成の分断化された教科の寄せ集め教授ではなく、せめて専門的な樹枝へと誘う樹木の太い幹として、さらには学校教育のヒェラルキー体制の抵抗の裏面を形成するためにも、著者の提唱する「宇宙－マグマの論理」と「共生－身体性の原理」によるラジカルな教育および学習の指向（施行）可能な過程が考慮されてしかるべきと思われる。

ただこのような試みは、硬直した現大学－学校教育体制下においては、幻想でしかないかもしれない。イリッチも指摘するように[4]、中世の創始された頃の大学は、「発見や新旧の観念についての議論の解放区」ではあったが、現代の大学は、教授の威厳とか管理が先行する、たんなる既成の権威ある知や情報知さらには現世的で体制的な知の研究とその「成果」の売買の場と化している。現代版「仕官」し出世するための教権の世界において、すなわち公的な地位を獲得した文献学者や御用学者とそのような知を拝受する自主性のない学歴や肩書および資格を得ることのみを目的とした従順な学生を産出するためだけの無味乾燥した集合体において、もはやいかなるラジカルな試みも頓挫せざるをえないのではないだろうか。

2　翼賛と義務教育

今日の大学を頂点とする学校教育のヒェラルキー体制は、学歴資格教育とともに義務教育制度に支えられ、国民に翼賛意識を植えつけている。次にこの点について考えてみたい。

小学校・中学校の生徒を対象に、全国一斉の学力テストが実施されるようになって久しい。競争原理に基づく学力の全般的向上が目的ということではあるが、実質的には一部エリートの「学力」向上にしかつながらず、成績の「発表」は、学校間や生徒間の格差や差別を増大させ、さらには地域格差さえ発生させている。これは、全国一斉試験のみならず学校内の統一試験から全国共通一次試験に至るまで、現在の日本の教育界を覆う受験体制全般に関わる問題である。「偏差値教育」「学歴主義社会」「東大信仰」「エリート校」「学園都市」などの用語の発生や、塾・予備校などの受験産業の存在と繁栄は、まさに学校教育体制に翼賛し、「受験教育」になだれ込む今日の性向や動向を物語るものと言えるであろう。

いうまでもないことだが、受験教育と学歴社会は一体のものであり、したがってそもそもの問題の発生源は、学校教育にあるというよりも、そのような「学歴」を偏重する社会にある。とりわけ学卒と資格の結びつきや「学歴」イコール学校歴（学問歴ではなく）であることの暗黙の了解が、学校間の格差を生み、子どもや若者に屈折した情動意識を植えつけ、とりわけ「底辺校」での学校内の荒れを深刻なものとしている。学校教育への翼賛的な体制下にあっては、「試験」とは、確かに生徒や学生の「学力」を観察・評価し「公平」に振り分ける一つの有効かつ客観的な手段や方法であり、たんなる統計的な数値である「偏差値」の活用もまた、合理的で「公平」な、それゆえ不可避の方法となる。しかし、仮にそうだとしても、それはいかなる「学力」を評価するかによってその意味や意義が大きく異なって現れるであろう。

学力とは一体何であるか。それは少なくとも、受験にしか通用しないような多くの知識や、日本でしか通用しない「偏差値」によって測られるような知識の習得量や習得能力ではないであろう。予め枠づけられ設定された教科書や参考書の中での知識を前提に評価される学力とは、おおむね被教育者の、そのための暗記力や記憶力あるいはまた認識力などの能力でしかなく、そこでは総合関連的、批判的かつ創造的能力はほとんど問われることがない。とすれば、現代日本の学校知すなわち細部の多様な情報に支配された知、そのような知や知識中心の学力観を対象および前提にした、まさに「出世競争」のための禊ぎとしての受験制度に一体どれほどの教育的な意味や意義を見出すことができるであろうか。詰め込み方式や競争原理に依存した今日の学校教育システムを反省しての、上からの「学習指導」というかたちで施行された「ゆとり学習」や「総合学習」などリベラルな学習法の学校教育への導入でさえも、結局は破綻せざるをえなかったのは、学力観自体を根本的に見直すことのないままに理念ばかりが独り歩きした結果ではなかったか。

試験のためだけの、および偏差値を上げるだけのための勉強。試験が終われば忘却するような、ただひたすら目的とする高校や大学に入学するためだけの知識や学力。もちろんそのすべてが、たとえそれが害毒と思われても全く無意味・無意義であるはずがない。そこからすべてが始まるという、それゆえにローティの指摘する、その国の初等教育での、読・書・算（3R's）を始めとする基本的かつ「保守」的学習は避けられず、とするならばその評価のためのテストも不可避となる。問題はしかし、無数・無限に存在し広がる、そして片時も増加してやまない「知識」の量に対し、いかなる「知識」を基本的なしたがって「人」として学ぶべきあるいは身につけるべきものとし、それをどのようにして判別し選択し、どのような方法で教育すべきかという点にある。このような配慮はしかし編成する主体の意思によって大きく左右される。ちなみに今日の日本の学校教育にあっては、その主体は個別の現場の教育者というよりむしろ、自治体・教育委員会・文部科学省および保守的な学者達である。ゆえにカリキュラム編成にはたとえば新たに「日本の伝統・文化」[5]のような新しい科目が必修化されるなど、かれらの恣意的な意思や意向が直接反映される。また教育の方法においても、教材や教育者中心の「教科カリキュラム」に基づく保守的文化財に対する注入教育が支配的となり、たとえば被教育者中心の「経験カリキュラム」に基づく学習法などは、とりわけ日本の閉鎖的な学校教育においては、児童中心の放任主義と結びつけられ敬遠される。

ところでいくらかは問題解決能力や総合的かつ創造的思考力が試されるというPISA（国際学力調査）において、フィンランドの子ども達は毎回相当力を発揮するが、かれらが受ける学校教育はかなり自由かつ鷹揚で、「社会に出てから活きてこそ学力」という考えが支配的と言われている。そのような学力とは抽象的で、個々によって解釈や判別に大きな隔たりがありうるが、少なくともそこには即時的かつ細別的なその都度のチェックを必要としない、学力に対する深い理解と信頼があり、したがって必修などといった強制や競争のための試験制度や習熟度別編成授業などは必要がなくなる。当国の初等教育では、あくまでも読・書・算と「お互いの身を守るため」の基礎的・基本的な授業を中心にした、「異質生徒集団」の下での平等で、教育者があくまでも専門的なサポータであるというスタンスでの自主的な学習が尊重され、生徒のみならず教育者や学校までも競争させるような、無意味かつ害悪しかもたらさない「標準」化された一斉の「学力テスト」などは行われない[6]。

学力を身につける上で肝心なことは、まさに何を何のためにどのようにして学ぶかであるが、このその都度のかつ永遠なる問題、命題、課題はもとより相対的で、その点ではある意味幻想性を伴っているわけで、学力も同様一生かけてそれなりに身につけるもの、また身につくものである。したがって学校は、そのための基礎となる知識や技術の学びと、「偏差値」や試験では表象も評価もできないような、総合的有機的な知識や学力を産みだす批判的、創造的で多様な能力を発揮しうる自由な公共の「場」でなければならない。遺憾ながら現在の日本の硬直した受験制度と閉鎖的な学校教育制度の下では、そのような実質的な学力の向上は望むべくもない。学力イコール学校知という、学校教育に翼賛した社会通念（幻想や信仰）に依存する貧困な社会にあって、一体ある時期の、多様な条件の下での、しかも予め枠づけられセット化された知識の解釈や詰め込み暗記させられた知識量を以て評価される、そのような「偏差値」教育や受験制度によっては、権威意識やエリート意識のみ高いあるいは一面的にしか物事を思考し判断することのできない人物を輩出したとしても、一生涯をかけて謙虚に「学力」向上を目指す人物を育てることができないであろう。問題は国民の翼賛的な体質にあるが、そのような体質を支えているのは、現代の、何よりも資格と義務の制度と結びついたヒエラルキー的な国家学校教育体制であることを忘れてはならない。

義務教育制度とは、国民を一定期間強制的に一定の教育機関に就学させる制度であり、それは聖徒的発想に由来しつつも、一九世紀末から二〇世紀末にかけて、ヨーロッパ近代国家の成立、発展に伴い、統一国家としての国力を高めるために軍事的、経済的あるいは政治的に要請され、世界各国の学校に普及していった。近代国家の発展は、軍事的には、科学技術化され機械化された（聖なる）暴力装置を駆使しうる近代的な軍隊を、経済的には工場制資本主義生産様式を支える労働者群を、また政治的には代表制民主主義を支える公職選挙制度を担うことのできる市民を必要とし、そのために国民として共通の言語や文字の修得と、基本的な算術能力および知識や技能を授けることを目的に、いわゆる普通教育の義務化が進められた。したがって名目教育の目的に掲げられた被教育者個々の人格の形成とは、所詮国家の精神に適うかぎりのものでしかなかった。

「国家のための義務教育」という点では、明治維新以後の中央集権的日本の国家においても、当初より明確であり、そこでは子どもの人間性とか人格性とか、あるいは個人の幸福の追求は、国家の利益や国力増進という「崇高」な目的に結びつくかぎり認められるにすぎなかった。国家は義務教育の内容に重大な関心を払い、教科書をあえて国定にし、教科内容も統一的に編成した。義務教育はまさに国家のための国家教育の実施にこそあった。もちろんその統合の枠内でのみ近代ヨーロッパ的自由や人権が認められた。大正デモクラシーの時期には民主的な考えの教育者達も輩出し、マイナーではあったが、綴り方教育運動、新興教育運動、北方性教育運動、生活学校運動、「教育科学」研究運動など[7]、国権的な教育に抵抗する民主的で革新的な運動も見られたが、それも天皇制国家の下にあっては、やがて絶対的軍国主義義務教育へと吸引され、壊滅していくことになった。

戦後日本の義務教育は、繰り返し指摘したように、当時アメリカ政府のダブル・スタンダード（自国益と民主主義配慮の教育の敷衍）と日本国政府のシングル・スタンダート（国家教育の連続性の保持）の下、際立って両義的な偏向制度として始まった。すなわちそれは、国家的（当時政府の）思惑や憲法の精神の絡んだ、したがって象徴天皇制統一国家保守のための、また国民一人一人の人格形成とその権利行使の保障のための義務教育という、当初より両義的で矛盾した制度であった。それゆえ当時の日本の教育行政は、アメリカの民主教育制度を受け入れつつも、戦前壊滅された民主的な教育運動の復権をはかることとさえせず、ひっきょう形だけの民主教育を推進することになった。そして現在、その傾斜は急峻を極め、普通教育を担う現場教員の「日の丸・君が代」強制は過酷を極め、また抵抗主体であったはずの教員組合は、分断されあるいは翼賛化されつつある。なおも教育のラジカルな民主化を求める教育者達はマイナー化され、しだいに「日の丸」に敬礼し「君が代」に涙を流し、子ども達をあらぬ方向に誘導していく、あの軍国主義の聖なる使者たる師範タイプの教育者の群れが、再び学校教育全体を覆おうとしている。

戦後日本の義務教育は、少なくともその原則的な真意はいかなる強制とも無縁のはずであった。当初学校教育は、六年間から九年間へと義務期間が延長され、同時に国家政府の思惑とは別に、主権在民の憲法の基本的精神および教育基本法により、義務のとらえ方に一八〇度の転換が示されていた。関連の、憲法と改訂前の教育基本法における諸規定を示し、この点について確認し、さらに規定自体の問題点にも言及しよう。

・**憲法第二六条**

①すべて国民は、法律の定めるところにより、その能力に応じて、ひとしく教育を受ける権利を有する。

②すべて国民は、法律の定めるところにより、その保護する子女に普通教育を受けさせる義務を負う（ふ）。義務教育は、これを無償とする。

・**教育基本法**（旧法）

第三条「教育の機会均等」

①すべて国民は、ひとしく、その能力に応ずる教育を受ける機会を与えられなければならないものであって、人種、信条、性別、社会的身分、経済的地位又は門地によって、教育上差別されない。
②国及び地方公共団体は、能力があるにもかかわらず、経済的理由によって修学困難な者に対して、奨学の方法を講じなければならない。
第四条「義務教育」
①国民は、その保護する子女に、九年の普通教育を受けさせる義務を負う。
②国又は地方公共団体の設置する学校における義務教育については、授業料は、これを徴収しない。

なお改訂後の「義務教育」規定では、九年という年限がはずされ、「国家及び社会の形成者として必要とされる」基本的な資質の養成が、また学校教育への国家や地方自治体の関わり（役割分担）が強調されることになった。改訂前の教育基本法の義務教育規定では、憲法第二六条を前提にさらに基本法の教育の機会均等規定をも受けて成立していた。端的にいえば、被教育者（保護される子女）には、ひとしく普通教育を受ける権利（学習権）があり、国民は、それを保障する義務がある、ということである。国民とは、この場合先ずは直接的保護者である親権者であり、さらに地方自治体および国の職員に当たる。ここで注意すべき重要事項は、この義務教育の「義務」とは、被教育権に対する義務を意味し、民主主義教育の「主人公」である被教育者にとっては、普通教育は権利の対象[8]であって、義務のそれではない、という点にある。そこにまさに義務（強制）から権利への一八〇度の転回があった、ということ。しかしそもそも折衷的・恣意的判断の可能な曖昧な規定であり、結果この度の国家意思や支配権力の介入を認容するような義務教育規定の内容改訂は、より一層この転回を不可視化してしまった。

ところで義務から権利への「転回」に関連し、日本国憲法と教育基本法に通底するもうひとつのイデオロギー、すなわち近代教育に基づく能力主義が問題となってくる。憲法第二六条および基本法とも、国民の被教育権として「能力に応じた」教育が強調されているが、義務教育規定においては、ただ「普通教育を受けさせる義務を負う」とだけ述べられている。それはおおむね、被教育権は個々人の能力に応じて行使されるべきであるが、義務教育は個々人の能力を問うことよりも、国民すべてがひとしく社会人として社会生活を営むに必要な基礎的な知識や技能を身につけうる普通教育が行われるべき、という判断によるものであろう。しかし義務教育は権利を前提に成立しており、そもそもこのような別途規定は適切ではない。何よりも権利と義務の関係が曖昧なままに、被教育権にのみ「能力に応じた」という文言を添えること自体問題がある。このような曖昧な規定を背景に、「能力に応じて」や「能力に応ずる教育」、さらには「能力があるにもかかわらず」といった文言のみを取り出して、能力別および習熟度別教育の正当性を主張する学校が続出するのも、翼賛の受験体制下では自然なことでもある。

「能力に応じて」とは、「多種多様な個的能力に応じて」と解釈されるべきという、良識的な意見もあるが、しかしそもそもその用語の意味合いは「教育」という言葉の概念の中に含まれているのであって、「能力」という言葉をいかなる規定もないままにあえてなぜ特別に強調したのかが問題となる。それは、推測するに、諸規定作成者達自身の潜在意識に能力エリート主義的要素が宿っていたからではないか。もとよりこれらの文言すべて不要で削除されるべきものであるが、この度基本法を改定した勢力は、我田引水の解釈（前述の能力主義的解釈）が可能であるゆえ、以上の文言はそのまま手をつけず残したのであろう。そこで結局、普通教育の義務期間である小学校や中学校の教育においては、教育者はいかなる能力差別もなく、被教育者の全てがひとしく基礎的な学力を身につけられるよう義務づけられるが、義務教育ではない高等学校普通科の教育においては、能力や習熟度で区別する教育の実施に関しては、少なくともそこに明確な法規定がないかぎり、各高等学校の自由裁量に任せるしかない、ということになってくる。本来の普通教育の観点からするならば、そのような教育が正当化される根拠はどこにもないが、皮肉にも被教育権からの「能力に応じた」教育への要求を踏まえ、習熟度別・能力別学級編成も成立しうる現状がある。

しかし、だからと言って高校を義務化すれば、より一層翼賛体質を強化することになるであろう。問題は、近代教育イデオロギーに根差す学校教育への翼賛的な受験体制、すなわちそのような能力主義的な編成を必要とする子どもや親同士、そして学校間で競争を煽る、「偏差値」中心の日本の学校教育、および受験教育体制や学歴主義社会にこそあるということを忘れてはならない。ましてや学校や教室内部のトップダウン方式の貫徹する制約された自由の下で、さらに義務制を強めるならば、より一層子どもの心身を疎外し疲弊させることになるであろう。

3　教育行政のファシズム

シュート（C.Shute）は、『義務教育という病い』[9]の中で、次のように学校教育を批判している。

「ファシズムや全体主義権力の思想は、まさしく、国家の内側から発生したのです」(三二頁)

「学校教育こそが、ヒットラーやムッソリーニのような道化者が闊歩する社会をあたりまえのように受け入れていった精神的基盤を、つくりだしているのです」(四八頁)

「ナショナル・カリキュラムはファシズムに根っこをもっている」(一一二頁)

学校の義務教育は、自覚無自覚にかかわらず、また積極的消極的にかかわらず、結局は、管理し選別し統制し序列化し支配する側に立つ「教師」達によって子ども達に差別意識と奴隷根性(従順で卑屈な心)を植えつけ、さらに必修科目の指定や分科方式の教科科目、およびナショナル・テストなどを配するナショナル・カリキュラムによって、全体主義やファシズムを助長する環境をつくりだしている、というわけである。となると、義務教育の存在自体が「害悪」の骨頂となるが、それでも現実を踏まえてせめて子どもの学ぶ権利を守るための「義務」ととらえ、そこに本義としての教育の可能性を見出そうとするならば、もはやラジカルな民主化の遂行しかないであろう。

学校教育が義務であれ権利であれ、結局はいかなる民主的な教育がしこうされているか、である。トップダウン方式の統制された学校教育において、もはやいかなる義務も権利も、全体主義的な形骸化した「教育」を支えるだけの空しい法制的観念でしかなく、まさしく「子どもを駄目にする」ほかない。とすれば、現在の日本の学校制度を解体させるか、せめて第2章第4節で述べたオールタナティブな教育、特に日本でも根づき始めたフリー・スクール[10]のような教育－学習のオプションを社会制度的に認容させ、一切の公的学校教育に対する義務制を解除させるかしか、「教育の形骸化(死滅)」

を防ぐ手立てはないのかもしれない。現場中心の自由な教育、教育委員の公選制、壁のない教室、生徒相談・生徒処遇・教材選択のための民主的な学内審議機関（現場教員、教員組合代表、学校長、〈教育委員会〉、〈PTA会長〉、〈教科書会社〉、……）の活性化など、このような民主主義教育の基本的条件さえ充たすことの不可能となってしまった現代日本の学校に、もはや民主化への残余の可能性もないのだろうか。

現代日本の教育行政は、国家の意思の反映された教育政策を指導目標として、その実現を使命としている。そこで展開される政策・政治の主体はしたがって、主権在民の建前としての国民の代表を装う、「院政」の国家権力とその「諮問機関」である。事実、現実の教育の政策決定に関わる政治過程においては、現場の教員は一切蚊帳の外で、中央や地方自治体の議会や行政などの政治家や官僚達、直接的には文部（科学）省と教育委員会の人達によってすべてが推進される。この悪しき伝統は、「教育勅語」体制に対する反省の稀薄な戦後の政府・支配権力者によってもたらされたものである。かれらはGHQの占領政策が終わるやいなや、国家権力を強力に発動し、教育行政の運営を指導・助言から統制・監視へと強め、民主的な教育委員会法の廃止と地方教育行政法[11]の制定、さらに教育委員会委員選出の選挙制から任命制への切り替え（一九五六年）へと、矢継ぎ早に反動的な政治を行った。

教育委員会の保守的権力による支配は、自ずと各学校への規制を強め、教員の主任制度を導入し学校管理を縦割りにして強化し、教育課程については完全にこれを統制し、今や教科書の検定制度さえも有名無実化されようとしている。また、かれらは「教育基本法」を戦前・戦中教育とさらに親和的な内容に改訂しようともくろみ、その前哨として、基本法精神に反する「愛国心教育」をすでに学習指導要領の中に刷り込み、さらにそれを根拠に、「日の丸・君が代」の強制、「愛国心通知表」の導入、愛国心メッセージである『心のノート』(河合肇)の教材化などを推進し「内心の自由」を侵犯していった。[12] そうして、ついに基本法改定を現実化させるに至ったのである。

改定前の「教育基本法」第一〇条〈教育行政〉の一項では、「教育は、不当な支配に服することなく、国民全体に対し直接に責任を負って行われるべきものである」と規定されていた。戦前戦中の軍国主義の介入を牽制しての文言である点では、民主的な観点や精神に即するものであった。しかし抽象的な表現であることには変わりなく、つまり「不当な支配とは、どのような支配なのか」「それでは正当な支配なら良いということか」、また「国民全体とはどのような層を前提に規定しているのか」といった問いには、何ら答えるものではなかった。それゆえに当初の文言の真意に反し、保守的支配層やネオ国家主義者達は、日教組こそが不当な教育の介入を行っており、我々の教育政策行政は、国民全体に対するまさに正当な指導である、という都合の良い詭弁を通用させることになった。そしてその余勢からかれらは、基本法改定により「国民全体に対し直接に責任を負って」という部分を削除し、代わりにわざわざ「この法律及び他の法律の定めるところにより、」という文言を挿入し、さらに教育行政の権限・役割が明確に規定されていた同条二項の「教育行政は、この自覚のもとに、教育の目的を遂行するに必要な諸条件の整備確立を目標として行わなければならない」を削除し、先に続けて「教育行政は、国と地方公共団体との適切な役割分担及び相互の協力の下、公正かつ適正に行わなければならない。」とした。支配する主体と責任の所在および対象を一層曖昧化するだけではなく、教育行政の権限と役割を無限定に拡大したのである。今や、法律制定を通しての無限定な学校教育―教育内容への行政介入が可能となってしまった。

基本法一〇条に根差していた当初の精神からすれば、たとえ曖昧な面をもっていたとしても、そもそも行政による教育への指導や支配もありうるとするような誤った解釈や詭弁は成立するはずもなかった。同条一項の主語である「教育」とは、あくまでも現場の教育主体である教育者や被教育者（保護者や市民をも含めての）による教育であり、その教育内容の全体を言表している。したがって、「不当な支配」とは、「直接に責任を負って」行うことの不可能なそのような現場性の稀薄な権力からの支配を意味し、その最大限遠隔にして最大の権力機構である行政による教育への介入は明らかに禁止されていたのである。

ここで「稀薄」や「遠隔」という、尺度の曖昧な概念を示す言葉を用いたが、それは、「介入」の有無の判断や各々行政の教育への関わりの質（内容）的かつ量（程度）的許容限界および範囲の判別をどの辺りに設定するかという、そのような規定作業自体が困難であることを物語っている。それゆえにそこに我田引水の詭弁や弁解が入り込む隙間ができる。特に問題となってくるのは、教育の現場に最も近く最も色濃く関与する「教育委員会」の存在である。現場のそれぞれの学校教育が民主的、自主的に運営できるように、「環境整備」を中心に民意を反映して有機的連携を高めていくところに、「教育委員会」の本来の存在意義や役割があった。そのための教育の地方分権であり、教育委員の公選制であったはずである。しかし「任命制」への切り替えとともに、権力の介入を公然化し、地方分権の全体主義化とともに、今や「教育委員会」は権力の出先機関か諮問機関か、いずれにしても有名無実化の死滅状態にある。その端的な例が、東京都や大阪府などの大都市を中心に推進されている教育行政のファシズムであり、それは、学校教育を「学校の崩壊」という事象よりはるかに深刻な事態へと追い込んでいる。

このゆゆしき事態は、周知の「日の丸・君が代」をめぐる国家主義保守派の強圧的な攻勢によって、最も先鋭に惹起した。戦後日本の教育の民主化は、学校儀式における軍国主義・国体原理主義の象徴であった「日の丸・君が代」の掲揚・斉唱の廃止を改革の蚊帳の外に放置した。そのつけが、戦前の政権を引きずる、掲揚・斉唱の徹底推進を目論む行政側の攻勢を許し、それを阻もうとする現場教員集団との間で激しい争いを生み、まさに学校現場を修羅（板挟みによる校長の自殺や処分をめぐる憎悪など）と化した。国家主義的保守派は、巧妙にも自らが招き最大の責任を負うべきこのような「事態」を逆手に取り、代表制議会民主主義の限界に便乗し、民主化の不徹底の穴を「反民主」なる掲揚・斉唱の法制化によって強制することで埋めようとした。そしてこの保守派の反動的画策が、「教育の死滅」への決定的なターニングポイントになった。

一九九九年の「国家斉唱・国旗掲揚」の法制化を皮切りに、保守反動派は学校教育全体を急速にファシズム化していくことになった。先ずは、石原東京都政下において、二〇〇〇年に国家主義化した東京都教育委員会が全国に先駆けて教員評価制度を導入し、現場教員の自律性や協働性を喪失させ、その上で二〇〇三年には、起立斉唱を都下の公立学校教職員すべてに義務づけ（「通達」と「実施指針」）、二〇〇五年に、卒業式に君が代斉唱で不起立の教員および子どもが歌わなかったクラス担任の教員達をすべて大量に処分した。後の被処分者達による不服訴訟も、結局は、二〇一一年五月、最高裁での「起立命令・合憲」[13]の初判決により、棄却された。続く同年七月には、東京都と北九州市の教職員による最高裁に対する三件[14]の「君が代」起立不服訴訟も、同様の合憲判決となり退けられた。こうして司法にあっても国家内民主主義の限界を突きつけられたのである。

いずれにしても、司法による「合憲」判断を加勢に、都下から全国へと公立学校に処分の嵐が吹き荒れ、教育行政のファシズムが一気呵成に推進されることになった。中でもその先兵の役割を担ったのは、橋下大阪府政であった。橋下徹知事の主導の下、公立学校の教職員に入学式、卒業式での君が代斉唱と起立を義務付ける全国初の条例を、二〇一一年六月に大阪府議会で成立させ[15]、しだいに違反者に対しては厳罰を以て処する態度を明らかにしていった。後に最高裁の判決[16]で重い免職処分などについては見直しがはかられ、一端は歯止めをかけられたが、国歌斉唱の有無の確認を口元の動きでチェックし、違反者に対しては研修会などで徹底的に「改心」させるなど、軍国主義時代さながらの「ファシズム的狂気」の沙汰の顚末に至っている。[17]

軍国主義や侵略戦争のシンボルである「日の丸・君が代」に抵抗を感じる思想・良心の自由よりも、教員の基本的人権を圧殺する職務命令の方が正当であるとみなす、そのようなもはや行政機関の露払いにすぎない裁判所とはあるいは司法とは、一体いかなる存在か。憲法の精神や三権分立に対する見識さえも疑われるレベルの低さではないか。今まさに事態は、東京都の教育行政に倣い、橋下徹の主宰する大阪維新の会を中心に、式典における「日の丸・君が代」の強制にとどまらず、教育者の教育の自由をまるごと抑え込む方向へと、すなわち「教育の死滅」という事態へと加速している。

このような急進的な反動化は、すべて石原都政が都教育委員会を自らの「諮問機関」としたことに始まった。堀尾は、このような現下の東京都政の諮問機関となった都教育委員会による、新たな管理システムの特徴について述べている。

新たな管理システムも動き出している。それは都教育委員会の権限強化を軸に、区、市の教育委員会、そして校長、教頭に加えて主幹制度を導入しての管理システム化を計り、教職員を政策

の実行部隊として位置づけ、その管理、監督を強める位階制の徹底、上命下服のシステム化にその特徴がある。(18)

橋下府政もまた、かかる東京都政－都教育委員会の施策に倣い、府教育委員会を府政との一体化改革の対象とした。橋本達は早速、条例の追加制定により首長に教育委員の罷免権と学校教育の目標策定の権限を与え、教育行政全般を委ねることによってすでに民主的中立的な体をなしていない教育委員会を、さらに合議制さえも否定する行政の付属機関にしてしまおうと画策した。かれらはまた現場教員の自由な発言や裁量を認めずして、学力成果主義をもって教員を評価裁定（一律五％程度の教師を最低ランクの「D」評価にしなければならないと）し、行政に対して従順であること（「社会通念上、不当な態様で要求などしてはならない」）を条件に保護者に学校運営や教員の評価に協力を求めるなど、学校教育を「教育の自由」の欠片も見られない、まさに「教育の死滅」の状態へと追い込んでいる。

総じてネオ国家主義的権力者達は、教育の強制により教員の思想的自由を侵害し、学校教育の自治を無視し、子どものまた地域の個性を失わせ、外を見ることよりも内側の監視にあくせくする画一的で閉鎖的な学校教育を生み出そうとしているのである。しかし教育者の思想的・信条的自由や協働性なくして、子どもや被教育者の自由は守りえない。かれらに少しでも「教育とは何か」について考える意思があるならば、せめてデューイの次の言葉に耳を傾け、その意味するところを嚙みしめてもらいたいものである。

成熟したおとなとしての教師には個人としての自由はあってはならないとしながら、他方、子どもたちは個人としての自由をもつことが尊重されなければならないという考えは、あまりにもばかげており、反駁する気にもなれない。(19)

4　抵抗勢力の迷走・破綻

戦後日本は保守支配層の圧倒的攻勢のなか、革新的な抵抗勢力は漸次後退、分裂、倒壊に及び、国家の国家化がもはや不可逆的な様相を呈するまでに、日本社会のあらゆる分野領域を侵犯し覆い尽くしてしまったかのようである。国家の国家化、すなわち対米従属の「半国家」としての「屈辱」を、対米従属を通して「完全国家」を目指すという、そのようなネオ国家主義的権力者達の屈折した「野望」は、対外的には、対アジア侵略の戦争責任・戦後責任を曖昧なままにグローバルな世界権力と結託し、対内的には、おおむね天皇制の下皇国史観的な文化や伝統を「国民」に押しつけ全体主義化をはかることを指向（嗜好／志向）している。

近年、政治の分野において、戦後日本の政治を牛耳ってきた自民党中心の保守政権が、かつての革新的な労働団体をバックに有する民主党中心の政権に変わり、いくらかは「革新への幕開け」を期待させる「出来事」があった。だがそれは、臨死患者の一時的な「見せかけの回復」でしかなかった。(20)周知のように、その政権は、自らの政権維持のために、しだいに当初見せたいくらかの革新性の片鱗さえ喪失し、たんに自民党の代役を遂行するだけの政権党へと転落し、その支払った代償の重さに耐えかね分裂し自壊していった。その顛末が「反動」的な自民・維新の会の圧倒的な勝利の前での壊滅的な敗北であったことは、くしくも民主党政権の一連の見せかけの革新的動向が、「急右旋回」への露払いにすぎなかったことを物語っている。

国家の国家化に伴う総保守化の政治動向は、いうまでもなく保革攻防の政治の場面の中だけで生成されたわけではない。それは何よりも、戦後の資本主義経済の発達が、七〇年代から八〇年代にかけてのいわゆる高度経済成長の時代をピークに国民生活の総中流化をもたらし、貧困層に対しても余剰分の「配当」を以て消費生活の向上を促し、労働者はもはや闘わずとも豊かな生活が享受できる時代が到来したかのような実感と幻想によって支えられていた。また生産様式や生産関係の部面でも、巨大工業資本と金融資本を中心としたグローバルな高度資本主義経済の下での、資本と生産の管理システムの向上・変容が、資本主義初期の資本家と労働者という階級的対抗軸を不可視化し、支配と被支配の構図を不透明なものにしてしまったことも大きな要因となっている。もちろんそこには労働組合運動のバックボーンでもあった共産主義や社会主義思想の破綻や「共産主義」国家に対する幻滅による影響も無視できない。

そのような趨勢のなか、かつて革新派の最大の支持母体でもあった労働組合は、労使対抗軸の不鮮明化とともにしだいに闘いの目的を矮小化し、たんなる企業・組織内厚生団体となり、なお闘う労働者の防波堤になりうるか、あるいは企業支配者主導の労働者の分断化（正規労働者の序列化と見せかけ管理者の増員、および派遣や臨時の非正規労働者の増加に基づく）攻勢により、存続自体を危うくするか、いずれにしてもその変質形骸化および解体は必須の状況にある。皮肉なことだが、既得権に胡坐をかいた公的な労働組合もまた、経済の低成長期に至って新自由主義陣営からの「革新」的な鉄槌（たとえば民営化や行政の緊縮など）を受けるほどに自浄と共闘の能力を失い、自ら変質し弱体化していった。労働運動や労働組合の変質・退化は、学生運動にも及んだ。高度経済成長期とほぼ軌を一にするようにして、大学において全共闘運動がピークを迎えたが、本章第1節でも述べたようにその主たるスローガンは「安保反対」に集約され、ラジカルな大学批判の中にはいくらかは脱「近代」的な指向性も有してはいたといえ、抵抗の激しさに比し思想的皮相性は避けられなかった。その結果「非武装中立」は画餅の夢想となり、運動はますます暴力化・教条化し、しだいに変質衰退していった。

繰り返し強調するが、抵抗勢力の戦後の最大の運動目的は、何よりも戦前・戦中からの強固な連続性(「日の丸・君が代」・天皇制ナショナリズム)に対する断絶要求でなければならなかった。その意味では、社会の民主化が最優先課題としてあったはずである。とすれば、当時アメリカの日本社会の民主化と戦略的従属化というダブル・スタンダードに基づいた占領政策に対し、前者の積極的な受容と後者に対する抵抗の、その間の腑分けを明確化していく作業が理論的にも実践的にも求められるべきであった。しかるに抵抗勢力は、反「安保」の対米従属に対する闘いが、沖縄を戦略的要衝地としたアメリカの帝国主義的世界支配に対抗する闘いであったにもかかわらず、闘いの最大の理論的武器がマルクス・レーニン主義であったためにもう一つの最大の帝国主義覇権国家ソビエト連邦に対し批判が向けられることなく、たんなる反米ナショナリズムに陥ってしまった。結果、皮肉にも批判の対象となるべき全体主義を二重に内在化してしまったのである。

くしくも当時学生が口にした「自己否定」や「自己批判」とは、本来たとえば自らも大学の権威を身にまとう被規定的な現存在であることの自覚に及ぶ、「自分がどのような社会関係の中で、どのように形成されてきたかを自己凝視し続ける精神」[21]に基づく言葉であったが、しだいに外在的な権威(絶対的存在、党、組織、教義など)のみに準(順/殉)ずる自己犠牲や処罰のごとき、宗教的・教条主義的な意味に使用されるようになり、皮肉にも国家支配権力類似の全体主義的な指向性を自らに内在化させることになった。それゆえまた、「反スタ・反米」のみが連呼され、「共産主義」およびその国家のはらむ全体主義的野蛮性が看過されることにもなった。なおこのような抵抗勢力のアイロニカルな時代のあるいは白らの動態に鈍感な、余りにも教条的な運動の皮相性と「落丁」の象徴が、日本社会においては人質を介しての「よど号・乗っ取り事件」であり、「浅間山荘立てこもり事件」であった。しかしこれらの負の事件、すなわち前者については、当時の教条主義的な若者達が目指した夢の共産主義国家北朝鮮の存在が、今や日本の対外的軍備増強と対内的全体主義化を推進する保守勢力の最大の口実となり、原動力にさえなっているという、また後者についても、教条主義的な若者達による「倫理」主義に基づく粛清が、ひっきょうスターリンやポルポトによる大量粛清・ジェノサイドや中国共産党による覇権的他国侵略など、共産主義イデオロギーを奉ずる勢力によるファシズム的蛮行の縮図でしかなかったという、いずれもアイロニカルな、戦慄の「出来事」や事態に直面して、ようやく抵抗勢力にも大きな反省とラジカルな転回（展開）が促されることになった。民主主義や民主化の思想・イデオロギーの復権は、そのようないずれもの負のアイロニカルな事態からの脱却を求めて、および全体主義のアンチテーゼとして唱えられ始めた、のである。

戦後日本の学校教育において最大の抵抗勢力であったのは、日本教職員組合いわゆる日教組であった。学校教育は、なおも国家的な「滅私奉公」のイデオロギーを抱える強固な連続性を有する保守勢力の支配が直接的に及ぶ領域・分野であった。立て続けに実施された一連の「反動」的な、トップダウン方式の強力な管理政策は、まさにその証であり、教育の民主化を標榜する日教組は、必然的にその対抗手段としてラジカルな反対運動を組織し闘いを展開することとなった。しかし、そんな日教組もその他の領域での労働運動と同様に、一九九四年の自社政権の誕生（戦後の終焉）を契機に、文部省とパートナシップを組み、学習指導要領の法的拘束性や大綱的基準性の承認に同意し、「不当な支配」を正当な支配として受け入れるに至り、抵抗運動はしだいに後退し、体制内化していくことになった。そうして、今日の教育基本法の改訂の下地が作られていったのである。

そこには、保守層の圧倒的な攻勢や高度資本主義化による社会生活の変容といった外在的な原因だけではなく、内在的な原因、たとえば支配層の「間違った愛国心」に対し、日教組幹部が「正しい愛国心」を対置し、結局「愛国心」を心的に受容するなどのような思想的な陥穽や限界により支配層に対する妥協と内部分裂をもたらすということがあった。さらに内在的な面でいえば、学校教育論についての理論的および思想的なレベルでの後退、陥穽、限界についても言及しないわけにはいかない。何よりもその場合抵抗理論であるべき根拠の分散化と薄弱化が問題となる。とりわけマクロ的な国家権力とミクロ的な国家組織内権力それぞれの、また両者の相互関連性の解釈や主張の相異が、抵抗勢力内の分裂や分散の原因となった。ミクロな権力に疎いマクロ権力論、反対にマクロな権力への対抗軸のないミクロ権力論（たとえば「脱学校論」や一部の「近代超克論」など）あるいはアンチ「進歩・民主」論など、いずれもそれぞれ理論的なあるいは実存的な歴史的感性や観点の欠落をはらんでいるが、なおも自覚の「強度」で評価するならば、戦後の教育の最大の「目的」を世界大戦の反省に基づきとらえるマクロ的反権力論の論点は、最も外すことのできない思想的基盤を保有していると言わねばならない。とすればかかる論点に対し、批判的継承の範疇を逸脱し、たとえばニヒリズムやシニシズムあるいは傍観主義に陥りがちなその他の論点からのたんなる揶揄は、抵抗勢力を弱体化させるだけとなるであろう。

「教育の民主化」という本筋を見誤らないためには、抵抗理論であることの根拠を明確化し、自体の一貫性と強度を絶えず担保しておくことが肝要となる。すなわちあくまでもミクロ的権力を通して自らの欲望を実現していくマクロ的権力、すなわち国家権力による縦の教育行政権力に対する抵抗の理論であること。周知のように、支配権力の強度は、国家内の全体主義と民主主義の濃度差、換言するならば民主化の濃度によって決まる。たとえば、北朝鮮のごとき「共産主義」国や戦前の日本同様の軍国主義国などの全体主義あるいはファシズムの国家においては、濃度測定器の指針は、右すなわちゼロの方へはるか振り切れてしまう。今日の象徴天皇制を拝する日本社会もまた、「教育勅語」を復活させようとする勢力が強まるなか、その指針が右に過度に振れつつある。なお抵抗理論として、そのような支配装置の権力性とともに問われるべきは、抵抗勢力のイデオロギー性についてである。とりわけ戦後六十五年の日本社会の右旋回に絡む、西欧啓蒙思想に対する皮相的な捨象と無批判的継承が、すなわち前者については「民主主義」の捨象が、また後者についてはキリスト教－ヨーロッパ思想中心主義の踏襲が、抵抗勢力のイデオロギーを教条化させあるいは過激化させ、アイロニカルな事態を発生させ退行を余儀なくさせているという、かかる思想的な経緯について、あえて喚起と反省を促したい。

一時期、抵抗勢力の中で、堀尾教育思想のような人権、自由、平等および正義を根本理念に持つ民主主義教育思想が、観念的ブルジョワイデオロギーや形式的西欧近代中心主義的イデオロギーを基盤に有する教育思想として、一種軽蔑的なまなざしで見られることがあった。確かにそこには「国民教育」としての、また「西欧近代」の進歩主義的なパラダイムに収まる、それゆえの限界や批判されるべき難点はあった。しかし批判的継承ならぬ「共闘」精神の欠如した非難や揶揄は、革新的な観点や言論の弱体化に拍車をかけ、皮肉にも新たに擡頭してきた保守勢力（新しい国家主義と自由主義の連合）のイデオロギー攻勢を補強することになった。問題は、対堀尾批判イデオロギーのいずれもまた西欧近代主義的なパラダイムの限界枠内にあり、その伝統の継承の上に成立しているという事実に余り自覚的ではなかった点にある。その結果、非難や誹謗の憂き目にあった堀尾民主教育思想に刻印された、情動的覚醒およびその政治性に対する読み取りを誤ってしまった。そしてその誤りが現代にそのまま持ち越されている。民主主義を旗印に掲げる集団や組織の、異質な言語や思想をもついかなるアプローチや批判をも拒絶する閉鎖的な体質や、あるいは反対に真逆のイデオロギーに媚を売り見かけ上の民主主義的なポーズをとる欺瞞の寛容に、その悪しき踏襲を読み取ることができる。

ネオ国家主義者にとっての「伝統文化」とは、結局は万世一系の皇室と家制度を基礎に持つ、二千有余年の日本大和民族の生活様式に核心を置くものであり、ゆえに「伝統の尊重」と「愛国心」と「天皇制」が安直に結びつけられ語られる。その上で芸術も、仏教やキリスト教などの宗教も、さらには科学でさえも包み込む超宗教的な国家神道に基づき、「宗教的情操の涵養」が唱えられる。このようなすべてを包み込むとする諸宗教の宗教すなわち超宗教的国家神道とは、文字通り国家と政治支配のために、すなわち支配者側が、権威を調達するために自らを絶対化せしめ創出した神話にほかならない。しかし、その神話に体制仏教やキリスト教などの宗教が、またキリスト教歴史観を伝統に持つ西洋近代主義やいわゆる社会主義までも、網にかかろうとしている。象徴天皇制問題とは政治歴史的な問題であると同時に、まさに宗教的情動的な問題なのである。

もはや象徴天皇制の「定着」した現在、たんなる異議の申し立てや反対の意思表示だけでは、学校教育における「異端」排除に歯止めをかけることはできないであろう。司法での闘いも軽視できないが、抵抗イデオロギー自体の思想的かつ宗教的な点検ははるかに重要となる。そのひとつに、そのような「宗教的情操」を徹底して還元していく方法、すなわち前述（第2章第1節）の、現象学的方法を超えた徹底した、アプリオリないかなる予備、前提、観念をも無化する、強力な〈無への意志〉と被規定的自覚に根差した「空的還元」がある。そこでは、いかなる権力や権威、既成のいかなる制度やイデオロギーあるいは伝統や慣習、さらには常識や良識も例外なく全面的に無化され、そのような徹底した絶えざる空無化や還元ならぬ還元によって継承と享受の可能な思想や制度が、間－および共－身体的存在性の下に再構成、再構築されていく。換言するならば、それは、日々新たな垂直なるものの水平なるものへの知の還元と産出の作用であり世界観でもある。

今や保守連合は、学校問題の責任の全てを負わせた「戦後民主主義」を「人質」にとりいつでも捨てられる状態にし、後は憲法を改訂（より一層の改悪）し有事を待つあるいは重ねる、ただそれだけで何の抵抗もなく「戒厳令」を発動しネオ全体主義国家へと移行させることができる、そのための準備を整えた。とはいえ「民主化」がグローバルな動向を示しているかぎりは、かれらにとって嫌悪の対象でもある「戦後民主主義」を担保に、自らも指向（志向／嗜好）する全体主義の、その完成態を示す諸々の「共産主義」国家を非難する権限（資格）を留保しておく必要がある。かれらのこのような自己矛盾的かつアイロニカルな事態や関係性を弁えた巧妙な暫定的「戦略」は、ある意味合わせ鏡のナショナリズムの憂鬱に陥らないための、すでに破綻した論理に拘泥する確信犯的な類のものでしかない。

このような状況下にあればこそ、抵抗勢力は、改めて世界の現軍事政権国家や「共産主義」国家の全体主義に対する批判が、同時に日本国家における全体主義国家化に対する批判・抵抗につながるような、「戦後民主主義」自体の限界を超えるラジカルな「民主化」運動を展開していかなければならない。それはおそらくは、幅広いすなわち前衛も後衛もない脱党派性や無党派の党派性および脱宗教性や無宗教の宗教性、すなわちアンチ全体主義、脱天皇制・天皇制神道、民主化に基づいた営為や闘いとなるであろう。また同時にそれは、すでにグローバル化した資本の論理「貿易・投資自由化（市場化・民営化）」がＷＴＯやＩＭＦおよび世銀の下で、「富と権限の集中」[22]「非効率」「格差拡大」「環境破壊」などをもたらす、多国籍企業・大資本に基づいた論理や勢力に対抗する、ラジカルな民主化を目指す労働者運動やＮＡＭ[23]のような消費者運動と、無政府的な民衆の越境的連帯を軸にしたＮＧＯ活動との、国家や学校の内外を超えるグローバルな大同団結的な抵抗や闘いとなるであろう。

なお「越境」とはいうまでもなく、安倍政権の目指す「地球儀を俯瞰する戦略」のような、覇権的権益的グローバル化とは明らかに正反対なものである。教育基本法改訂と特定国家秘密保護法制定に続き、憲法の一層の改悪・集団的自衛権の制定という最悪の切り札が切られようとしている事態に、我々は今直面している。新たな「国家総動員体制」の確立をめざす保守的大勢に対抗して、いかにその勢いを食い止めることができるか。「近親憎悪」の罠に陥らない、そして集中力を切らさない、広範かつ多様な批判や抵抗が要請されなければならない。「教育の民主化」もまた、そのような解放的な抵抗の理論と実践にかかっている。

〈注〉

（1）『ホモ・アカデミクス』九四頁参照。

（2）「教育研究評議会」とは、かつての「評議会」を変更したものであり、学長、指名された理事および部局の長で構成され、学長が議長を務め、教育と研究に関わる事項の審議を行う機関である。一方、「経営協議会」とは、学長、指名された理事および任命された半数以上の学外者によって構成され、同様に学長が議長を務め、予算、給与、経営などについて審議する機関である。なおそのような、議長として最大の裁量権を持つ学長の選出は、現場の教員の投票ではなく、学内と学外の少人数で決定され、任命権、解任権とも文科大臣が有していることから、自ずと、時の支配権力に卑屈で、権力志向の強い人物がなる可能性が大きい（以上の大学の「管理」強化および企業化については、特に荒井一博著『脱・虚構の教育改革』を参照）。

（3）石倉一郎著『教師聖職論批判』一〇五～七頁参照。

（4）『脱学校の社会』七五頁参照。

（5）これは、「公共の精神」と「伝統の継承」を強調した、このたびの改訂版基本法にも明記（前文）されている。

（6）福田誠治著『競争やめたら学力世界一』に詳述。なおPISAについては、特に二〇～一頁参照。

（7）大正デモクラシーの教育思想や運動に関しては、民本主義（吉野作造）に基づいた改良主義的なものから、ラジカルなプロレタリア教育の実践（脇田英彦）まで幅広い展開が見られた。組織的には、新興教育運動と教育労働組合が結びつき、教育史上最初のラジカルな教育運動が展開された、が後に弾圧を受けその思想性を継承し新たに生活学校運動や生活綴り方運動などの文化運動が誕生した。なお生活綴り方運動の方針は、北日本国語教育連盟による北方運動（東北農村から生起）の指導理論に由来しており、そのリアルな文化運動には、系統的な科学教育と教育実践が重視された。いずれの運動も連動しており、当初はかなりラジカルな面を内包していたが、ひっきょうファシズムに順応していくことになった（主として、『教育の人民的発想』を参照）。

（8）この点について、堀尾が『教育基本法はどこへ』六九頁で、「教育を受ける権利」は「教育への権利」ととらえるべきで、それはたんに「教育を受ける」のではなく、要求し享受し拒否する権利である、と明言している。

(9)巻末の参考(引用含む)文献参照。なお彼は、この著書の中で、現代教育の目的を「近代の複雑な民主主義社会を生きるのに必要な、成熟した市民として大事な人格的要素」(四八頁)の育成にあるとみなし、その育成を疎外してやまない学校教育による教育の危険および死滅を問題にしている。

(10)アメリカ全土で展開されるようになったフリー・スクールが、日本社会において一九八五年に奥地圭子が「東京シューレ」を開設して以来、一種の補完制度として、その言葉とともに定着してきた。

(11)なおこの度の「地方教育行政法」のさらなる改「悪」(二〇〇七年)は、改訂版「教育基本法」第一六条の「……、教育行政は、国と地方公共団体との適切な役割分担及び相互の協力の下」で行われ、「地方公共団体は、その地域における教育の振興を図るため、その実情に応じた教育に関する施策を策定し、実施しなければならない。」(新設3項)という趣旨に従ったもの。

(12)「愛国心教育」については、特に高橋哲哉が『教育と国家』第二章で適切かつ的確に批判しているので参照。

(13)当時東京都立高校に勤めていた元教諭による、当学校長の職務命令違反(不起立)を理由に自らに下された処分への不服申し立て訴訟に対する、二〇〇一一年五月三〇日の最高裁第二小法廷での上告審判決である。最高裁は合憲理由を、学校の式典での起立斉唱を「慣例上の儀礼的な所作」「国旗・国歌への敬意の表明」であると説明し、そこでの思想・良心の自由の制約の主な合理的および必要性の根拠を、すでに明文化された国旗・国歌法とそれに準拠する学習指導要領に求めた(『朝日新聞』、二〇一一・五・三一、参照)。したがって教職員達に起立斉唱を命ずる校長の職務命令は、思想・良心の自由を保障した憲法一九条には違反しないという判断となった。

(14)三件のうち一件は、不起立を理由に定年後の再雇用を取り消された都立高校の元教員一〇人が提訴。残る二件は戒告などの処分を受けた北九州市の小中・養護学校の教職員ら計一七人と教職員組合が提訴した(同右紙、二〇一一・七・一五)。なお、合憲理由は、右先例に準じている。

(15)「君が代条例」において、国旗は府の施設で執務時間に掲揚するとし、国歌は、学校行事において教職員は起立により斉唱を行う、としている(右同紙、二〇一一・六・四、二九、参照)。

(16)国歌・国旗に対し起立も斉唱もしなかった公立学校の教職員らに下した東京都の懲戒処分をめぐって、

当の処分のあり方が争われた訴訟の上告審判決で、最高裁は二〇〇一二年一月一六日、「戒告は裁量権の範囲以内だが、減給・停職は、慎重に考慮する必要がある」という判断基準を示し、処分の一部を取り消した（同右紙、二〇一二・一・一七、参照）。

(17) 司法による〈指揮命令－指導＝制裁〉から〈指導助言－同意＝強制〉への転換は、似非民主的態勢に基づく公的教育支配の正当化を追認し補強するものでしかない。

(18)『東京都の教育管理の研究』一〇頁。

(19)『経験と教育』九三頁。

(20) 当初の「事業仕分け」や靖国神社参拝中止を党是とする政策など。

(21)『「無党派」という党派性』一〇頁。

(22) 詳細は、佐久間智子「自由化という名の世界戦略はどう展開されてきたか」（『インパクション：121』一〇八～一一六頁）参照。

(23) New Associationist Movement の略。柄谷行人や浅田彰達の推進する消費の場において資本の論理と対抗する協同組合的な活動。かつて著者の批判した「批評空間」での「停滞」、その超出ゆえに期待がかかるが、限界も明らか。ただ反天皇制運動など他のラジカルな運動との連携しだいで新たな展開が生まれるのではないか、と思われる。

第6章　職務・実存・システム

1　職と実存

　教職は医療職と同様、かつて長らく「聖職」とみなされてきた。病院は患者の生命に、そして学校は子どもをはじめ被教育者の「成長」に直接関わるだけに、かかる職の実存の意味と責任の重さは大きく、聖なる解釈にはそれなりの必然性があった。また専門職自体が中世ヨーロッパにおいて聖職とされており、したがって教職を聖なる役割と専門性をもった職業としてみなしてきたことには、それなりの正統性もあった。しかし現代民主主義社会においては、そのような呼称はまるで適切ではない。

　そもそも「聖職」とはキリスト教の牧師に対して「神聖なる職務」として呼称されていたものであり、いずれにせよ呼称自体宗教的恣意性に基づくものであり、少なくとも現代社会で宗教的な職務以外で使用されることは到底適切とは言えない。何よりもそのような宗教的・恣意的な観念を持ち込むことは、本来公共的であるべき学校や病院を「私物化」および「特殊化」することになるからである。軍国主義時代の師範学校で教職が「聖職」とみなされていたのは、天皇制神道への信仰という恣意的な宗教イデオロギーが背後にあり、支配者達によってことさら強調されたからである。その意味では、それは教育への政治権力による侵犯ではあったが、その呼称には私的かつ特殊的な整合性があったわけである。今なお保守政権がこの言葉に拘るのも宜なるかなである。しかしいうまでもなく、「主権在民」にして「信仰の自由」が保障されなければならない戦後民主主義社会および教育においては、当然「聖職」という呼称はナンセンスである。

ところが、戦後抵抗勢力の一翼を担っていたはずの共産党までもが、一九七四年四月一七日号の『赤旗』で、「教師は聖職と言われるべき一面を持っている」と述べ、宗教的イデオロギーの「私的特殊性」を受容しその役割を認めた。反体制的イデオロギー集団の政党化（公党化）は、政権獲得のために、国家的権威の受託という「踏絵」に対する抵抗意識を弱めざるをえなかったということか。後の象徴天皇制受容の布石となった共産党のこのような聖職論の認容がきっかけとなり、教職の定義をめぐって日教組をはじめ他の野党や革新政党の間で激しい論戦が繰り広げられることになった。争点は当初、教職は聖職か教育労働者それとも「専門職」か、などといった皮相的なものであったが、しかししだいに「教師」の専門的特殊性の評価にも言及されるようになった。とはいえ、それは、「聖なる言葉を「知徳がすぐれ人の手本となるさま」といった派生的な意味で解釈して教職の特殊性に相当させ評価するなど、共産党の一面聖職論を擁護するものでしかなかった。

当時他の革新政党からも批判されたように、「教師」を聖職とみなす見解や立場をとることは、何よりも職業に貴賤観を持ち込み労働一般の価値を損ない、また保守政党・自民党の師範タイプの教師像を認めることにつながる恐れがあった。また当時ほとんど論点にならなかったが、前述したように聖なる言葉の使用にからむ宗教のイデオロギー性にも問題があり、その使用の「妥当性」は少なくとも憲法や教育基本法に照らし論ずべきであった、と思われる。批判的言説の根拠が、マルクスの「労働価値説」や経済主義的進歩史観であったことが、肝心の論点を不可視化しさらなる追究を不可能にしたとも言えようか。そもそも「教職」について経済的観念をベースに宗教的文化的に粉飾し語るようなスタンスは、近代ヨーロッパ形而上学的伝統たる唯物と唯心、科学と宗教の単純な二元論に依存するものであり、その踏襲はもはや時代錯誤でしかない。またすでに生産様式や生産関係および資本や労働の形態が高度に発達、複雑化し、大きく変容した現代社会においては、従来のような階級的な観点や労働者的観念からのみ「教職」について論考し定義づけていく、そのようなステレオタイプの還元論からも自由になる必要がある。とすればどのようにとらえるのがよいか。多様な観点が可能であるが、あえて教育「主体」である教育者自身と被教育者に対するそれぞれの観点に焦点を絞り考えてみたい。

先ず前者に焦点を合わせるならば、岡村達雄の解釈および了解[1]とも重なるが、さしずめ教員および教職とは、知の「要請」と「創造」に関わる多様な「社会的エージェント」であり、国家の論理をあるいはそのヘゲモニー装置である公教育を、たんなる構造決定論的および階級還元主義的な静態的な関係論ではなく、あくまでも規範、実践および実体の相互関係を基礎とする意志的かつ過程的な制度としてとらえ、それら相互の間で行われる規範の再実践、再対象化という主体性に関わる存在および職業として考えられる。他方後者に焦点を合わせるならば、それは、教育者が被教育者に対して過去・現在・未来の精神や文化に、ある種アドバイザーやコーディネーターとして教導的・補導的に関わる特殊な専門職としてみなすことができるのではないか。

いずれにしてもそこでは、「聖職」なる観点の入る余地はなく、したがって不当な権威づけは排除される。しかし専門的な「特殊性」にあっては、教育者が被教育者の過去・現在・未来の「生」に多大な影響力をもって関わり、教育者の社会歴史的な実存[2]や見識が問われるだけに、責任や倫理の比重の大きい職業であることには変わりはない。その点ではとりわけ後者の職業観に関しては、「公」的に雇用された教育者が、国家・企業・団体（主として宗教団体）・大学など産・宗・学協同により創出された専門知識や教育技術という知的資本および商品を被教育者に提供するだけの、たんなる個人的かつ協働的なサービス業者となり、自らの実存性や主体性を喪失してしまう恐れがある、ということに喚起を促しておきたい。

労働や職業の間で、それぞれ違法性がないかぎり、建前上そこに社会的な貴賤は発生しない。すなわちいかなる労働や職業も、お互いの衣食住を満たし心身とも豊かな生活を成り立たせるかぎり、平等な価値を有していると判断される。とはいえ価値の重さや大きさには差はないが、民衆や国民に対するあるいは社会的動向に対する精神的な影響力という点では、また社会的共生に果たす役割の特殊性や直接性という点では、教職は、その他のサービス業や会社員および農業や工業などに従事する職業とは明らかに異なる。とりわけ社会的動向に対する影響という点では、教職にかかる比重はその他の職業よりも大きく、それだけに責任も重くなる。かつての師範タイプの「教師」が軍国主義精神の高揚に加担し多大な影響力を持ったように、国家に「公認」される教職は、それゆえに最悪の価値的存在に陥る要素をはらんでいるということに、すなわち政治家類似の国家権力の先導（煽動）的役割をも担うという負の特殊性や直接性に、たえず注意を払う必要があり、そこにこそ教育者個々の「社会的エージェント」としての社会歴史的実存と見識に基づいた深い自覚が問わることになる。

いうまでもなく教職のみならずすべての職業や労働は、直接的か間接的か、前衛的か後衛的か、あるいは聖においてか俗においてかいずれであれ、社会的「共生」に関与しつつときにその「侵犯」に及ぶ。ただ、「侵犯」の程度の評価に対しては多様な観点が想定され、それゆえ各々職業や労働に対する価値判断についていては現実には単純に割り切れないケースも多くあり、「共生」の範囲や内実の設定次第でも大きな差異が生ずる。そのような価値の相対性から、それゆえに教育の現場においては、「聖職」という言葉使用の不適切性の自覚と同時に、職業平等観という「建前」を踏まえての、職業一般に関する本音のトークもまた要請されてしかるべきである。ただその場合、違法性の強い「職業」に関しては、教育者は被教育者に対し、個々の法的な判断に基づき、独断的一面的なトークを行うのではなく、存在の両義性や「充足理由律[3]」をも配慮しての、未来志向（展望）的な言論を以て、慎重かつ用意周到に語らなければならない。そこでは、まさに教育者の思想的な自覚とスタンスが問われることになる。

学校社会における教育者としての実存とは、先ずは何よりも他者である被教育者の実存との「相克」をも包む半強制的な社会的「共（響）存」、すなわちその前提および社会的被規定性が、すべてに先んじてある、ということである。それはしたがって、教育者が、被教育者の実存を規定する現行の義務と権利の、および資格認定の学校教育システムを支える、すなわち自らが大学の権威ある知を「単位」として習得することによって得た公的資格を有する教諭として、またそのような資格「単位」授与の身分を有する大学の「教授」として存在するということをも意味する。とすれば、一社会的エージェントとして、この社会的被規定性や前提により自らの安定した権威ある専門職が支えられているという、同時にそこに自らの主体性の「拠点」があるという自覚は不可欠となる。いわばこの自覚の欠落した、「教育者のための被教育者」であることを要求する制度やシステムに鈍感な教育者には、いくら公的資格が与えられていたとしても、被教育者の実存とかかわる実質的な資格はない、とさえ言えるであろう。

教育者は、予め被教育者が生徒として規定されているとはいえ、実存的には「絶対的他者」でもある。そんな被教育者に対し「教える」ということはある意味賭けにも近く、あえてそこに教育的な意義を見出すとすれば、少なくとも「教え、引き出す」こと、「語り、聴く」ことに重心が置かれねばならない。それは「教育」と「学習」をつねに一体化させることであり、教育者に、被教育者に対する相応の「共感」と忍耐とそして倫理を強いるかもしれない。それだけに、建前と本音との葛藤も避けられないであろう。しかし、そうであったとしても、ことさらに「教師」たる権威や権力に依存しては、教育は、その本質的なところで死滅するほかない。「落ちこぼれ」の視点から、絶えず現行の画一的教育や知や技の限界について問いただしていくことは、それゆえに教育者にとって重要な任務となる。

所与の制度における教育者であるという被規定性には、自ずと「教える」こと以上の、すなわち生徒としての被教育者の存在のすべてに関わる任務が含まれてくる。したがってときには教育者の実存のすべてをも賭ける場面に遭遇することにもなる。その顕著な例が、「いじめ」や「暴力」である。それが問題なのは、とりわけ所与の制度においては、おおむね不可避のみならず、不可抗力であるという点にある。「必要不可欠」とまで言い切る者達さえいるが、そのような「居直り」観を正当化する根拠はないとしても、そのような「相克」が人間関係の集団的属性である点では、克服よりもコントロールに重心を置かざるをえない。しかし問題が、当該教育者の能力の範疇を超えるとき、そこに所与の制度の歪みの冷静な対象化とともに、自らの実存をも賭けることにもなるであろう。

ところで最近よく「普通の教師」という言葉を耳にする。それは不分明な言葉であり表現でもあるが、一般的には、かつての「熱血理想教師」のアンチテーゼとして、特別な「情熱」や「力量」がなくとも日々つつがなく通り一遍に職務をこなす教師というイメージである。とはいえ、それはたんに事務的あるいは官僚的な「教師」を意味するものでも、その時々の「共苦・共感」さえなく、たんに無関心を装ったりあるいはエロス的諸関係のみに準ずる存在でもないはずである。たとえ事態および状況が解決や克服が不可避、コントロール困難と認識および判断されたとしても、「一体どうして」「何ということか」「どうにかして」といった、その「場」その「とき」の、情動的な思いを抱きつつ試行錯誤するのが、まさに「普通の教師」であり「普通の人間」と思うが……、しかし流布する言葉にはそのような含意は余り認められない。

前述（主に第3章）の議論を再び持ち出すことになるが、現実主義者達の多くは、問題の発生に対して、たとえば当事者たる教員を「普通の教師」としてくくり、マスコミの攻勢をかわそうとする。かれらは、学校の「問題」の責任のすべてを教員の身に、またその原因のすべてを学校制度に還元し、問題を教員の道徳的努力や学校制度の改革によってのみ解決できるとみなすのは幻想である、報酬に見合うことのない過重労働の中に教員が置かれている現状をもっと知るべきである、などと主張する。教育者といえどもサラリーマンであり一介の労働者である点では、確かにその通りである。しかし、かれらがもし一方で「聖」なる権威の回復を願いつつ、他方では「俗」なる権利を主張するならば、余りにも虫が良すぎるであろう。

何よりも厄介な事態は、「上」や「外」からの「不当な干渉」である。「問題」の種まきの張本人でもある大企業家や官僚・行政が、問題発生の源は個々の教員の資質低下にあるかのごとき触れ回り、その向上のためという名目で、すでに管理されている教育現場に、さらなる研修制度やボランティア制度を導入し、教員の負担に追い打ちをかけるという愚策をまき散らす。そのような幻想の負荷の積載は、その先の学校教育の退行をイメージさせるだけである。ところが前述のアンチ「進歩・民主」教育論者達は、学校の問題の責任の所在を、愚策をまき散らす行政側ではなく、すでに述べたように、子ども中心の戦後民主主義教育に向け、天皇制権威主義—父権主義の無化に伴う教員の威信性の失墜と、子供の水平化および権利を擁護する「進歩・民主」教育論者に求める。いずれにせよそのような言論は、支配する側の追い討ちをかけるような負荷政策に口実を与え、自らの首を締めるだけであろう。

結局かれらは、自らの「プロの教師」としての権威の回復と専門家としての評価の、同時に「普通の教師」としてそれに見合った報酬のアップを「お上」にねだっているだけではないか。もちろん、普通のサラリーマンなみの平穏無事な生活を享受する権利があるという主張を非難するつもりはない。教員に労働者としての権利や労働に見合った報酬が労働基準法に沿って保障されるのは、当然のことである。したがって、「サービス労働」などといった無報酬の時間外労働は許容してはならないであろう。だが、教育行政が行う政策が幻想であるのと等しく、かれらが口にする「プロの」とか「普通の」とか、「……なみの」といった含意もまた幻想にすぎないのではないか。

一体全体、ますます給与や所得の格差が拡大しつつある現代社会にあって、いかなる階層や職業の人達を基準にして「なみ」と言われるのであろうか。確かに「聖職」のイメージのつきまとう医療や教育の分野では、「奉仕」という面が強調されるだけに、報酬がその他の業種よりも低く抑えられる傾向にある。それでも、そのような公的な定職を全うするかぎり、ますます増加する派遣や臨時の職員はもとより、他の多くの、たとえば中小企業の正社員の及びもつかない、特別手当や年金を含め充分「普通の」いやそれ以上の報酬が保証されていると思うが、いかがであろうか。ただし、「普通の」基準をマスメディアが公表しているような「平均所得」などに置くならば、それはそれでそれなりの主張として異を唱えるつもりはない。しかしその場合でも、優先すべきは、報酬のアップよりも過重労働を強いる労働条件の改善であるべきであり、「教師」であるという意味でも、労働処遇の在り方はむしろ学校教育および社会全体の問題として、職制と雇用における差別、所得格差拡大や低所得層の増加という現代社会の諸傾向にコミットし、よりラジカルな視点から異議を申し立てていくことが必要ではないであろうか。

総じて教育者としての実存とは、何よりも自らの身体を媒介にしたその歴史社会的な被規定性の自覚であるべきと思われる。したがってヨーロッパ近代や前近代的宗教のイデオロギーなど、社会および教育制度に刻印された歴史性を現代社会においていかに読み取り自らの身を処するかは、教育者の社会的エージェントとしての重要な課題となるであろう。

2　構造と倫理

教育者であれ被教育者であれ、「ヒト」である点では変わりはない。種の保存に関わる食や住への、また性的、防衛的あるいは闘争的な動物的欲求や要求は、生の獣性および豊饒性の表出であり、まさに人が「ヒト」である証でもある。ただし人間社会においては、たんなる「ヒト」であることは認められず、そのような諸欲求・要求は多様な法的な規制や規範の下でのみ充足が許容される。学校は、基本的には「ヒト」が「人」となり「人間」となるための、その自覚化のための公共的社会的な養成（要請）機関である。

ただし国民国家社会においては、この公的な養成機関としての学校が国民に対する支配装置として機能する。前述したように、おおむねそれは社会の秩序保全・存続のための治安の維持、国家経済を支える一定以上の均質な技術・労働力の確保、さらには普通選挙など法治国家諸制度を理解しうる一定以上の均質な知識力の確保を目的として、柔軟かつ自律的に作用するが、しかし国家の全体主義化によって、強制的、統制的に作動するようになる。

問題は、たとえ現代の民主的な国民国家であれ、学校が国家イデオロギーの支配装置である点では変わりはなく、そこでは「ヒト」の生の相即不離的な獣性と豊饒性が、まるごと抑圧され、変質され、かつ利用される可能性や危機をはらんでいるという点にある。学校内の問題に限定するにしても、そもそもその解決や克服はたんなる生の獣性に対するコントロールと生の豊饒性の促進というわけにはいかない。意味するところは、学校の問題は教育者や被教育者自身の「ヒト」「人」「人間」と、かれらを囲繞し規定する社会や学校環境を含めた構造の問題としてとらえるほかない、ということである。学校内での諸事象は、対他や集の関係につねにつきまとう属性のようなもの。ゆえに「問題」の判定や境界づけには困難がつきまとい、およそ自己申告か「結果（たとえば自殺）」からの類推と追認によらざるをえない。そのような事後的な対応や限界を乗り越えるためには、さしずめ当の事象を生起させてやまない現学校教育を支える社会構造を、主体の実存との関係で洞察する必要がある。

高度消費情報社会に生活する現代の子ども達は、学校において自らの身体的・情動的な生の気質上の差異などにしたがい、お互いがお互いを引き合いあるいは牽制および排除しながら多様かつ複雑な集団的関係を形成している。それはさながら「完成」態としての大人社会の模倣と象徴の観を呈するが、善きにつけ悪しきにつけすでに学校や「教師」が知や学びの唯一の「殿堂」や「伝道師」ではなくなるなかで、むしろ強まる学校自体の閉塞感が子ども同士の横の「豊饒な」関係を「獣的」および屈折したものへと追い込んでいるように思われる。第3章第2節でも述べたように、鬱屈し荒れる子ども達のみならず、現学校教育自体に見切りをつける（登校拒否・不登校など）者の増加が物語るように、画一的な義務制普通教育に根差した「公」としての学校教育の構造的な揺らぎが、その根にある。

最大の問題は、この「揺らぎ」を、戦後民主教育のもたらす「凶」と判断し、「教育の民主化」とは真逆の、縦の威圧と差別化イデオロギーを復権させることで鎮静化させようと躍起になっている行政側の施策にある。画一化かつ序列化された教室の秩序を乱す、あるいは受験や「体育」競技にふさわしくない「障害者」や「問題児」をラベル化し、「分離・隔離」しあるいは「排除」を促さざるをえない学校社会や教育の「実存と構造」の関係性こそが問われねばならないのに、さらなる「教育の形骸化」によって事態を乗り切ろうとしているがごとき行政の施策は、まさに危険な愚策でしかない。せめて、デューイも指摘したように、権力的な干渉の排除された「教育の自由」の保障の下で、民主主義的な諸々の関係やシステムに関する知識、知恵、態度および生活の全般にわたる教育と学習が尊重されなければ、「学校の問題」の克服が「教育の蘇生」につながることはないであろう。

ネオ国家主義者達は、もっぱらかれらが推奨する「規律の強化」や「道徳教育」ならびに「厳罰主義」、さらには親の教育やスクールカウンセラー制度の導入などによって、「学校の問題」の克服の可視的な「効果」に期待を寄せようとする。外観的・一時的な鎮静化だけが目的であるとするならば、そのような場当たり的な施策もそれなりの成果を上げることができるかもしれない。しかしそれでは、子どもや教員自身のあるいはお互いの、鬱屈した陰湿的な情動や枯渇した関係の蔓延を食い止めることさえできないであろう。そもそも人間の情動や性向ほど、不可解で困難で複雑なものはない。「いじめ」一つとっても、とりわけ現代社会の、その縮小版である学校にあってつねに微妙な問題として存在し、その境界づけや被害者と加害者の可視化は困難なことが多く、またたとえば加害者が特定できたとしても教育者による司法的な裁断には限界があり、厳罰主義といえども、ときにむき出しの子どもの「獣性」に対しては、ひっきょう警察・司法に任せるほかないのが現状であろう。ましてや、功利と欲望剥き出しの大人社会を背景に抑圧的なあるいは建前だけの美辞麗句や道徳観念の注入は、子どもや若者の心性に不信や怨嗟の感情を募らせるか、さもなければ創造性や批判精神をもてない従順な感性を植えつけるかであり、少なくともそこではいかなる教育的意義も見いだせない。

喫緊の課題は、何よりも実存と構造の関係の明晰化にあるが、さしずめ問題となるのは、知のシステム化と言説化である。すなわち「偏差値」教育、受験教育、商業主義教育あるいは国家主義教育などのはらむ、そのような負性に基づいた評価、差別、排除の現代の教育システムと、学校教育を根底から支え、実存軽視を常態化するたとえば心理学や医学のアカデミックな知や伝統的道徳による権威的言説。そのすべてが学校問題の元凶ということではなく、少なくとも問題の根本的な克服あるいは相対化のための優先課題、またそのための基本的条件としてある、ということである。

小沢牧子は、今日の「いじめ」問題の「元凶」性について、現代の社会的な構造と子ども達の実存との関係性を踏まえ、次のように分かり易く語っている。

「いじめ」は、極限までできた消費社会の付属物なのではないかと、ここまで考えてきた。「いじめ」は子どもの心がけの問題でもおとなの対応方法の問題でもなく、社会構造が生み出す問題である。ところが　そのことを覆い隠し、「いじめ」が子どもの育て方や子どもの「心の歪み」や教師の力量の問題であると摩り替えていく論理が用意されている。その摩り替えの役割をおもに担っているものが、心理学と道徳教育である。問題の本質を、心理学は「個人の心の中＝深層」の問題に、道徳教育は「個人の心がけ＝態度」の問題に置きかえていくのである。(4)

一言付け加えるならば、現代医学もまた近代西洋的疾病観に基づき、問題の本質を「個人の心身の病気」の問題に摩り替えていく。そこでは、強靭なる資本と知の体制的布陣によって構造的に支えられた学校それ自体が問題の「元凶」であるということが隠蔽され不可視化されている。

仮に「いじめ」が人間社会において不可避であるとするならば、課題は「いじめ」自体ではなくその質や強度にある。とすれば何よりも、「いじめ」の陰湿化と増強化の温床でもある学校の、その閉鎖的な構造が明らかにされねばならない。さしずめ閉鎖的な空間を形成する要因は、縦横の監視システムである。たとえば、次節で述べる近代学校特有の鳥瞰的な監視システムや、日本特有の歴史社会的な、おそらく江戸時代の五人組制度の村社会的相互監視的な仕組および軍国主義時代由来の縦の監視システムによる、異質な者や異分子をチェックしあるいは排除する、そのような閉鎖的な制度や心性形成が問題となるであろう。

構造的な認識を抜きにして学校の問題も、教育の問題も語りえないにしても、しかし教育の現場は、待ったなしの対応をも要求される。知と権力の構造の改革や再編にはおおむね長期の時間的スパンが必要とされるが、目前の「問題」は、しばしば短時間の制約された条件の下での「全面解決」が要求される。とすれば、そこでは構造的な桎梏を踏まえつつ自らの「実存的な賭け」と生身の人間関係の倫理が要請される。この場合教育者側は、あくまでも民主主義的な倫理に沿って「他者（被教育者）」の実存に関わろうとするが、獣的な関係性の下ではそのような倫理はほとんど通用しない。それは、もとより構造的な問題だからである。あとは自らの実存を賭けるしかないが、暴力や性など「裸の関係」に至るケース、特に性の関わる問題は、おうおう法や倫理を超えて、当事者達をしばしば困難な状況に立ち入らせる。

「性の解放」が叫ばれて久しい現在、その意味や意義が思慮される間もなく、「かいほう」が「解放」ではなくたんなる「開放」として解釈されている。資本主義的消費社会において「性」がセックス産業の商品としての価値を高め、性に関する情報が巷に氾濫し、ますます「解放」への倫理が稀薄化されていくという、そのようなアイロニカルな時代を迎えて、成長期にある子ども達への「性教育」は、その必要の度合いを増し、学校問題の中でも潜在的に大きな位置を占めるようになってきている。にもかかわらず学校現場で性教育がなおも避けられるのは、性の問題が被教育者のみならず教育者側の性意識も絡み、複雑で微妙それでいて深刻で、自己欺瞞や自己矛盾を伴うだけに、往々対応が困難であるからであろう。また、今なお「性教育」自体を忌み嫌う保守層の性道徳教説が、「性（汚）」を「聖」でカムフラージュしつつ、資本や国家の論理による格差を前提とした、対関係の非対称的な「開放」を密かに嗜好するといった、「解放」から最も遠い性の屈折した習性を常態化させていることも大きいと思われる。

結局現在の学校教育において、性教育は、教科とは別枠で扱われるか、「保健」の中で生物学的および予備的な知識として授けられるか、いずれにしてもサイドワーク的な教育の地位しか与えられていない。しかし、性はたんなる生物的な面だけではなく、社会的、文学的、実存的な面をはらんでおり、その点では「共生－身体性」にふさわしい、男女性別二元論を前提としない多様なセクシャリティ（肉体的な性別、心的な性別・自認、性別役割・指向性）の問題として取り扱われるべきである。すなわち性が赤裸々にまたことさら美醜の、および獣性や神秘の対象としてのみ語られることなく、またたんなる男女平等論ではなく男女の区別自体を解体する、さらにまた結婚制度を法的に保証された売春制度にしてしまう権力や資本からの解放の問題として、同時に自らの身体的、種的、実存的な問題として、有意義な「自己決定」をも可能となるような批判的な学習と教育（カウンセリングあるいは保健・医療などの対応をも含めての）が配慮されねばならない。となれば、「公」あるいは「公共」的な場の形成者としての教育者の、そこでの倫理は、そのような学習指導の役割遂行と「立場性」の自覚にある。生身の裸の人間だけに、また自覚あるからこそ、そこには絶えず自らの「葛藤」や「矛盾」に苦悶せざるをえないとしても、倫理は倫理であることには変わりがないからである。

ところで、教育者にまつわる、「公」的に制度化された社会的空間における、主体関係を淀ませる被教育者との「恋愛」は、いうまでもなくたんなる私的なことでは済まされない。私的エロス関係は、公的契約関係を内側から破壊するほどのインパクトを有するだけに、自他ともにその契約を破棄する覚悟を前提としないかぎり、教育者と被教育者という非対称に由来する恋愛幻想を、学校教育自体の幻想性を担保に「純愛」なる無制約性を言い募る、あるいは口実とするような、その程度の教育者の自覚を蔓延させてはならない。これは、「俗」と「聖」のような道徳の問題ではなく「私」と「公」

の区別に関わる、社会的実存としての教育者の倫理的自覚の問題である。

教育現場における欲望や嫉み、憎悪、いじめ、争いのすべてをひっくるめて、それらを何よりも現実社会や学校の矛盾する、あるいは悪しき構造や言説の主要な反映と見定め、自らを主体化させることとは、教育者の倫理でもある。であるかぎり、いかに問題となる対象が絶大で複雑であろうとも、自己欺瞞的にシニカルな言動に陥ることなく、むしろ自己批判的に、自らが一定のフィルターの役割を担う社会的存在であるという自覚をもって、問題や出来事の解決や修復に当たらなければならない。だが教育者もまた「ヒト」である。ゆえにフィルターとしての適切さをつねに確保することは困難である。自分自身が現実社会の「醜悪」な泥水にどっぷりつかり、さらにそれをフィルターの穴から何らの濾過をも行わず教育の現場に持ち込んだのではどうにもならない。さりとて反対にひたすら「現実社会」から流れ込んでくる「汚染」された風を、フィルターの穴を内側から塞ぎ遮断し「純粋培養」を心がけるだけでは、これまた教育にならない。その意味では確かに困難ではあるが、それだけにまた教育者の倫理的自覚のスタンスが問われる。

しかしそのような自覚に対する喚起は実は杞憂にすぎず、現実社会ではすでに、そんなフィルターの役割など無用な、コントロール不可能な情報の散乱する、高度情報化社会となっている。とすれば教育者としての残された役割は、自らも同等の「人間」として功利的な現実社会を生き、処理し、ときに悩み、間違いを犯しながら、それでも「教育者」として、「被教育者」と共に、批判、謙虚、反省、洞察というフィルターを通し目覚め、未来を見据えた民主的な関係を構築していくことしかないのではないだろうか。

3　システムの民主化

「教育の民主化」についてこれまで主として制度的な面から言及してきたが、その言及の背後には、制度とは力学的関係の優位にある権力諸主体が多様な社会的欲望、要求、信念あるいは思想やイデオロギーに基づき創出（設立・制定）した「幻想的実体」であり、その有り様は権力者の「恣意」に大きく左右される、という了解があった。要するに制度とは「疎外体」であり、おおむね偶発的で反「自然」的ゆえに幻想的ということ。しかし制度のその面を強調しすぎれば、その他の主体の恣意や意思を超える自律的で「自然」的ゆえに安定的な「現実的実体」すなわちシステム（組織－体系）としての面に対する論考および言及を疎かにしてしまうことになる。教育の民主化は、究極にはシステムの民主化に及ばなければならない。そこで、改めてシステム論的な観点から、現学校教育を展望し論考してみたい。

さて「システム」とは、諸々の部分や要素が相互に依存し関連し合う構造的かつ機能的全体であり、それは、おおむね複雑な諸現象がコントロール可能な程度にパターン化された全体的平面として俯瞰される。さしずめ現代の最大の社会システムとは、高度に情報化、科学技術化されたグローバル資本主義国家社会である。この最大システムは、教育をはじめ、経済、政治、文化などのサブ・システムにより重層的に支えられ、それぞれのサブ・システムもまた相互縦横に絡み、関連し、支え合っている。教育は、いずれのシステムとも濃厚に絡む最も複雑なサブ・システム装置であり、それゆえ学校教育システム論においては、構造主義的観点からの装置の分析と解明が欠かせない。なおその場合、すでに明らかにされた、現体制の共時的・通時的な維持をイデオロギー的に保証し支える最大の再生産装置かつその超出・組み換えをも可能とする生産装置としての、さらにとりわけサブ・システムとしては、両装置をさらに自律自動的に支える統合装置としての学校教育の役割機能が対象となる。システムの分析と解明は各々の装置に及ぶが、教育システムの民主化はあくまでも統合装置論が中心となる。ただしその乗り越え解体を指向する「社会的創造・変革」の議論は、生産装置論において展開される。

教育システムの民主化の、さしずめその推進において最大の「壁」となるのは、前述（第5章第2節参照）の「義務」と「翼賛」という現学校教育のシステムである。義務という「強制」を権利によって隠蔽し成立しているこの一大サブ・システムは、しかし原始社会での成年式（入社式：第1章第2節参照）での残酷な儀式、さらには軍国主義的および全体主義的な教育の象徴する野蛮な「強制システム」にも通じており、今日の学校における儀式の過度の重視や国歌唱和・国旗掲揚に対する行政・立法・司法一体となった国家挙げての翼賛的な動向は、統合装置としての学校教育の野蛮性を強化するものである。

建前上民主教育を標榜するこのシステムとはすなわち、マクロの集権的・支配的な権力が分権的・自治的な権力を取り込み、儀式・資格づけの強化や職制の格づけ分断化の戦略によって権力に従順な保守志向の人間群を増産し、他方公的偽装の下であらゆる領域の思想的・宗教的イデオロギーを選別し排除しあるいは統合することによって丸ごと学校共同体を支配する、また近代教育制度における義務（行政）と権利（被教育者）あるいは報酬（教育者）との対等な契約関係を前者優位に形骸化させるシステムである。とすれば教育システムの民主化は、この伝統の建前民主教育システムの突破でなければならず、改めて統合装置としてのヒェラルキー体制の脱構築やトップダウン政策に対する抵抗および闘いの重要性が確認される。とはいえ、縦断的なマクロ的支配権力に対抗するだけでは充分とは言えず、同時に学校を含めたゲゼルシャフトとゲマインシャフトの両義的特性を担う、横断的な社会施設間のサブ・システムをも明らかにし、そこに張りめぐらされたミクロ的支配権力からの脱却をも指向するものでなければならない。

ヨーロッパ史上、「監禁処遇」の時代から「治療保護」の時代へと発展した施設が、現代ではさらに社会復帰を目的にした教育（訓練）を軸にした医療福祉施設へと変わろうとしている。このような展開は、施設解体論や小規模化論がクローズアップされていることと相俟って、たんなる閉鎖的な保護施設からの脱皮を示唆し、「行政」の財源減らしのための口実となるというアイロニーを踏まえてもなお、ポジィティブな動向を示すものである。とはいえ、現代の施設には種々のタイプがあり、独自の教育（矯正）目的やシステムに基づき民主的に運営されている施設が多いなか、今なお前近代的で監禁処遇を行っている閉鎖的な施設もある。システムの民主化という点では、法的摘発による後者の施設からの解放が最重要課題であることはいうまでもないが、最大のテーマとなるのは、すでにマジョリティとなった前者の医療・教育的管理施設においてなおつきまとう差別、分割、排除、隔離、監視および浄化という機能や作用についてである。

現代の情報化社会は、良くも悪くも病院化、学校化および施設化により、医療、教育、福祉一体の緊密なネットワーク（サブ・システム）を形成し、ゲゼルシャフトとゲマインシャフトの一体化を推し進めてきた。病院化と学校化は、アカデミックな権威ある医学的・心理学的知など諸専門学を以て世の公的な知の基準（規準）とし、たとえばその咀嚼された知を「生涯学習」あるいは「公」的メディアなどを媒介として大量に「公開」流布させ大衆の脳髄を支配し、施設化は、そのような緻密性と豊富な情報量に裏打ちされた「公的な知」を以て「管理」遂行の強力な援軍としてきた。そこではゲゼルとゲマインの一体化からはずれる知や人物を監視し差別し排除する、浄化作用を促してやまない硬直したシステムのみが形成されることになる。

法治国家における福祉行政の当初の役割は、科学的に枠づけられた西洋医学の疾病観や近代心理学的知見に基づいて、予め「病い」や「障害」の曖昧性に明確な輪郭を与えることにより、おおまかにはたとえば外部－内部「障害者」という腑分けを行うことで、管理養護施設への入所（隔離）を決定することにあった。それはすなわち、施設を国家や資本の論理と宗教的かつ医学心理学的な言説に基づく、救済と教化の「民主」的な監視空間として再構築することを意味した。身体的な懲罰からは解放されたが、そこはまさに生活の場の画一化、個性の規準化、さらには用意周到な監視・監督の避けられない、人間の多様性を秩序化する〈規律・訓練〉と〈一望監視装置〉による管理システムの作動し貫徹する世界である。(5) 問題は、この画一化され、規準化され、秩序化された世界が施設外へと拡散し、浮薄な収容所まがいの監視社会システムが創造されつつある、ということにある。

現代の公的学校施設は、家庭や地域社会を巻き込んで、地域ぐるみで子どもを監視し育成する翼賛的な「総動員体制」の下で、教育と福祉と保健サービスが三位一体となる共同体（サブ・システム）を築いている。それはさながら施設内部の「訓育性」の構造的な発展形態の様相を呈しており、そのようにして形成された内部―外部を貫徹する公的に偽装されたミクロ的権力の「総体」たる自治の、その総和が、現代社会全体のシステムを支え、かつマクロ的な支配権力システムをも支えている。そこではたとえば「障害者」は、従来のようなたんなる隔離され排除された存在ではなく、そのようなミクロ的権力を支える民主的権利の象徴や高度専門知の対象としての価値ある、また「障害者」の医科学的判定の下で様々な特権を享受しうる存在となっている。それゆえ差別されてもなお「障害者」の認定を迫る「境界健康者」が増えているという、倒錯したねじれの、あるいはアイロニカルな現象さえも発生している。

ミクロ的およびマクロ的権力に支えられた統合装置としての学校教育システムの歪みは、そのヒェラルキー体制の頂点に君臨するアカデミーにおけるモザイク的近代知の学的権威と、儀式や「道徳」を介して国家統合を目的とする情動的権威（象徴天皇制）とが結びつく初等・中等学校の教育者に対して、最大限顕著に現れる。トップダウン方式による編成、恣意的な評価と査定、「道徳」教育の強制、体制内的教育経験の業績化（「知的業績」として評価）など、そこでは教育者による対抗的自治のあらゆる基盤が奪われつつある。既得権を保守するだけのサラリーマンであることで自慰するか、それともより上級の管理職を目指すか。いずれにせよ非正規職員の存在をしり目に、教員の官僚的な居直りや競争意識のみが高まり、現場はますます閉鎖的で冷たい空間となる。また教員達が批判精神の乏しい分裂症的・功利主義的気質の、あるいは師範タイプの教師となればなるほど、子ども達（被教育者）もまた「疎外」されていく。

子ども達はと言えば、国家内外に生起しているグローバル化とナショナリズム化の現象のなか、被教育者としてナショナルな学校社会を渡り歩いて純粋培養された教育者達からの「官製的な専門知」よりも、ともすればインターネット情報知の方が勝るような時代を迎えて、もはや官製の教育者を必要としなくなっている。ましてや学校は画一性と統制を求めてやまない、疎外と憂鬱を醸成する世界でもある。とすれば「学校崩壊」はむしろ促進させ多様化への契機とすべき課題としてであるが、国家―行政―企業―家庭―教育―医療を繋ぎ支える張りぼての強固な体制（態勢）は、ささやかな反省も批判も非常識の所作として無視してやまない。しかし皮肉にも、この体制も、このような時代の兆候を敏感に察知し子ども達の内心を支える、自覚し苦闘する一部の目覚めた現場教育者の存在によって支えられているのである。

> 時代の申し子と、用意される教育のミスマッチを、私は現場で日々感じながら、今日も、学校に行けなくなった子どもとその親に、面接し続けています。[6]

これは、「不登校者」を未だに病的障害者として特別扱いする現代の学校教育および社会の体制（態勢）にこそ問題がある、というごく良識的な訴えでもある。

子ども達の「勉強嫌い」の増加、さらに陰陽両面に渡っての「バイオレンス」や「いじめ」あるいは「登校拒否（不登校）」や「集中力欠如」の顕在化、すなわちそのような現代の学校や学級の「破綻・崩壊」現象は、教育内容の見直し以前に、学級や学年制の解体などシステム自体のラジカルな民主化を必要とする段階に至っていることを示している。オールオアナッシングが不可能とすれば、現実的な対応としてせめて、前述（第2章第2節）の、アメリカのフォーマルな教育制度に対抗するインフォーマルな、たとえばノー・ウォール・クラス、インディペンダント・スクール、フリー・スクール、あるいはホーム・エデュケーションやインターネット・エデュケーションなど、選択可能なオルタナティブな学校やオプションシステムが、バウチャー制度や現私立学校制度とは異なった、経済的、宗教的、民族的ないかなる格差や差異も認めないあるいは排除しない、つねにオープンで平等であるフォーマルな「公共的」なシステムおよび学校として認容されることが望まれる。(7) もちろんそのための前提条件として、現場教員の民主的な関係を軸としたボトム・アップ方式の、ラジカルな自治が保証されなければならない。

学校をめぐる関係は、「縦の制度」に抗していく「役割」と「自治」の関係として、教員間に関していえば、現場教員による責任者（教育委員や校長）の自主的・民主的な選出や学校の自治管理と自主的運営が、他方生徒間に関しては、その自覚段階に応じた教員との関わりを担保しながらの、活発な「自治活動」をすすめることが望まれる。また学校間の関係については、類似の組織的統一性は避けられないとしても、限りなく序列化を排しそれぞれが独自の方法を介して交流し合うことが配慮されるべきであろう。そのためには現行の、定年退職した学校長や地域の有力者をトップとした閉鎖的な教育委員選出制度を改め、自治体の首長に教育委員長の任命権を与えるなどの政治的介入を拒否していく必要がある。現状の、非民主的な、すなわち子供の関係を屈折した陰湿な関係にしている状況や構造を変え、教育ステムの民主化を推進していくためには、何よりも公的な民衆教育および学習や生活の場において、いかなる支配、強制、差別をも排除していくシステムが構築される必要がある。

民主主義と平和主義を基本原則に掲げスタートした戦後教育において、本音では国体護持や教育勅語体制維持に執着した政府、文部省が、学校教育支配の資格をアメリカ占領政権により規制されながら、常に「お上」的存在でありえたという、矛盾し屈折した戦後史をいかに清算し、また、そのような「お上」といかに対峙していくか。同時に、学校の統合化に対抗し、〈分けない、排除しない〉かつ〈くくらない、拘束しない〉という矛盾的相即が同時に機能するシステム、すなわち排外も同化も必要としない、まさに解放的かつ開放的にして創造的な教育のシステムをいかに構築していくか。この教育の民主化におけるそのための抵抗と闘い、脱構築と再構築の営為において、今まさに学校教育に関わる教職員、被教育者、さらには「保護者」などすべての人達の主体性の真価が問われているのである。

たんなる「脱学校」でも「通過儀礼の学校」でも、さらには形式的な「民主主義の学校」でさえもない、教育基本法の国家的制約をも超えた「公」たる学校の民主化を目指し、同時に体制的資格・受験システムに従属せざるをえない「塾・予備校」の、公的学校制度に従属する存在からの解放（教員の身分保障と脱・受験教育）を含めて、格差なき多種多様な自由かつ平等に選択可能な公共の「民衆の学校」をいかに創出していくか、また同時に現代社会の多くの矛盾やアポリアに挑み克服していくことのできる、たくましくかつすぐれた批判的能力と創造的能力にたけた人物をいかに育てていくかが、現代教育の重要な課題となるであろう。

4　課程論再考

制度化された学校における教育過程は、知や技術の生産・再生産的な、さらには両者をコントロールする統合的な機能を有し、安定した一大サブ・システムを形成してきた。ところで前述（第1章第3節）のシークェンスとスコープからなる教育課程は、そのような教育過程の「骨格」をなしており、そこには学校教育の制度、目的、教科内容や方法・評価など一切の潜在的かつ顕在的なあらゆる事象や機能および作用が組み込まれている。その点では、教育システムの民主化は、内実的にはこの課程論の改革・再編に大きくかかっている、と言えるであろう。そこでこの最後の章節では、これまでの論考の「成果」を踏まえ、教育課程（論）について再考し、展望したい。

課程論についての現「原理」的かつ一般的な紹介と説明はすでに行ったが、そこでは教育課程とは学校において教員集団が生徒に対して施行する教育活動の計画という定義に従ったが、戦後日本の学校教育では、現場教員集団の創意というよりは、国の定める「学習指導要領」が、各学校が教育計画を編成する際の「基準」となってきた。なお「基準」とは、そもそも憲法の基本原則から「逸脱」した国家的「私準」にほかならず、それゆえ国家政策のその都度の変遷とともに改訂されてきた。七〇年代から八〇年代にかけての高度経済成長期においては、科学技術振興政策に基づいた経済合理主義（資本の論理の貫徹）とそれを補完する「精神主義」（国家の論理の敷衍）が強調され、八〇年代以降のいわゆる低成長期には、「ゆとりと充実」がその基調となり一九九八年一二月に「学習指導要領」の改訂が告示され、二〇〇二年から「新教育課程」が実施された。そこでは、ゆとり教育の一環として「総合学習の時間」が設けられ、それは「〈生きる力〉をはぐくむ」という名目により、多くの関係者に歓迎された。しかし「ゆとりと充実」はそもそも漠然としたキャッチフレーズである。「学力低下」の報告を受けるやいなや、施行三年も過ぎない段階で、早々と軌道修正が行われた。「〈生きる力〉をはぐくむ」精神が「宗教的情操の涵養」といった国家主義的な精神に取り込まれるなか、政府文部科学省が子どもの「学力」の世界ランク低下が国家威信を喪失させることに危惧を抱くようになったためである。もとより支配者達にとって、自らの権力を維持し誇示する国家的威信こそが最重要課題であるから、そのような「退行」は当然の成り行きでもあった。

とはいえ、「総合学習」という発想には革新的な芽がはらまれていた。従来の各教科、道徳、特別活動の三つの教科領域以外に、新たに「総合的な学習の時間」が加えられ、「横断的・総合的な指導」を推進しうる「各学校の創意工夫の発揮」が奨励され、「子どもの主体的に生きる力」を要請することが目的に掲げられた。それは、ナショナルな意思に基づく上からの学校教育の「改革」ではあったが、同時に一九五七年のスプートニック・ショック以降のアメリカのカリキュラム構成[8]に追随する、グローバルな社会への対応でもあった。

当時アメリカの教育界では、進歩主義的な経験カリキュラムと本質主義的な教科カリキュラムの両者を結合した、ブルナー（J.S.Bruner）による「基本」の理解の訓練と発見学習が人気を博し、彼の説いたディシプリン・センタード・カリキュラム[9]は、世界の学校に大きな影響をもたらしていた。ただこの過程（課程）論は、デューイの経験主義的教育を基調にしつつも、原理中心の科学的な教育－学習過程に狭隘化されていたため、しだいに保革折衷論を掲げるネオ保守的動向に同調することにもなった。日本における「ゆとりと充実」を名目とした教育政策もまた、これと軌を一にするかのごとく、「原理」の理解に重心を置きつつも、教科内容の「精選」をたんなる量の増減の問題に摩り替え、しだいに教育課程を「基準」に沿った保守的な教科編成へと変質させていった。

ただしアメリカの教育システムは、そもそも日本のような国家的公を基軸とした教育システムとは根本的に相違しており、そのまま収束することはなかった。社会や学校における閉塞感の高まりとともに、再び本質主義的・保守的な教育に対する反発の気運が高まり、ラジカルな進歩主義的な、さらには社会主義的な改革論が擡頭し、その影響を無視することができなくなってきた。ブルナーでさえ、後に、カリキュラム構成にのみ気をとられ相互性（生徒や教員どうしの協同性など）や社会性（とりわけ直面する戦争や貧困や人種差別などに関わる問題性）について考慮しなかった自らを反省し、未来に希望を与えうるような政治的かつ社会的な教育の重要性を語り、[10] また科学をパラダイム式認知モードとしてとらえ物語モード（Narrative mode）との協働性の必要性をも主張するようになった。[11] たんなる教育－学習課程としての教育過程からの、社会実存的な人間教育としての反省的、批判的、実践的かつ解放的な過程への「転回」である。

ブルナーの学習過程論に影響を受けた日本の学校教育においては、このような反省や新たなる展開は、もとより見られなかった。日本における、上からの「改革」は、現場教員の教育する自由を「拘束」した上での「垂範」でしかなく、結局は、「行事過多」「必修クラブの創設」「奉仕活動による教科外活動全体の変質」「知的教養の基礎の削除」などにより、学校（現場教員および生徒自身による）自治の低下も伴い、「全体主義的愚民政策」の悪しきキャッチフレーズとして作動し、むしろさらに右へ旋回し終息するに至った。そもそもアメリカ社会よりもはるかに民主的なシステムの基盤の弱い日本において、その支持する制度やシステム自体を問わずして「教育改革」など所詮玉虫色とならざるをえない。日本の教育制度では、教育過程（課程）の中心的役割を果たすのは文部科学省や地方行政および教育委員会であって、現場の教員（集団）、被教育者（集団）である学生や生徒、およびその親達ではない。一連の教育官僚自らが「公」の絶対的主体となり、現場教員達から教科書選択権を奪ったままで、「ゆとりと充実」のもつ豊饒な教育効果など期待できるはずもないのである。

現代の日本の学校教育の改変は、下からの抵抗や闘いが基調とはなるが、しかしグローバル化した現代の高度金融資本主義社会においてもはや「上・下の鑑別認識は困難」「外部は存在しない」という現実を無視するわけにもいかない。とすれば、「上」（支配権力）からの圧力に抵抗しつつ、「横」（民主的な地域の人々や集団および外郭団体）との連帯を通して、立場の「転倒」やイニシアチブの掌握を現場にて実現していくこと、そして時には、「上」からの方式を逆手に取った形での現場浸透というプログラムを実践していくことも必要となるであろう。たとえばこの度の「総合学習」の提示に対しては、持続的な「転倒」や「深化」の可能性を見誤ることなく、新たな展開・構築を模索していくことなどが求められる。「総合学習」という発想自体は、たとえば分科的教科学習のような断片的で一方的な教授方式を打破するデモクラティックな教育の指向（志向／至高）性を示しており、そのような意義さえも放棄することは、余りにも短絡的と言わざるをえない。問題は、あくまでも「いかなる総合」か、という点にある。「総合学習」を、ひっきょうそれがたんなる「追加授業」でしかないにしても、少なくとも「理念」や「理論」としてどのようにとらえ発展させていくかは、教育過程（課程）をラジカル化していく側の人々にとって軽視できない課題となる。

　もちろんそこには、当時学校現場のみならず各方面から「総合学習」に対するさまざまな方式の報告があった。加藤幸次はそれらを分かり易く整理して、[12]一つの教科の単元レベルで総合的に授業を展開する「教科」学習方式、二つの教科内容を総合するような授業展開を行う有効な関連学習としての「合科」学習方式、さらに学習者の興味や関心あるいは「生活」に従い選択される学習内容についての、「学際的」、「トピック」および「興味・関心」中心の学習方式に要約した。後の三者は、本質的には、現状の教科の持つ系統的な指導内容に従わない学習であり、特に日本では「学習指導要領」から逸脱する内容についての斬新な学習活動一般となる。ただ三者の学習方法には、相互に若干の相違があり、「学際的」学習方式の場合、関心や興味は現実的には「教科から発想する」ことが中心となり、この場合チーム・ティーチング（T・T）が有効とみなされるが、日本の学校では、教科担任制の壁が厚く実施はかなり困難となる。しかし次の、「トピック」方式では、教科にこだわることなく、テーマや学習活動は、「トピック」から「サブトピック」へと学習者の興味や関心に従って発展あるいは展開していくことで、学習者の参加も容易となる。さらに最後の「興味・関心」方式ともなると、オープンスクール運動などで見られるような、教員がサゼスチョンのみで、テーマ自体さえも学習者が自由に設定し展開していくことになる。

今経験主義的な最後の二者の学習カリキュラムに従うならば、既成の諸学問の成果は、あくまでも追求のための「手段」でしかなく、学習の主体は徹頭徹尾生徒となる。加藤も示唆するように、学習者自身が「なぜ」「どうして」「どのように」「どうすれば」といった問いを中心に「問題解決」や「発見」のために興味と関心をもって学習していく、このような学習方式こそが、「問い」「反省」「洞察」を基調とした「総合学習」本来の姿であり、さらに言えばディシプリン・センタード・カリキュラムをも超えうる、したがって後期ブルナーのスタンスにも重なる、新・教育課程に通ずる。とはいえ、現代日本の画一的な受験体制やトップダウン方式の管理教育において、ましてや学童中心主義批判の強まる中、そして何よりもたんなる付け足しの「総合学習時間」では、このような子ども主体の学習‐教育の本格的な実践は、ほとんど不可能に近く、幻想でしかないであろう。

現学校教育において教科学習が中心にならざるをえないとしても、ただ少なくとも「学際的」広域総合学習の可能性は開かれている。現に、いくつかの小・中・高の学校で、「上からの総合学習」を逆手に取り、学校変革の可能性を求めて意欲的な取り組みが行われている。重要なことは、いかなる「価値」の下に「総合学習」を学校全体の教育課程の中に位置づけるかという点にあり、その点では、名古屋大学教育学部付属中・高等学校における大胆な取り組みに期待が寄せられる[13]。そこでは、教員達は「行事・道徳・特活・選択教科」を組み入れた教育活動の総合化として、「総合人間科」という新領域を設置し、「自分の生き方」と「社会のあり方」を考え合わせ、「生き方を探る」「生命と環境」「平和を学ぶ」を三つのキーワードとして教育課程（カリキュラム）構成を実施し、チーム・ティーチング体制を組んだ。総合人間科の教科像は、現代社会の課題をテーマとした脱教科、フィールドワークが柱の脱教室、従来の学習観からの脱却としての脱偏差値という「三つの脱」に集約される、まさに解放的かつ開放的な学校づくりの「手鏡」となるような方針によって貫かれている。

なお、このような「脱」を、学校・教室の開放と教育‐学習方式の変革に適用したのが、佐藤学の「学びの共同体」であった。それはデューイの実験学校さながら、学校自体の内側の壁を越えるラジカルな構想に基づいており、ブルナーも提唱した「二一世紀型の学校」のビジョンとも重なる革新的なものであった。彼は、公共性、民主主義、卓越性を哲学的な原理とし、教員が授業実践に創意的に挑戦し批評し学び合う「同僚性」の構築や、保護者や市民が授業実践に参加して教員と協同する「学習参加」の取組などに尽力し、教員と保護者が子ども達の活動的な学びや育成を保障するための、協同し反省し合う民主的な教育システムを創出した。注視すべきは、このような佐藤の学校・授業改革が、たんなる理念としてではなく、パイロットスクールの建設の下に、「学校問題」や学力など、様々な面で、多くの現実的な「成果」を上げている点にある[14]。とはいえ、その実施校は全体的にはマイナーな状態にあり、「成果」も画一的な受験体制の枠内評価に従わざるをえないという、所詮教育主義による「下から」の「境界」越境の試みとして、国家戦略の「改革」に呼応するものであり[15]、その限界と制約は無視できない。

なお彼は「学び」を、対象世界と他者そして自己との対話的実践、すなわち認知的（文化的）、対人的（社会的）、実存的（倫理的）実践としてとらえ、教育課程を「科学的ディスコースの教育」「芸術技法の教育」「市民性の教育」の三つを基本軸にデザインし模索する。そのような彼の社会的実存に根差した教育哲学や理念は、[16]ブルナーのその後の「転回」やハーバーマスのカリキュラム・デザイン、[17]さらにはジルーやフレイレの批判的教育学とも重なる。ただ、新・教育課程を展望的に論考する上では、教育や学習の内容自体への問いが最大の試金石となる。「総合学習」の教育方法として、たとえば問題解決学習が中心になるとしても、前述の「いのち」をコアとした「人生」「社会」「環境」「平和」の重点学習のように、一定の学際的な内容の価値判断は避けられないであろう。

実体化されたカリキュラムには目的や価値に対する独自の時代意識や理念が刻印されている。当為の観点を込めて言えば、第二次世界大戦直後の学校教育のカリキュラムには、その点では少なくとも「いのち」と「平和」および「共生」の価値は不可避の基準として介在していたと思われる。それは、明確に植民地帝国主義世界大戦における科学と資本および国家の論理の野合に対する、たとえば人類破滅を予感させた原子力の象徴する巨大科学や科学技術を「原理」とした科学教育に対する、また殺人ロボットを要請し産出した体育軍事教育に対する、さらにまた他国侵略に導いた自国中心の覇権主義教育に対する、まさに反省の教育―学習課程であったはずである。

国連を中心としたいわゆる戦後の「人権」教育は、「ヒト」のいのちを他の動物のいのちに優先せざるをえないという限界をはらみつつも、そこでの教育－学習に関わる哲学的理念と教育の目標は、明らかに「共生」と「平和」を目指す世界民主主義教育の敷衍であり、そのための高度の「洞察力」や「批判力」さらには「創造（想像）力」、すなわち過・現・未を貫く新たなる知性と智慧の育成にあった。[18]「学校教育法」第四二条三項に、高等学校教育の目標として、「社会について、広く深い理解と健全な批判力を養い、……」という文言がある。相変わらずの曖昧な表現ではあるが、しかしそこには明らかに制定当時のファシズム教育に対する反省が込められていた。もはや当の文言の有名無実化しつつある現代の学校教育のなかでこそ、そのような批判精神や知性の育成を強力な「目標」としなければならない。「総合学習」に根差した教育課程を考慮するならば、何よりもこの点の再確認と喚起に基づき、生徒を主体にした最も身近な自らの心身に関わる「興味・関心」をコアとした学習であると同時に、共生、共存、人権、平和などの学際的・価値的アプローチに基づいた教育－学習が中心となるべきと思われる。

ところで、第4章でも示唆したが、教科における分科方式は、他の価値ある知(智)の意義や意味の排除や不可視化(とりわけ東洋的「気」「即」「自然融和」「知」など)の下に生成した、対象化され分裂した西洋的知のシステムである。「総合学習」とは、本来このような分科方式に対峙するものとしてあり、他の教科と別個に「学習時間」を割り当てて成り立つものではない。「総合学習」を現教科課程の中で推進していくとすれば、せめてそこでは互いに雑多な教材や内容を大胆に整理し編成していく、すなわち生徒の認識・技能・感性・知(智)性などの「広がり・高まり・深まり」を系統的に導いていくために「精選」および配列を考慮し、教科を解体しつつ諸知識の概括と関連に基づき有機的なまとまりを検証していく必要があろう。[19]特に「精選」について言えば、通史としての「歴史」教科書の展開を支配権力(者)中心にするか、それとも庶民の暮らしやその活動や運動を中心にするか、あるいは古代と現代のいずれに焦点を当てるかという、「概括」の仕方いかんで大きく「社会科」教育の体裁および内容ともに根本的に変わってしまう。戦後民主教育の趣旨に従うならば、当然現代史や庶民の暮らしおよび運動を中心とした地域史、という観点ははずせないであろう。

いずれにしても「総合学習」を現代学校教育に活かす途は、ホリスティック（総合的）であると同時にデモクラティック（民主的）であるという、この基本的な観点から教育過（課）程全体を見直していくことにある。ただその具体的な編成において、どのような方法および手続きで、あるいはいかなる目的や価値づけの審級に基づいて、誰がどこで決定し作成するのかなどという点に関しては、独自の思想やイデオロギーも絡み、大変複雑で困難な営為を予測させる。なおこの点に関しては、ヴァランス（E.Vallance）が、これまでの課程論を代表するいくつかのパターンや方式および観点を紹介し、それぞれの役割や意義および限界を論じ、多様な知の様式を踏まえた総合的なマップの構成や伝統の分科方式（特に基礎的科目と装飾的科目という二分法）の解体・重層化の必要性を提唱しているので[20]、参考になるであろう。

そもそも教育課程審議会によって答申された「総合学習」とは、欧米のカリキュラム理論に由来する日本の戦後初期のコア・カリキュラム運動や生活綴り方教育など、教育現場における実践や運動の中で醸成されてきた「成果」の、その表面的に吸い上げられた「下し」であった。ゆえに当初のそれは、この度の為政者達の認識や思惑と異なり、あくまでも社会課題の学習、横断的・総合的なクロス学習、および総合学習の領域化の論理に基づいていた[21]。それはすなわち、所与の諸学問や科学の「成果」を「参照」に、人間と自然や社会をめぐる重層的多層的な関わりを事象的、実証的および内省的に組織していく「学際的」な指向性と、同時に生徒の関心を主体にした教育－学習の実践性との交錯において展開され体得される学習方式であった。

なお当〈ゲン〉論による新・「総合学習」システムは、以上の学習方式を批判的に継承しつつ、内実的には潜在的かつ顕在的な「共生－身体性の原理」・「宇宙－マグマの論理」をコアとした広域カリキュラム、さらにそこにゲシュタルトや融合教育方式(22)をも取り入れた、身体－経験―実践を軸としたリテラシーやコンピテンスを踏まえての教育課程(23)として構想されるであろう。

〈注〉

(1)『日本近代公教育の支配装置』一五～八八頁参照。

(2) 改めて「実存 Existenz」とは、「本質に先立つ」(サルトル)、「単独性・唯一性の自覚」(キルケゴールに基づいた、一般的には自己が真に自己として生きる姿や生き方を表現する言葉である。ちなみにキルケゴールは実存を芸術的実存、倫理的実存、宗教的実存の三段階に区別し、自らがその内在的質的弁証法を通して生きたのに対して、サルトル、メルロ・ポンティ、ルカーチ達は、宗教的実存ではなく、社会歴史的実存すなわち社会や歴史に自らがどのように関わっているのか、およびいかに関わって主体的に生きるか、を重視した。

(3)「充足理由律」とは、「いかなるものも十分な理由なくしては存在しえない」(ライプニッツ)という原則である。ここで言いたいことは、教育者は、本質的な議論に及ぶ場合、被教育者の個別的社会性を配慮し、あくまでも婉曲的、修辞的な表現を駆使すべき責任を負っているということである。

(4)「いじめ」、『現代思想』4、一一一頁。

(5) フーコーは、『監獄の誕生』で、〈規律・訓練 discipline〉を、体力に従順＝効用の関係を強制する方法ととらえ、それは閉鎖を要求し、さらに閉鎖化された空間の再構成を可能にし、成員の配置転換、分割、配分、分析などを通して記号体系化(コード化)を促し、序列、配列をつくり替えていく技術などと述べている(一四三～八頁参照)。他方、〈一望監視装置(パノプティコン)〉については、考案者ベンサムの、組み合わせの建築学的な形象という発想に従い、さらに洞察を深め、それを、見る＝見られるという一対の事態を切り離す機械仕掛け、残酷さと学識にみちた、一種の権力実験室として機能する多価値的な檻、さらには新しい〈政治解剖学〉の一般原理などとみなした（二〇二～九頁参照）。

（6）奥地圭子著『不登校という生き方』四一頁。なお、著者の、自らが設立し立ち上げたフリー・スクール「東京シューレ」やホーム・エデュケーション「ホームシューレ」に一貫する、子どもの個性や自主性を尊重する運営方針は、「本来」と「未来」の学校教育の有り様を展望する上での、大変貴重な「教材」となりうるであろう。

（7）この点については、M.Fantini, S.Nash, D.Harris, ‘Options for Students, Parents, and Teachers: Public Schools of Choice’ CURRICURUM PLANNING: A NEW APPROACH（pp.235-239）で詳述しているので、参照。

（8）いわゆる宇宙競争でソビエトに後れを取ったアメリカ社会では、改革対策の一環として学校教育において、子どもの興味や経験だけでなく推量や直観の能力を重視した動機づけカリキュラムの構成が要請された。

（9）彼の著書『教育過程論』によれば、それは、要するに基礎的・一般的観念によって知識を不断にひろげ深めるために訓練および学問探究するカリキュラムのことを言う。したがって、被教育者は各々の親学問の研究成果の方向を示す「中心観念」から基本的な要素をとりだし、さらに他の特殊な事象や知識を発見し理解していく（「学習の転移」）、そのための学問研究の方法や態度を訓練し、さらなる探究を目指すことが要請される。なおそこでは、教科の構造をベースに、情報の獲得・変形・評価が、また直観と分析の相互補足性が、そしてそのための学習のレディネスや動機づけおよび「ラセン型教育課程」が求められる（一五～九四頁参照）。まさに、ピアジェの発達論をバックに教育の科学化を推進し、英才教育を促すカリキュラムと言えようか。

（10）‘The Process of Education Reconsidered’ CURRICULUM PLANNING: A NEW APPROACH(1976), pp. 172-81 参照。その中で彼は、子どもに希望を与えるために、カリキュラムよりも学校や社会を改革することの重要性を指摘している。

（11）‘Narrative and Paradigmatic Modes of Thought’ LERNING AND TEACHING THE WAYS OF KNOWING, pp.97-115 参照。

（12）『総合学習の実践』一～一九頁参照。

（13）『総合的学習の授業づくり』第一一章「新領域としての『総合人間科』の実践」において、同校教諭の丸山豊と石川久美によって紹介されているので参照。

（14）「学校再生の哲学」、『現代思想』4、九三～一〇五頁参照。

（15）岡村達雄「国家戦略としての『教育改革』の展開」『季刊：運動〈経験〉1号』二五頁参照。

（16）同右、注（14）論文、一〇四頁参照。

（17）ハーバーマスは、カリキュラム・デザインとして、「産物としての（道具的）カリキュラム」「実践としてのカリキュラム」「プラークシスとしてのカリキュラム」を想定したが、その背景にはイデオロギー機能としての「認識と関心」すなわち知識構成的興味があり、それぞれが技術的興味、実践的解釈学的興味・解放的興味に対応するものと考えた。しかし、いずれにしても、彼自身の主要な関心は解放にあり、その点からすれば、道具的・技術的行動も、伝達行動（コミュニケーション）も、それぞれが外的自然の強制からの、そして内的自然（政治社会的）の支配や抑圧からの解放を目指すものである（『認識と関心』六四頁参照）。

（18）著者自身、拙著『人生に思いを寄せて――生きるための教養とは――』（一二六～三五頁）の中で、IQ的およびEQ的な能力をはじめ、これまで提唱されてきた多様な知能や知性について批判的に検討を行い、ホリスティックでデモクラティックな観点から、望ましき能力として批判的で創造的な、CQ（Critical and Creative Quotient）的知性を提唱した。

（19）『学校づくりと教育課程』の中で、木内宏は、「寄せ集め」と「切り捨て」による政府の一貫して見られる教育政策の傾向を批判し、民主的人格形成の設計としての教育課程の本質と構造に即した、教科編成について詳述している。

（20）'Ways of Knowing and Curricular Conceptions: Implications for Program Planning' LERANING AND TEACHING THE WAYS OF KNOWING, pp.199-217 参照。なお、カリキュラム構成に関わる四つの観点および思想として、彼は、タイラー（Tyler）方式（事象の特殊化、学習経験の選択、正しい原理に基づく経験の整序化、

目的に沿った評価など）、シュワッブ（Schwab）概念（実践的関係概念とカリキュラム構成・決定に関わるファクターや所在〈四つのコモンプレイス：カリキュラムの教科内容、教育者、被教育者、環境〉の設定）、アイズナー・ヴァランス（Aisner/Vallance）提起（五つのコンフリクティングコンセプト：認知過程、自己実現、伝統的な原理・文化、技術としてのカリキュラム、社会変革の、それぞれの享受や開発における矛盾や相剋を媒介にした発展的・解放的観点）、ヒューブナー（Huebner）パースペクティブ（四つのラッショナル：技術的、科学的、政治的、芸術的、倫理的な面の価値的観点）を挙げている。

（21）「社会科教育における系統性を問う」（田中武雄、『教育』No.六五三、国土社、二〇〇〇）参照。

（22）ゲシタルト理論と融合教育は、アメリカの新・進歩主義の人間主義的な対応であり、デモクラティックかつホリスティックな教育をしこうする革新性を示している（テクストとしては、'LIVE CLASS ROOM'が最適）。

（23）著者はかつて、自身の拙論文 'PHILOSOPHY OF EDUCATION: Formulation of a New Idea for better Education' において、西洋古来の「有と生成変化」の哲学や古代ギリシャの教育理念でもあった「パイディア」から、近現代の存在論や身体論また「進化と持続」の哲学に至る思想的経緯を踏まえ、さらにそのような西洋由来の伝統的な理念に自然融和の東洋思想を重ね合わせ、東西思想止揚の「身体‐存在‐空」をコアとした「空的還元過程」をベースに、教育理念およびカリキュラムシステムを構想した。参考になれば幸いと思う。

おわりに

先ずは当〈ゲン〉論全体を順を追って要約しておこう。

〈要約〉①現代社会では、教育の本義は開放と解放の自由教育としてある。②近現代の国家体制の下での学校教育は、知と技の社会的要請・反映（再生産装置）と創造（生産装置）と統合（統合装置）によるトライアングルな役割機能を果たしている。③現代社会において資本主義的要請や国家主義的干渉が増大し、学校教育の統合化が進み、自由教育が抑圧・形骸化され、教育は死滅しつつある。④自由教育を守り発展させていくためには、したがって脱〈資本・国家〉の論理に沿った教育の民主化が不可欠となる。⑤教育の民主化は、統合装置（日本では、天皇制神道を軸とした諸宗教の宗教性すなわち宗教的情操と近代主義に基づく）に対する広汎な抵抗・闘いを軸に、制度およびシステム面からの変革およびその解体・超出（脱・学校化）を促す、ラジカルなものとなる。⑥同時にそれは脱・近代をも指向し、継承された近代的分科教科方式の教育内容を克服し、新たな〈共生－身体性の教育〉〈宇宙－マグマの論理〉をコアとした新・〈総合学習〉システムの再構築をも促すことになるであろう。

次に、今一度これまでの著者自らの学習－教育の体験を振り返り、改めて幻想なる現代学校教育について、いくらかニヒリスチックに語りつつ、そのぎりぎりの対応でもある当〈ゲン〉論における最終課題の提示を以て結語としたい。

学校の「受験のための予備校化」現象が促進される中で、自らも関与してきたパブリック・スクール、プライベート・スクール、プロフェショナル・スクール、ホーム・エデュケーションなどを含めたほとんどの教育において、教育自体の価値が語られる一方で、結局は上位学校入学や専門資格取得が至上命令となり、いずれの学校の評価も、偏差値や合格率、合格した学校、企業、機関のネームバリュ、あるいは資格取得率などによって価値づけられる。となれば、当の学校や教員達は、自らの価値の上昇のために何よりも多くの「合格者」を出すために、せめてそのノルマを達成するために、自らの教育や学校の功利的な価値上昇に専念することが、現実的には主要な任務となる。多くの教育者にとっても被教育者にとっても、受験のための教育ほど空しいものはない、と内心どこかで分かってはいる。しかし、他方では受験制度を完全には否定し去ることはできない現実もまた分かっている。

問題なのは、方法としての受験システム自体が適正であるかどうかということ以上に、ネームバリュによって価値づけられるようなヒエラルキー的な教育や社会の体制および資格制度の在り様にある。とはいえ、わたしもまたかかる社会の幻想のレールに乗ろうとして、また乗せてあげようとして、空しい思いを抱えながらも、少しでも商品価値の高い大学や就職先あるいは国家資格を目指し、被教育者としてまた教育者として、今日一日をあくせくしてきた。「共生」が歪められた教育幻想の中でしか成立しないような時代にあって、いかなるコミュニケーションもますます色あせていくばかりである。受験体制を支える偏差値教育とは、たとえそれが現実的妥当性を有し客観的で公正な教育であるように見せる効果があるとしても、所与の限定された一定の時空のなかで、比較と当落ラインを数的に示すのに好都合な能力を育成するにすぎず、結局は、多様な個の能力や諸契機あるいは実存性を除外した、「官製の権威ある知」の下で一様に、評価し格差をつけ序列化する教育でしかない。

義務制であれ非義務制であれ、現代の制度化された小・中・高等の学校は、なおも自由民主教育を建前としているが、実質は、国家教育として「エリート選抜に最適」「まとめて面倒見た方が効率良い」「集団的秩序を守らせるための最善の方法」という行政と、「地位、名誉、資格が欲しい」「みんなが行くから」「行かないと落ちこぼれるから」といった受け手の間の、意思、信仰、強迫的心性、契約関係などによって支えられているにすぎない。このような幻想の教育の日常性を受け入れざるをえないにしても、またそこに蠢く私的な「権力への意志」の表出が現代教育の原動力になっているにしても、支配的知や道徳が押しつけられ、社会的地位や名誉および財力の絡む功利的手腕や学術的権威のみが優先されるような、そのような学校教育はいかにも貧困で虚しいと言わざるをえない。公認の学術的権威や社会的業績を背景に形成された「学校知」とは、被教育者にとっては、自らの情報処理能力や観念的権威意識を高めるあるいは世間的成功を収めるための功利的な知とはなるが、おおむね自らの社会的実存に関わる総合連関的、根本的、創造的、批判的な知や智とはならない。

この度の〈ゲン〉論は、繰り返しこのような現学校教育の幻想に基づく教育の形骸化状況に対して、社会歴史的実存から教育制度や現象について総括的かつ批判的に論考し、その蘇生の可能性を「教育の民主化」というラジカルな未完のプロセスに託そうとしたものである。このプロセスおよびプロジェクトは、世界規模の「破滅」に対する歴史的反省と、「共生」への未来への展望という点で、ラジカルにして明確な照準をもつものである。ただそれはあくまでも未完の無限性すなわち完成の彼岸性が絶対前提条件としてあり、そこにはいかなるドグマも「前衛」も許容されない。とすれば、民主主義という近代のイデオロギーに支えられた「教育の民主化」もまた、「近代の超克」のさらなる思想的洞察によって深化されなければならない。というのが当〈ゲン〉論の最終課題としてある。

数年前わたしは、拙書『医の哲学の世界史』の中で、医の哲学について言及し、それを「共生」を指向（志向／嗜好）する哲学ととらえた。教－学の哲学もまた、医の哲学が一般的に「病気の克服」を目的に身体の唯物性を基盤とするのに対し、知や文化や技術などの伝達継承および反省・創出を目的に身体の精神性を基盤とするが、基本的には「共生」を指向（志向）する、および至高とする哲学である点では変わりがない。抽象的あるいは観念的な表現ではあるが、これがわたしの社会的実存としての言明であり、かかる哲学がわたしのこれまでの横断的なささやかな思想的営為の根底にあることを断わっておきたい。

なお以上の一連の思想的営為は、言うまでもないが多くの人達の示唆や支えによって成立している。そこで最後に改めて、とりわけ対面的な指導やアドバイスを頂いた方々に対し、そして誰よりもこの度の出版を快く引き受けて頂き、なおも多くの示唆やアドバイスを頂いた鈴木誠氏に対し心より感謝を申し上げたい。

◆主な参考（引用含む）文献

天野恵一『「無党派」という党派性』（インパクト出版会、一九九四）
荒井一博『脱・虚構の教育改革』（日本評論社、二〇〇四）
アンダーソン・B『想像の共同体』（白石さや・白石隆訳、一九九七）
石倉一郎『教師聖職論批判』（三一書房、一九七五）
今井康雄『メディアの教育学』（東京大学出版会、二〇〇四）
イリッチ・I『脱学校の社会』（東・小澤訳、東京創元社、一九七七）
宇野重規『トクヴィル　平等と不平等の理論家』（講談社、二〇〇七）
小浜逸郎『学校の現象学のために』（大和書房、一九八五）
小浜逸郎『症状としての学校言説』（JICC出版局、一九九一）
岡崎勝『身体教育の神話と構造』（れんが書房新社、一九八七）
岡村達雄『教育基本法「改正」とは何か』（インパクト出版社、二〇〇四）
岡村達雄・編著『日本近代公教育の支配装置』（社会評論社、二〇〇二）
奥地圭子『不登校という生き方』（日本放送出版協会、二〇〇五）
柄谷行人『探究I』（講談社、一九九二）
柄谷行人『終焉をめぐって』（福武書店、一九九〇）
柄谷行人『倫理21』（平凡社、二〇〇〇）
河上亮一『学校崩壊』（草思社、一九九九）
菅孝行『反昭和思想論』（れんが書房新社、一九七七）
久保義三『教育原理』（秀英出版、一九七六）
小林利裕『教育哲学』（日本大学、一九七九）
佐伯啓思『「欲望」と資本主義』（講談社、一九九三）
佐伯啓思『市民とは誰か』（PHP研究所、一九九八）

坂元忠芳『教育の人民的発想』（青木書店、一九八二）
佐々木賢『教育×原発』（青土社、二〇一一）
佐々木賢『学校を疑う』（三一書房、一九八四）
佐藤達哉『知能指数』（講談社現代新書、一九九七）
ジェィムズ・W『純粋経験の哲学』（伊藤邦武編訳、岩波書店、二〇〇四）
シュート・クリス・K『義務教育という病い』（呉宏明訳、松籟社、二〇〇三）
鈴木聡『世代サイクルと学校文化』（日本エディタースクール出版部、二〇〇二）
諏訪哲二『学校の終わり』（宝島社、一九九三）
諏訪哲二『反動的！』（JICC出版局、一九九〇）
高尾利数『宗教幻論』（社会評論社、一九八八）
高尾利数『ブッダとはだれか』（柏書房、二〇〇〇）
高橋巌『シュタイナー教育入門』（角川書店、一九八四）
高橋哲哉『国家と犠牲』（日本出版放送協会、二〇〇五）
高橋哲哉『教育と国家』（講談社現代新書、二〇〇四）
ダグラス・ラミス・C『ラディカル・デモクラシー』（加地永都子訳、岩波新書、一九九八）
千葉真『ラディカル・デモクラシーの地平』（新評論、一九九五）
チャイルズ・G『シュタイナー教育――その理論と実践――』（渡辺穣司訳、イザラ書房、一九九七）
チョムスキー・N『チョムスキーの教育論』（寺島隆吉・美紀子訳、明石書店、二〇〇六）
土屋忠雄『教育原理』（日本大学、一九七九）
デューイ・J『経験と教育』（市村尚久訳、講談社学術文庫、二〇〇四）
デューイ・J『民主主義と教育』（上）（松野安男訳、岩波文庫、一九九四）
デューイ・J『学校と社会』（宮原誠一訳、岩波文庫、一九五七）
デューイ・J『学校と社会・子どもとカリキュラム』（市村尚久訳、講談社学術文庫、一九九八）
中内敏夫『近代日本教育思想史』（国土社、一九七三）

中岡成文『ハーバーマス』（講談社、二〇〇三）
中島誠『全学連』（三一書房、一九七八）
中谷宇吉郎『科学の方法』（岩波新書、一九五八）
永谷孝治・碓井隆次・野沢正子『教育原理要説』（家政教育社、一九七六）
夏木智『誰が学校を殺したか』（JICC出版局、一九九二）
西田幾多郎『善の研究』（全注釈：小坂国継、講談社、二〇〇六）
西田幾多郎『哲学の根本問題』（岩波書店、二〇〇五）
西田幾多郎『無の自覚的限定』（全集第六巻、岩波書店、一九六五）
西田幾多郎『続思索と体験』（全集第十二巻、岩波書店、一九六六）
ネグリ・A『帝国をめぐる五つの講義』（小原・吉澤訳、青土社、二〇〇四）
ノディングス・N『教育の哲学』（宮寺晃夫・監訳、二〇〇六）
ハーバーマス・J『認識と関心』（奥山次良他訳、未来社、一九八一）
バーンスティン・B『教育伝達の社会学』（萩原元昭編訳、明治図書出版、一九八五）
樋口陽一『憲法と国家』（岩波新書、一九九九）
廣松渉『〈近代の超克〉論』（講談社学術文庫、一九八九）
笛田宇一郎『身体性の幾何学』（れんが書房新社、二〇一〇）
福田誠治『競争やめたら学力世界一』（朝日新聞社、二〇〇六）
フーコー・M『監獄の誕生』（田村俶訳、新潮社、一九七七）
ブルデュー・P『ホモ・アカデミクス』（石崎・東松訳、藤原書店、一九八七）
ブルデュー・P、バスロン・J『再生産』（宮島・宇沢訳、藤原書店、一九九一）
ブルナー・J・S『教育の過程』（鈴木・佐藤訳、岩波書店、一九七七）
フレイレ・P『被抑圧者の教育学』（三砂ちづる訳、亜紀書房、二〇一一）
ボウルズ・S、ギンタス・H『アメリカ資本主義と学校教育1・2』（宇沢弘文訳、岩波書店、二〇〇八）
穂坂邦夫『教育委員会廃止論』（弘文堂、二〇〇五）

堀尾輝久『現代社会と教育』（岩波新書、一九九七）
堀尾輝久『現代教育の思想と構造』（岩波書店、一九九五）
堀尾輝久『教育入門』（岩波新書、一九八九）
堀尾輝久『地球時代の教養と学力』（かもがわ出版、二〇〇五）
堀尾輝久『天皇制国家と教育』（青木書店、一九八七）
堀尾輝久『教育を拓く』（青木書店、二〇〇五）
堀尾輝久『教育基本法はどこへ』（有斐閣、一九八六）
堀尾輝久『新版：教育の自由と権利』（青木書店、二〇〇二）
堀尾輝久『いま教育基本法を読む』（岩波書店、二〇〇二）
マンハイム・K『イデオロギーとユートピア』（高橋・徳永訳、世界の名著68、中央公論新社、一九七九）
水内宏　『学校づくりと教育課程』（青木書店、一九八九）
向井豊明『新・世界史の哲学』（近代文藝社、一九九六）
向井豊明『空的還元』（れんが書房新社、一九九九）
向井豊明『人生に思いを寄せて――賢く、自由に生きるための教養とは』（文藝書房、二〇〇九）
向井豊明『医の哲学の世界史』（れんが書房新社、二〇一一）
柳沼良太『プラグマティズムと教育』（八千代出版、二〇〇二）
山中恒　『戦争のための愛国心』（辺境社、二〇〇四）
山田英世『J・デューイ』（清水書院、一九六六）
横田耕一『憲法と天皇制』（岩波新書、一九九〇）
吉田昇　『西洋教育史』（日本大学、一九七八）
吉本隆明・山本哲士『教育 学校 思想』（日本エディタースクール出版部、一九八三）
ローティ・R『偶然性・アイロニー・連帯』（斉藤純一・山岡龍一・大川正彦訳、岩波書店、二〇〇四）
日本社会臨床学会編『「教育改革」と労働のいま』（現代書館、二〇〇八）
森重雄・田中智志・他『〈近代教育〉の社会理論』（勁草書房、二〇〇三）

辻井喬・喜多明人・藤田英典編『なぜ変える？　教育基本法』（岩波書店、二〇〇六）
『現代思想』四月号「特集：教育の未来」（青土社、二〇〇七）
有賀誠・伊藤恭彦・松井暁編『ポスト・リベラリズムの対抗軸』（ナカニシヤ出版、二〇〇七）
堀尾輝久・浦野東洋一編著『東京都の教育管理の研究』（同時代社、二〇〇二）
『季刊クライシス4号』「特集：科学技術批判と現代文明」（社会評論社、一九八〇）
三谷博編著『歴史教科書問題』（日本図書センター、二〇〇七）
山崎英則・徳本達夫編著『西洋の教育の歴史と思想』（ミネルヴァ書房、二〇〇一）
加藤幸次編著『総合学習の実践』（黎明書房、一九九七）
吉崎静夫編著『総合的学習の授業づくり』（「シリーズ〈新しい授業を創る〉第3巻」（ぎょうせい、一九九九）
『インパクション』102号「特集：記憶の内戦」（インパクト出版会、一九九七）
『インパクション』121号「特集：グローバリズムを包囲する！」（インパクト出版会、二〇〇〇）
『インパクション』124号「特集：子どもが危ない」（インパクト出版会、二〇〇一）
『季刊：運動〈経験〉』1号（軌跡社、二〇〇一）

- Apple, Michael W. (1982). Education and Power. Routledge & Kegan Paul, Ltd: Boston.
- Baldwin, Alfred L. (1967). Theories of Child Development. New York: John Wiley & Sons, Inc.
- Brennan, Tom. (1981). Political Education and Democracy, London: Cambridge University Press.
- Brooks, Ron. (1991). Contemporary Debates in Education. New York: Longman Inc.
- Claydon, Leslie F. (1969). Rousseau on Education. London: The Macmillan Company.
- Derrida, Jacques. (1987). Geschlecht 2: Heidegger's hand, Deconstruction and Philosophy. Edited by John Sallis, The University of Chicago Press.
- Descombes, Vincent. (1992). Modern French Philosophy. New York: Cambridge University Press.
- Dewey, John. (1956). The Child and Curriculum. Phoenix Books edition, Chicago, University of Chicago Press.

- Dewey, John. (1929). The Sources of a Science of Education. New York, Liveright.
- Dobson, J.F. (1963). Ancient Education and Meaning to Us. New York, Cooper Square Publishers, Inc.
- Estelle James & Gall Benjamin. (1988). Public policy and Private Education in Japan. The Macmillan Press, Ltd.
- Fritjof Capra.(1975). THE TAO OF PHYSICS, Shambhala Publications,Inc., Berkeley.
- Green, J. A. and B. A. Lond. (1914). The Educational Ideas of Pestalozzi. New York: Greenwood Press, Publishers.
- Hall, G. Stanley. (1911). Educational Problems. New York: Appleton.
- Hamlyn, D. W. (1987). Metaphysics. London: Cambridge University Press.
- Jaege, Werner. (1973). Paideia; die Fourmung des griechishen. Berlin: Die Gruyter.
- Kabir, Humayun. (1963). Indian Philosophy of Education. London: Asia Publishing House.
- Karras, Heiz. (1961). Die Grundgedanke der sozialististishen Padagogik in Marx Hauptwerk "Das Kapital," Berlin: Volk and Wissen Volkseigener Verlag, 3, Auglage.
- Kneller, George F. (1964). Introduction to the Philosophy of Education. 2d ed. New York: John Wiley & Sons, Inc.
- Krupskaya, N. K. (1957). On Education. Translated from the Russian by G. P. Ivanov-Mumjiev. Moscow: Foreign Language Publishing House.
- Low-Beer, Ann. (1969). Herbart Spencer. London: The Macmillan Company.
- Lucas, Christopher J. (1972). Our Western Educational Heritage. New York: Macmillan Publishing Co., Inc.
- Miller, John P. (1988). The Holistic Curriculum. OISE(The Ontario Institute for Studies in Education)Press.
- Nixon, Eugene W. and Frederick W. Cozene. (1947). An Introduction to Physical Education. 3d ed. Philadelphia, Pa..: W. B. Sanders Company.
- Norris, Christopher. (1944). Truth and the ethics of criticism. Manchester: Manchester University Press.
- Pauker, Guy J, Frank H. Golay, Cynthia H. Enole. (1977). Diversity and Development in Southeast Asia. New

York: The Council on Foreign Relation, Inc.
- Plato. (1930). Republic. Translated by Paul Shorey. Cambridge, M. A, Harvard University Press.
- Rousseau, Jean Jacques. (1957). Emile. Translated by Barbara Foxley, Andre Boutet de Monvel. London; Everyman's Liberary.
- Silberman, Charles Jharles E. (1970). Crisis in the classroom. New York: Random House.
- Smith, Wilfred R. (1968). Educatinal Issues in a Changing Society. 3rd ed. Detroit: Wayne State University Press.
- Spencer, Herbart. (1899). The Principles of Ethics, Vol. 2. New York: D. Appleton and Company.
- Stenhous, David. (1985). Active Philosophy in Education and Science. London: George Allen & Unwin.
- Thomas, R. Murray. (1979). Comparing Theories of Child Development. Belmont, Ca: Wadsworth Publishing Company, Inc.
- Toyoaki Mukai(2000).PHILOSOPHY OF EDUCATION: Formulation of a new Idea for better education. The University of Santa Barbara.
- Ulich, Robert. (1972). The Education of Nations. Cambridge and Massachusetts Harvard University Press.
- Van Dalen, Deobold B. (1963). Health and Safty Education. Washinton: Center for Aplied Research in Education, Inc.
- Van Dalen, Deobold B. (1979). Understanding Educatinal Research. New York: Macgraw – Hill Book Company.
- Wilcox, Brian. (1992). Time-constrained Evaluation. London and New York: Chapman and Hall, Inc.
- Wirt, Frederick M and Kirst, Michael W. (1982). Schools in Conflict. Berkeley: McCutchan Publishing.

- CLASSICS OF WESTERN THOUGHT, Vol.3:The Modern World, 4th ed. (1988). Edited by Edger E.Knoebel, Harcourt Brce Jovanovich, Inc.
- CONTEMPORARY LITERARY THEORY(1989). Massachusetts: Massachusetts University.

・CURRICULUM PLANNING:A NEW APPROACH(1976). Edited by G.Hass, J.Bondi, J.Wiles, Allyn and Bacon,Inc.
・EDUCATIONARY THEORY: Vol.35,No.2.(1985) The Board of Trustees of the University of Illinois.
・From Learning Theory to Connectionist Theory. Volume 1(1992). Edited by A F. Healy, S. M. Kosslyn, R. M. Shiffrin, Lawrence Erbaum Associates, Inc., Publisher.
・LERNING AND TEACHING THE WAYS OF KNOWING, NSSE(1985). Edited by E.Eisner, The University of Chicago Press.
・MOVEMENT STUDIES AND PHYSICAL EDUCATION(1977). Edited by J. E. Kane, Routledge & Kegan Paul.
・TEACHING THINKING; An agenda for the Twenty-First Century. (1992). Edited by Cathy Collins and John N Mangieri. Lawrence Erlbaum Associates Publishers.
・THEORY OF KNOWLEDGE AND PROBLEMS OF EDUCATION (1969). Edited by Donald Vandenberg, University of Illinois Press.
・THE LIVE CLASS ROOM (1975). Edited by George Isaac Brown. New York: The Viking Press.
・TWENTIETH-CENTURY LITERARY THEORY(1988). Edited by K. M. Newton. MacMillan Education.

向井豊明（むかい・とよあき）
1950年生まれ。
サンタバーバラ大学大学院博士課程修了（USA）。元教員。
専攻：教育哲学、教育思想、その他哲学、医学、医学医療思想
著書
『医療と医学の思想』（れんが書房新社、1993）
『新・世界史の哲学』（近代文藝社、1996）
『空的還元』（れんが書房新社、1999）
『人生に思いを寄せて』（文藝書房、2009）
『医の哲学の世界史』（れんが書房新社、2011）

教育の死滅と民主化——教育〈ゲン〉論序説——

発　行＊2015年4月30日　初版第一刷

＊

著　者＊向井豊明
装　幀＊狭山トオル
発行者＊鈴木　誠
発行所＊㈱れんが書房新社
〒160-0008　東京都新宿区三栄町10　日鉄四谷コーポ106
TEL03–3358–7531　FAX03–3358–7532　振替00170–4–130349
印刷・製本＊三秀舎

 ISBN978-4-8462-0415-0　C0037